教师教育系列教材

小学教育科学研究方法
(微课版)(思政版)

徐祖胜 主 编

张春宏 王 睿 刘 丹 左林华 副主编

清华大学出版社
北京

内 容 简 介

本书在"教师成为研究者"理念的指导下编写而成,"教师成为研究者"理念强调中小学教师的教育研究应具备微观性、校本性、实践性等特征。为了体现上述特征,本书在内容设计方面做出以下努力:一是凸显"小"字,聚焦小学教师的研究特点,满足小学教师的研究需要;二是凸显"实"字,紧扣小学教师的研究实践,增强教材的实用性。

根据小学教育科学研究活动的开展流程,本书的结构整体上可分为三个部分。一是教育科学研究的准备,包括第一章至第三章,涵盖了教育科学研究的理论基础、确定研究选题和制订研究计划等方面。二是教育科学研究的实施,包括第四章至第八章,主要介绍了五种不同的研究方法。三是教育科学研究的总结,包括第九章和第十章,主要介绍了研究资料的分析和研究成果的表达等。

本书适合作为普通高等学校和成人高等教育小学教育专业的教材,也可以作为各类小学教师培训的教材和资料。

本书封面贴有清华大学出版社防伪标签,无标签者不得销售。
版权所有,侵权必究。举报:010-62782989,beiqinquan@tup.tsinghua.edu.cn。

图书在版编目(CIP)数据

小学教育科学研究方法:微课版:思政版 / 徐祖胜主编. -- 北京:清华大学出版社,2024.10(2025.1重印).
(教师教育系列教材). -- ISBN 978-7-302-67236-4
Ⅰ. G622.0
中国国家版本馆 CIP 数据核字第 2024PY4896 号

责任编辑:陈冬梅
装帧设计:刘孝琼
责任校对:吕春苗
责任印制:刘海龙

出版发行:清华大学出版社
网　　址:https://www.tup.com.cn, https://www.wqxuetang.com
地　　址:北京清华大学学研大厦 A 座　　邮　编:100084
社 总 机:010-83470000　　邮　购:010-62786544
投稿与读者服务:010-62776969, c-service@tup.tsinghua.edu.cn
质量反馈:010-62772015, zhiliang@tup.tsinghua.edu.cn
课件下载:https://www.tup.com.cn, 010-62791865
印 装 者:大厂回族自治县彩虹印刷有限公司
经　　销:全国新华书店
开　　本:185mm×260mm　　印　张:14.25　　字　数:347 千字
版　　次:2024 年 10 月第 1 版　　印　次:2025 年 1 月第 2 次印刷
定　　价:48.00 元

产品编号:097767-01

前　言

党的二十大报告提出"加快建设高质量教育体系"的要求。高质量教育体系的建立，需要有高素质教师队伍作为支撑。20世纪60年代英国教育学家斯腾豪斯(Stenhouse)提出"老师成为研究者"，这一思想对世界老师专业发展的方向产生了深刻影响，并逐渐在全球范围内得到推广和实践。在中国，随着教师专业化发展的不断深入，教师成为研究者得到越来越多的关注和认可，教师的研究素养是新时期教师专业发展的关键要素。

为了提升教师的研究素养，在教师的职前教育阶段，普通高等学校的小学教育专业普遍开设了有关教育研究方法类的相关课程。为了满足小学教育专业教育研究方法类课程的开设在教材开发工作方面的需要，《小学教育科学研究方法》一书应运而生。本书不仅适合普通高等学校小学教育专业的学生使用，也可作为成人高等教育小学教育专业学生的培训用书。

本书在内容编写上力求实用和创新。每一章内容都由名人名言、学习目标、重点难点、引导案例、正文、本章小结和思考练习等七个部分组成。本书正文之前的内容帮助师生整体了解学习目标和要求。正文中有丰富的案例和知识链接，有助于师生深入理解教材内容。正文之后的内容帮助师生进行学习总结和知识应用。全书的编写体例充分考虑到教学的需要，体现了实用性。

作为新形态教材，本书展现了"互联网+"的编写特色。本书充分利用了网络技术，将书本内容与网络内容进行有效融合。读者通过扫描书中二维码，即可便捷地拓展和深化学习内容。

常熟理工学院徐祖胜担任本书主编，负责拟定提纲、组建研究团队、明确写作要求、设计编写体例，以及全书的统稿及出版联络等工作。全书的写作凝聚了团队的智慧，具体分工如下：徐祖胜负责编写了第一章、第二章、第三章、第十章第四节；张春宏负责编写了第五章、第六章；王睿负责编写了第四章，第十章第二节、第三节；刘丹负责编写第七章、第八章第一节、第十章第一节；左林华负责编写第八章第二节、第三节、第四节、第九章。

本书是黑龙江省高等教育教学改革项目"专业认证背景下师范生浸润式师德养成路径研究——以小学教育专业为例(SJGY20200430)"的研究成果，也是江苏省高等教育教改研究课题"融合教育背景下'新师范'人才培养模式的创新与实践(2021JSJG212)"的研究成果，还是常熟理工学院高原(培育)学科"教育学"的研究成果。本书的出版得到了清华大学出版社的大力支持。本书在编写过程中参考了很多权威研究成果，特别是近年来出版的一些教育研究方法的教材，在此一并表示衷心的感谢。

由于编者水平有限，本书难免存在疏漏之处，恳请各位专家、学者批评和指正！

编　者

目　　录

第一章　绪论.................1

第一节　小学教育科学研究的内涵...............2
　　一、小学教育科学研究的含义...............2
　　二、小学教育科学研究的特殊性...............3
第二节　小学教育科学研究的类型与原则...............5
　　一、小学教育科学研究的类型...............5
　　二、小学教育科学研究的原则...............7
第三节　小学教育科学研究的过程...............11
　　一、确定研究选题...............11
　　二、查阅研究文献...............12
　　三、制订研究计划...............13
　　四、搜集研究资料...............13
　　五、撰写研究成果...............14
本章小结...............15
思考练习...............15

第二章　小学教育科学研究的选题.....17

第一节　小学教育科学研究选题的概述...............18
　　一、小学教育科学研究选题的含义...............18
　　二、小学教育科学研究选题的意义...............18
　　三、小学教育科学研究选题的要求...............20
第二节　小学教育科学研究选题的来源...............21
　　一、小学教育科学研究选题的理论来源...............21
　　二、小学教育科学研究选题的实践来源...............23
第三节　小学教育科学研究选题确定的过程...............26
　　一、小学教育科学研究选题提出的基本过程...............26
　　二、小学教育科学研究确定选题的思维方式...............28
　　三、小学教育科学研究选题的表述要求...............31
本章小结...............34

思考练习...............35

第三章　小学教育科学研究计划的设计和论证...............36

第一节　小学教育科学研究计划的内涵...............37
　　一、小学教育科学研究计划的概念及相关概念辨析...............37
　　二、小学教育科学研究选题的类型...............38
第二节　小学教育科学研究计划的撰写...............41
　　一、研究计划的基本内容...............41
　　二、研究计划书的写作要求...............42
第三节　小学教育科学研究选题的论证...............52
　　一、小学教育科学研究的开题论证...............52
　　二、小学教育科学研究的结题答辩...............54
本章小结...............56
思考练习...............57

第四章　教育文献研究法...............58

第一节　教育文献研究法概述...............59
　　一、教育文献的含义与价值...............59
　　二、教育文献的类型与分布...............60
第二节　教育文献的检索...............63
　　一、教育文献检索的过程...............63
　　二、教育文献检索的途径...............64
　　三、教育文献检索的基本方法...............66
第三节　教育文献的分析...............67
　　一、教育文献分析的原则...............67
　　二、教育文献综述的撰写...............68
本章小结...............73
思考练习...............73

第五章　教育观察法...............75

第一节　教育观察法的概述...............76
　　一、教育观察法的内涵...............76
　　二、教育观察法的特征...............77

三、教育观察法的类型 78
　　四、教育观察法的作用及评价 80
第二节　教育观察法的实施 81
　　一、前期准备阶段 82
　　二、教育观察的实施 84
　　三、教育观察的总结 85
第三节　教育观察法的记录 86
　　一、定量观察中常用的记录方式 86
　　二、定性观察中常用的记录方式 91
本章小结 97
思考练习 97

第六章　教育调查法 99

第一节　教育调查法的概述 100
　　一、教育调查法的含义 100
　　二、教育调查法的特征 100
　　三、教育调查法的类型 101
　　四、教育调查法的功能 103
　　五、教育调查法的实施过程 103
第二节　问卷调查法 106
　　一、问卷调查法的含义及特点 106
　　二、问卷的种类 107
　　三、问卷的结构及内容 109
　　四、问卷设计的原则 112
　　五、问卷设计的步骤 115
第三节　访谈调查法 117
　　一、访谈调查法概述 117
　　二、访谈调查法的类型 118
　　三、访谈调查法的实施过程 119
　　四、访谈调查法的技巧 122
本章小结 126
思考练习 126

第七章　教育行动研究法 128

第一节　行动研究的概述 129
　　一、行动研究的起源与含义 129
　　二、行动研究的类型 130
　　三、行动研究的特征 131
　　四、行动研究的一般程序 132

　　五、行动研究的评价 133
第二节　行动研究的实施 134
　　一、确定研究选题 134
　　二、制订研究计划 136
　　三、实施行动研究 137
　　四、反思研究结论 137
第三节　行动研究的方式 139
　　一、研究日志 139
　　二、教育叙事 140
　　三、教学反思 141
　　四、课例研究 143
本章小结 147
思考练习 147

第八章　教育实验研究法 149

第一节　教育实验研究法的概述 150
　　一、教育实验研究法的起源与
　　　　含义 150
　　二、教育实验研究法的类型 151
　　三、教育实验研究法的特征 154
　　四、教育实验研究法的评价 155
第二节　教育实验设计概述 156
　　一、教育实验设计的定义 156
　　二、教育实验设计的基本要素 156
　　三、教育实验的逻辑和条件 157
第三节　教育实验设计模式 159
　　一、单组实验的设计模式 159
　　二、等组实验的设计模式 161
　　三、轮组实验的设计模式 164
第四节　教育实验的过程与效度 165
　　一、教育实验的过程 165
　　二、教育实验的效度 168
本章小结 170
思考练习 170

第九章　研究资料的分析和处理 171

第一节　研究资料的概述 172
　　一、研究资料的分类 172
　　二、研究资料的搜集 174

三、研究资料的整理 177
第二节　教育研究资料的定性分析 178
　　一、定性分析的概述 178
　　二、定性分析的方法 179
第三节　教育研究资料的定量分析 185
　　一、定量分析的概述 185
　　二、定量分析的方法 186
本章小结 190
思考练习 191

第十章　教育研究成果的撰写和表达 192

第一节　教育研究成果的概述 193
　　一、教育研究成果的含义及意义 193
　　二、教育研究成果的特征 194
　　三、教育研究成果的类型 194
　　四、教育研究成果撰写的注意事项 195

第二节　教育学术论文的撰写 196
　　一、教育学术论文的概述 197
　　二、教育学术论文的结构 200
　　三、教育学术论文的要求 204
第三节　教育研究报告的撰写 205
　　一、教育研究报告的概述 205
　　二、教育研究报告的结构 206
　　三、教育研究报告的撰写要求 210
第四节　教育研究成果的发表 211
　　一、教育研究成果发表的概述 211
　　二、教育研究成果出版刊物的类型 212
　　三、教育研究成果发表的程序 215
本章小结 219
思考练习 219

参考文献 220

如果你想让教师的劳动能够给教师带来乐趣，使天天上课不至于变成一种单调乏味的工作，那你就应该引导每一位教师走上从事研究的这条幸福的道路上来。

——(苏)苏霍姆林斯基

第一章 绪 论

学习目标

知识目标： 了解小学教育科学研究的内涵、特征和基本类型。
能力目标： 掌握小学教育科学研究的过程及具体要求。
情感目标： 理解小学教育科学研究的意义，培养从事小学教育科学研究的情感。

重点难点

教学重点： 正确认识小学教育科学研究的内涵、特征和过程。
教学难点： 理解小学教育科学研究的原则，掌握小学教育科学研究的意义。

引导案例

小张老师教学中的困惑

小张是某师范大学刚毕业不久的小学数学教师，在执教小学低年级数学课时，他发现班级的很多学生都在课外参加补习班，很多书本上的知识学生早就在课外补习的时候学习过。比如，他在给学生讲十以内的加减法时，很多同学早已经学会了，甚至有些同学二十以内的加减法也都学会了。这让他在教学的过程中很苦恼，一方面学校要求不能超纲教学，教学活动得按部就班开展，另一方面这样教学很多同学存在吃不饱的现象。这个问题他请教过同年级组的其他老师，发现这是大家普遍存在的问题，也都没有太好的解决办法，这个问题一直让小张老师比较困惑。正好近期学校要开展研究选题申报活动，小张老师就围绕这个问题写了一个题目为"小学低年级数学教学中课程内容的适应性研究"的计划书，并得到了学校领导的充分认可。

(资料来源：本书作者整理编写)

案例分析： 小张老师的困惑也是很多老师的困惑。在教学中我们会遇到很多问题，有些问题如果我们持续深入思考下去，就会有很多认识和心得。将这种认识和心得以科学研究的形式呈现，就是教育科学研究中很好的研究选题素材。当然，教师要想做好教育科学研究，还需要掌握教育科学研究的基本原理和方法。

第一节　小学教育科学研究的内涵

小学教师要想开展教育科学研究活动，首先需要了解小学教育科学研究的基本内涵。如何理解小学教育科学研究活动，研究活动主要有哪些基本类型，研究活动又表现出哪些基本特征，这些是在具体开展小学教育科学研究活动之前首先需要回答的问题。

一、小学教育科学研究的含义

小学教育科学研究活动是一种特殊的研究活动，理解小学教育科学研究的内涵，首先需要我们对研究活动本身加以分析。研究活动不仅仅是一种认识活动，还是一种特殊的认识活动，具有区别于一般认识活动的特殊性。

1. 研究活动是一种认识活动

研究活动是一种人类的认识活动，这是认识研究活动的前提。人是会思考的动物，人类无时无刻不在进行着认识活动，从这个意义上说，研究活动总是伴随在每一个人的左右。日常语境中我们使用的"研究"多是指这个含义，例如，当我们说"这个事情需要研究一下"时，这里的"研究"等同于思考一下的意思。当然，研究活动往往还会以另一种神秘的姿态出现，即人们会把研究活动与科学探索活动联系起来，似乎只有那些掌握高深知识的科学家和研究人员才能从事研究活动，普通民众是无法开展研究的，这种认识体现了研究活动的另一个特征，即研究活动是一种特殊的认识活动。

2. 研究活动是一种特殊的认识活动

作为一种特殊的认识活动的研究活动主要是指科学研究活动，这种认识活动的特殊性主要表现在如下几个方面。

第一，从目的层面看，研究活动是要致力于实现对于事物具有正确的认识。人类一般的认识活动可能不存在正确和错误之分，甚至有些认识活动是没有正确和错误之分的，如大家思考晚上吃什么是一种认识活动，至于究竟吃什么的结论往往没有正确和错误。而作为科学探索行为的研究活动则不然，它需要致力于实现对事物具有正确的认识，把握事物的本质和规律的目标。

第二，从方法层面看，研究活动需要借助于特定的研究方法才能实现。人类一般的认识活动并不需要借助太多的方法，往往通过经验就可以对事物进行判断从而形成认识结论。而作为科学探索行为的研究活动则不然，由于人类自身认识的局限性，研究者需要采用特殊的研究方法，在资料搜集、调查研究等活动的基础上，才能形成对于事物的正确认识。

对于日常语境中的研究和科学探索的研究，我们认为二者反映的都是人类普遍存在的认识活动，二者只在程度上和规范性上表现出差异。与日常语境中的研究活动相比，作为科学探索的研究活动表现得更加严谨和规范，更加致力于形成对于事物的正确认识。

二、小学教育科学研究的特殊性

小学教育科学研究活动作为一种特殊的研究活动，符合一般研究活动的普遍性规律。同时由于小学教育领域自身的特殊性，小学教育科学研究活动又表现出自身的独特性。

1. 小学教育科学研究的主体

小学教育科学研究的主体总体上可以分为两大类。

(1) 直接从事小学教育工作的一线工作者，即广大的一线小学教师。小学教师在开展小学教育活动过程中，结合自身的实践、困惑提出研究选题，寻求问题的解决策略，这类研究普遍具有行动研究的特征，即边实践边研究，这类研究的主要目的在于实践的改善。研究活动具有校本性。校本研究应该是以学校所存在的突出问题和学校发展的实际需要为选题范围，以学校教师作为研究的主要力量，通过一定的研究程序得出研究结果，并且将研究结果直接用于改变学校实际状况的研究活动。案例1-1中的李吉林老师，作为江苏省南通师范第二附属小学的一名教师，长期开展小学语文情景教学研究工作，取得了丰硕的成果，她所开展的研究就属于这一类研究。

(2) 专门从事小学教育科学研究活动的专业人员，包括高等教育以及各类研究机构的研究人员。这类人员远离小学教育实践，往往是以旁观者的视角来观察和研究小学教育活动，能够从更加宏观的视角，使用更加科学规范的研究方法对小学教育的理论和实践问题进行研究，研究的主要目的在于教育理论的创新，并通过理论创新指导教育实践的发展。这类研究属于专门化的研究。专门化的教育研究通常以教育理论工作者为研究主体，其任务在于构建教育科学的知识理论系统，并为教育教学活动提供基础性的、普适性的指导建议。

上述两类不同的研究主体分别从教育实践和教育理论两个不同的视角开展小学教育科学研究活动，二者相互补充、相得益彰，共同促进小学教育科学研究活动的繁荣，推动小学教育科学研究事业的发展。

【案例1-1】

李吉林作为江苏省南通师范第二附属小学的教师，几十年来对于小学语文情境教学开展了深入而持久的研究，开创了我国小学语文情境教学的新领域。她的研究以小学语文课程为载体，以提升小学语文教育效果为目的，重点关注情境教学这一特殊的教学方法。取得了丰富的研究成果。早在1987年，李吉林老师就在《课程·教材·教法》上发表过《情境教学特点浅说》的论文。经过几十年的探索，她在情境教育方面发表了学术论文近十篇，出版过以情境教育为主题的专著近十部。她在情境教育方面的探索为我国语文教育研究事业的发展做出了杰出的贡献。2018年，李吉林老师在《中国教师报》上发表了一篇《40年情境教育创新之路》的论文，系统回顾和总结了她的情境教育研究之路，她指出，探索情境教育的40年，实际上是在探索、研究一个世界性研究选题，那就是"儿童究竟是怎么学习的"。40年的功夫与智慧，我已陆续交出一份份答卷。与许多国家小学教师的学术地位相比，我毫不含糊地说，这40年只有中国的小学教师才能一个个、一群群如此幸运地登上教育科研的宽阔平台，并屡屡获得硕果，成为学者型教师。

(资料来源：本书作者整理编写)

2. 小学教育科学研究的对象

小学教育科学研究的对象为"小学教育活动"。具体而言，小学教育科学研究活动定性在教育、定位在小学。

（1）小学教育科学研究活动定性在教育，属于教育研究范畴，区别于其他学科的研究活动。教育活动作为人类独有的实践活动，是以培养人为主要目的的社会活动。教育活动的这一实践规定性，决定了教育研究活动有着自身独有的研究方式和独特的命题形式，以区别于其他学科。例如，由于教育活动的实践属性，要求教育研究活动需要体现实践关怀的特征，教育研究不能从书本到书本，教育研究只有深入教育实践才有生命力。再如，由于教育活动的人本属性，要求教育研究活动需要体现人本关怀的特征，教育研究需要关照人的生命成长，需要体现强烈的伦理色彩和人文关怀等。

（2）小学教育科学研究活动需要定位在小学。人的身心发展特点具有阶段性，不同学段的学生身心发展特点各异，因此不同学段的教育活动也表现出不同的特点。小学阶段的学生的身心发展与幼儿园阶段以及中学阶段都表现出独特的差异性，因此小学阶段的教育也表现出自身所独有的特点。教育的这种阶段性特点我们不能过于夸大，但是我们也坚决不能忽略。当下的教育研究大多是在普遍意义上研究教育的一般性规律，对不同学段教育的特殊性研究和关注得不够，因此教育研究成果对于教育实践的指导也普遍较弱。小学教育科学研究活动理应更多地关注小学这个阶段的特殊性，研究活动应凸显小学的基本特征。这需要我们在开展教育研究活动的过程中深入实践，把研究活动做精做细，深入捕捉小学教育活动的特殊性。

3. 小学教育科学研究的目的

小学教育科学研究活动的目的也表现在两个方面，一是通过小学教育科学研究活动了解和发现小学教育的基本规律，增进人们对于小学教育实践的理性认识。由于小学生的成长有着自身的特殊性和规律性，小学教育活动也表现出独有的特征和规律。承认小学教育活动自身的规律性是开展小学教育科学研究的前提。事物的规律总是隐藏在现象背后，有待人们的发现，这需要广大的一线小学教师以及小学教育的理论研究工作者充分地运用人类智慧，通过研究活动不断地发现和总结规律，只有在不断地研究和总结经验的基础上，我们才能真正掌握小学教育活动的内在规律，提升我们开展小学教育实践活动的理论自觉，帮助广大一线教师掌握和利用规律开展教育活动。

二是通过小学教育科学研究活动指导和改进小学教育的实践。研究活动作为一种特殊的认识活动，其目的不仅在于获得正确的认识，更在于我们能够运用这些正确的认识指导教育实践，这体现了教育研究活动的实践关怀的要求。这一点对于广大的小学教师而言尤为重要。广大的一线小学教师在开展教育研究活动时，主要是基于实践中存在的现实问题进行研究，研究活动的目的也在于通过探索小学教育实践的规律，提升对于小学教育实践的理性认识，进而最终指导自身的教育实践，解决教育实践中的现实问题。

综上所述，小学教育科学研究主要是指由一线的小学教师以及教育理论工作者作为研究主体，通过对于小学教育阶段的教育问题开展系统的研究，进而增进人们对于小学教育活动规律的认识，最终指导和改善小学教育实践活动的认识活动。

拓展1-1：小学教育研究的特征

【知识链接 1-1】

中小学教师的教育研究是一种以中小学教师为研究主体，以发现与解决中小学教育教学情境中存在的教育教学问题为中心的探究活动。其特点主要体现在：研究目的具有针对性，是为了解决教育教学实践中遇到的具体问题、寻求有效的问题解决方案或措施。研究内容具有微观性，着重以课堂教学和具体的学科教学为中心，围绕课程标准、教材和教法等内容而展开。研究场所具有自然性，更多是处于自然状态下的教学课堂与班级管理之中。研究范式具有平民性，强调的是一种研究态度，希望教师以思考者、追问者、探究者与反思者的姿态来看待教育教学中的一切现象或事实。研究成果具有实用性，目的就是破解他们在教育教学过程中遇到的一系列现实问题。

(资料来源：徐红. 中小学教师的教育研究：性质与特点[J]. 教育科学研究. 2011.)

第二节　小学教育科学研究的类型与原则

根据不同的划分方式，小学教育科学研究也可以划分为不同的类型。不同类型的小学教育科学研究有各自的特点，需要在具体研究的过程中加以区分。

一、小学教育科学研究的类型

不同的研究者从不同的视角出发，用不同的方法开展的教育科学研究，会表现出不同的类型。教育科学研究的类型有很多，较为常见的、与小学教师开展的教育科学研究联系较为密切的主要有如下几种。

(一)宏观研究与微观研究

1. 宏观研究

宏观研究主要是指研究对象所覆盖的范围较大或者涉及的问题较为宏大，具体表现为研究对象涉及的是一种整体性的、综合性和系统性的问题。宏观教育研究一般是从教育发展与社会发展关系的整体视角或者教育发展与人的发展关系的整体视角出发所开展的研究活动。所谓宏观一般表现在如下方面，首先是对象的适用范围较为宏观，如对国家和地方政府的教育政策和制度层面的研究等。其次是对象的涉及范围较为宏观，如对国家或区域的社会调查研究等。宏观教育研究活动需要处理的关系复杂多样，研究的结论也具有普遍适用性，能够解释和运用的范围较大。宏观研究多数服务于国家或地方政府的教育决策，研究活动的开展也往往需要由专业的研究团队来完成，多适用于以理论研究见长的专业研究人员。

2. 微观研究

微观研究主要是指研究对象所覆盖的范围较小，或涉及的问题比较具体，研究对象的边界较为清晰，一般是具体的、独立的问题。如果说宏观研究关注的是教育实践中的面，中观研究关注的是教育实践中的线，那么微观研究关注的则是教育实践中的点。微观研究活动要求的是以小见大。从研究对象上看，微观主要表现为如下方面，首先是研究对象所涉及的问题较具体，研究对象一般是教育实践中的某个具体的事件或问题，这种问题一般与研究者有着较为密切的联系。如对于一线的小学教师而言，研究选题往往产生于日常的学生管理、课堂教学、课程内容、学校发展等内容中的某个特定的方面。其次是研究对象所覆盖的范围较小，如研究对象涉及的是某个特定学科的教育问题、某个特定学段的教育问题、某个特定学校的教育问题等。微观研究活动多采用案例研究、校本研究等方法进行。微观研究一般是适用于一线的教师所开展的研究活动。

(二)基础研究与应用研究

1. 基础研究

从目的层面看，基础研究属于探索新知的研究活动，其目的在于探索教育问题背后的基础理论和普遍规律。这类研究由于强调的是研究活动的基础性，因此往往涉及的是教育中的一些基本理论命题，如教育的本质、教育的功能、人的发展规律、教育和人以及社会的关系等话题，对于这些话题的探讨，表面上看起来是一种"无用"的探讨，但从其实质看，是帮助人们解决教育认识的问题，是我们正确认识教育活动所必须掌握和具备的基础问题。从性质层面看，基础研究多表现为理论研究，理论是实践的先导，只有先解决理论问题，教育实践才能够在自知自觉的状态下开展，理论才能在实践中加以应用，从这个意义上来说，基础研究和应用研究是相互对应的概念。

2. 应用研究

从目的层面看，应用研究属于解决实践问题的研究活动，其目的在于解决教育实践中所存在的具体问题，这类研究活动具有鲜明的问题指向性。应用研究涉及的是教育实践问题的解决，因此这类研究往往被认为是"有用"的研究。当前教育领域的应用研究普遍受到人们的重视，与理论研究式微形成鲜明对比。但是需要注意的是，缺少理论指导的应用研究，有时是有问题的。这就提示我们应用研究的第二个特征，即真正的应用研究一定是以理论知识为指导，是在运用理论知识的前提下开展的研究，应用研究具有理论知识的实践应用的含义。应用研究一般遵循发现问题、分析原因、提出对策的研究思路，无论是研究活动的哪个环节，都离不开理论的指导，缺少理论指导的应用研究，充其量只是一个经验的总结或者类似工作报告的东西，难以称得上是真正的学术研究。小学教育领域的科学研究多数属于应用研究范畴，我们需要注意的是在开展小学教育应用研究的时候要寻求恰当的理论指导，以提升研究活动的学术水平。

(三)思辨研究与实证研究

1. 思辨研究

思辨研究主要是通过哲学思辨的形式对教育问题开展的研究活动。所谓的哲学思辨是指脱离教育的实践经验，运用人类大脑的理智思维来思考和解答教育问题的研究范式。从思维方式上看，思辨研究一般运用的是演绎思维逻辑，即从某一个公认的命题和原理的角度进行推论，结合特定的问题情景，提出新的观点和思想。在这种思维方式下，人们一般能够得到对于教育问题的应然解答，即教育应该是什么的答案。思辨研究多指向教育中的理论问题和哲学问题的探讨，如教育的目的、教育中知识和智慧的关系、教育中知识与道德的关系等。开展教育思辨研究，不仅需要研究者具有缜密的理智思维能力，同时需要研究者具有扎实的理论知识储备，思辨研究不是理智思维的游戏，它需要理论知识的积累。只有理论知识充分参与的思辨研究，才能真正产生智慧的火花。

2. 实证研究

实证研究主要是指通过在实践中搜集和处理证据的方式开展的研究活动，如果说思辨研究强调的是人的哲学思辨能力，那么实证研究则更加强调的是人的资料搜集和处理能力。实证研究主要是在资料搜集和整理的基础上开展的，强调用事实和证据说话，主张没有调查就没有发言权。从思维方式上看，实证研究主张的是归纳思维，即从大量的事实性经验资料和数据中归纳总结出教育背后的规律。实证研究从其资料处理方式看有两大类，一类是量化研究，另一类是质性研究。量化研究是一种用数据和统计方法来分析和解释现象的研究方法，质性研究是指通过洽谈、观察、调查、文本分析等方式来理解和解释现象的研究方法。我们一般认为定量研究是属于实证研究，然而质性研究也是一种实证研究。质性研究，是以研究者本人作为研究工具，在自然情境下采用多种资料搜集的方法，对社会现象进行整体性探究，使用归纳法分析资料和形成理论，通过与研究对象的互动对其行为和意义建构获得解释性理解的一种活动。从这一定义看，质性研究强调事实资料的搜集和处理，主张归纳的思维形式，这些都是与实证研究的特征相吻合的。

二、小学教育科学研究的原则

(一)伦理性原则

伦理是指在人与人相处过程需要遵循的道德规范，遵循的是"善"的原则。科学研究是一个求真的过程，然而人们对于真理的追求，离不开道德的维度。在科学活动中真与善具有内在的、本质的、必然的联系，求真促进善的形成并使之完善，善是求真的精神动力并为求真规定了价值取向。为使科学健康、可持续地发展，必须将真与善融合起来。教育研究活动作为一个探求真理的活动，必然需要在善维度的指引下开展，即研究活动需要遵循伦理性原则，这是保证研究活动实现既定目标的基本保障。对于研究活动而言，伦理问题不仅指向研究者与研究对象之间的道德关系，还包括研究者如何对待研究活动的态度问题等。凡是有利于人类完善和发展的研究活动就是符合伦理性原则的。

教育研究的伦理性原则具体包含以下两个方面的内容。

(1) 研究者对待研究对象的态度和行为。研究伦理首先表现在研究者与研究对象之间的关系处理上。从二者之间关系的角度看，伦理的最低要求是研究者在开展研究活动中以不伤害研究对象为底线，这里包括尊重研究对象的个人利益和生命财产等，尊重研究对象的人格和个人隐私等。伦理的高阶要求则要研究者尊重研究对象的个性情感和需要，这里包含尊重研究对象的知情权，与研究对象分享研究成果等。在小学教育科学研究活动中，研究对象可能是小学生，我们同样需要尊重小学生的人格和需求，不能因为其是小朋友，就觉得成人在其面前有天生的优越感，从而对其进行无意识的伤害，这是需要我们注意的。

(2) 研究者对待研究活动的态度和行为。研究伦理还表现在研究者与研究活动之间的关系处理上，这里既包括研究者与研究过程的关系，也包括研究者与研究成果的关系。从前者看，研究者在研究过程中需要遵守研究活动的要求和规范，实事求是地开展研究，保证研究过程的真实有效。从后者看，研究者需要尊重自己的研究成果，在成果的撰写和发表等方面，都需要严格遵守相关研究规范，保证研究成果的质量。尤其在今天这样一个学术泡沫较多，低层次学术成果较多的社会环境下，研究者更是需要洁身自好，守住作为研究人员的道德底线，将通过研究活动为社会奉献更多好的研究成果作为自己的责任和道德要求，只有这样，才能提升自己研究活动的水平和质量。

(二)方向性原则

方向主要是指政治方向，方向性原则主要是指在开展教育研究活动的过程中，要把握正确的政治方向，研究活动的开展要为中国特色社会主义教育发展服务，研究的观点要与社会主义核心价值观相统一。之所以强调研究活动的方向性原则，是因为教育活动天然地与社会政治联系在一起。在开展教育科学研究过程中，研究者需要从我国社会主义国家的政治特点出发，把握社会主义教育的基本方向开展研究活动。

教育研究的方向性原则主要包含如下两方面内容。

(1) 研究活动需要以马克思列宁主义等科学思想为指导思想。马克思列宁主义、毛泽东思想、邓小平理论以及习近平新时代中国特色社会主义思想是开展小学教育科学研究的根本指导思想，需要贯彻到教育科学研究的全过程。马克思列宁主义是科学的世界观，揭示了人类社会的普遍规律，要求我们坚持用唯物主义的立场和观点看问题，坚持用历史唯物主义和辩证唯物主义的思想与方法。毛泽东思想和邓小平理论是马克思主义思想同中国社会主义道路相结合的产物，习近平新时代中国特色社会主义思想是最新的马克思主义思想发展产物，是新时期指导我国社会主义各项事业发展的基本指南，是新时期开展小学教育科学研究工作的基本遵循。

(2) 研究活动需要符合社会主义核心价值观的基本要求。党的十八大提出，倡导富强、民主、文明、和谐，倡导自由、平等、公正、法治，倡导爱国、敬业、诚信、友善，积极培育和践行社会主义核心价值观。社会主义核心价值观体现社会主义核心价值体系的根本性质和基本特征，反映社会主义核心价值体系的丰富内涵和实践要求，是社会主义核心价值体系的高度凝练和集中表达。教育作为社会主义事业发展的重要基础，需要服务于社会主义核心价值观的落实和达成。小学教育科学研究需要在社会主义核心价值观的指导下开展，教育科学研究的立场、观点和结论需要与社会主义核心价值观相一致。

(三)客观性原则

客观的意思为不依赖主观偏见，按照事物的本来面目去考察和认识事物。小学教育科学研究中的客观性原则主要是指研究者在开展教育科学研究的过程中需要秉持实事求是的精神，全面、真实地对课题进行研究，在研究的过程中尽可能地避免主观偏见带来的认识误区。研究活动是一个艰辛的探索过程，研究者在这个过程中存在一定的畏难情绪，可能影响研究活动的正确实施。因此，研究者在研究过程中排除主观偏见和畏难情绪，以中立的态度实事求是地开展研究活动就显得非常重要。

教育科学研究的客观性原则主要包含如下两方面内容。

(1) 坚持实事求是的教育科学研究态度和方法。坚持客观性原则，首先需要研究者坚持实事求是的研究态度，坚持从实际出发开展研究活动，坚持没有调查就没有发言权的研究精神。当下我国的教育科学研究成果丰富，但是对于教育实践的改革和促进作用表现得并不明显，一线的教育实践工作者很少去关注教育理论研究的最新成果。理论研究存在脱离教育实践的倾向是一个重要的原因。当下的很多研究成果都只是在表达情理之中的观点，而非实践之中的观点，大多研究活动只是通过简单的概念和逻辑上的推演得出结论，缺少对当下中国教育实践的实际把握，这是需要转变的。在教育科学研究中，要全面真实地搜集客观资料，将研究结论建立在资料分析的基础上，这是提升研究活动客观性的必经之路。

(2) 正确处理实事求是和价值参与的关系。人的认识活动是认识主体作用于客体的过程，认识活动始终是研究者的价值参与的过程，认知的过程不可能完全做到价值无涉。在认识过程中，这种"价值无涉的客观性"既无必要，也没有可能。在科学实践中，真理是"有意义的真理"，一种事实与价值相结合的真理。价值是科学知识的有机组成部分，是科学知识得以正常生产、造福于人类的基本前提。在开展科学研究的过程中，研究者需要正确处理好价值无涉和价值参与的关系。二者并非相互对立，而是相互包含的关系。科学研究的实事求是是一种允许价值参与的认知过程，科学研究必然要为人类的进步和发展服务，这是科学研究合理性存在的基本前提，也是科学研究实事求是精神的基本追求。

(四)创新性原则

创新是指创造新的事物或形成新的认识，创新性原则是指在开展教育科学研究活动时，研究活动应在创造新的事物或者形成新的认识上有所贡献。创新是研究的灵魂，是研究价值的主要体现，如果研究活动没有创新，一味地人云亦云，将失去存在的基础。那么在今天众多的教育科学研究成果中，究竟该如何理解研究的创新？教学研究的创新主要表现在如下两个方面。

(1) 创新应来自实践问题的推陈出新，研究新情况和新问题是研究创新的基础。古往今来，有无数的思想家和教育家对教育的问题都发表过真知灼见。今天我们在研究教育时，如果把创新简单地理解成研究前人未研究之空白领域，恐怕是较难实现的。教育研究的创新更多来自教育实践的创新。教育实践是一个推陈出新的领域，随着社会生活的不断变化，人们对教育的期许在不断发生变化，教育实践也就表现出不断的变化。教育实践的变化要求教育从业人员以及教育研究者不断地研究新情况和新问题，以适应教育实践不断变化和发展的需要。正是因为教育实践为教育研究提出了新研究选题和新任务，才能最终要求教育研究不断地推陈出新，研究新问题，得出新观点。因此，教育研究者只有及时地关注新情况和新问题，才能在教育研究领域有所创新。

(2) 创新的价值来自研究者自我认知的革新。对于小学教师的研究活动而言，创新在一定程度上表现为研究者通过研究活动实现自身认知的更新与专业的发展。对于一线的教师而言，教师成为研究者的价值不仅表现在研究结论的普遍有效性，同时也表现在研究结论对于研究者本人专业成长的重要意义。早在20世纪60年代就有研究指出，教师拥有研究机会，如果他们能够抓住这个机会，不仅能有力、迅速地推进教学的进步，而且将使教师工作获得生命力与尊严。从当下的研究看，中小学教师参与教育研究活动，是实现自身专业发展的最有效形式,这是教师成为研究者的重要价值体现,也是教育科学研究创新性的重要体现。案例1-2中的著名教育家魏书生老师长期在教育科学研究道路上,不断创新教育理论,在班主任工作和中学语文教学方法的研究方面都取得了创新性的成果,实现了自身作为教育家的成长。

【案例1-2】

魏书生是一位在基础教育领域颇有影响的教师。他在辽宁省盘锦市实验中学任教多年,在担任语文教学工作的同时担任多年的班主任工作。在中学任教期间,他独创了自己的语文教学方法,同时在班主任工作方面也有自己独到的见解和认识,这些在基础教育领域都产生了广泛而深远的影响。语文教学方面,他在1994年第12期的《课程·教材·教法》期刊上发表《探索语文教学管理科学化的途径》的文章,指出语文教学要充分发挥学生的主动性和积极性,让学生自主成为学习的主人,为此他提出建立三个系统,分别是计划系统、监督检查系统、反馈系统,依靠三个系统中的学生自主,让整个班级的学生的学习进入自动化和制度化的轨道。在班级管理方面,他提出让每个学生都成为班级管理的助手和副班主任,探索和主张科学化和民主的班级管理方法。为此他发表了多篇论文,早在1989年,他就在《中国教育学刊》上发表文章《班级管理要靠民主与科学》,系统阐述他的班级管理思想。在此基础上,他又出版了《班主任工作漫谈》一书,此书一度成为教育界的畅销书,产生了深刻而广泛的影响。魏书生老师的教育探索具有重要的理论意义和创新价值,他拓展了语文教学和班主任工作领域的研究视野,丰富了语文教学和班主任工作的研究内容。

(资料来源:本书作者整理编写)

(五)规范性原则

所谓规范是指按照既定标准的要求进行操作,使某一行为或活动达到规定的标准。规范性原则主要是指教育科学研究活动需要按照特定的标准和要求进行,按照规范的程序开展,形成规范的研究结论。开展研究活动的目的在于交流与创新,无论是研究结论的交流,还是研究结论的创新,都是以研究活动的规范为基础。教育科学研究对于中小学教师是一个相对陌生的领域,对于初次参与教育科学研究活动的中小学教师而言,他们更需要遵循研究活动的规范进行操作,只有这样才能保证研究活动的有效性。

教育科学研究的规范性原则主要包含如下方面的内容。

(1) 教育科学研究过程的规范性。教育科学研究活动是一种有计划、有步骤的活动,研究活动的开展需要遵循特定的程序和规则,这是保证研究结论科学性的前提。在开展教育科学研究活动时,需要了解和遵循不同研究活动的程序、规则和基本要求,需要遵循不同研究活动的基本规范进行操作,不能随性而起,肆意妄为,这样无法实现研究活动的最终目的。一般而言,研究活动需要经历准备阶段、实施阶段和总结阶段等基本过程,不同的研究方法在每个不同的阶段有着特殊的要求和活动需要,这是研究者需要遵循的。

(2) 教育科学研究结论的规范性。为了便于交流和实现创新,教育研究结论的撰写和表达也需要遵循特定的规范要求。这种规范表现在如下几个方面。①文章结构的规范。一般学术论文有标题、摘要、关键词、正文、注释、参考文献等部分,这些是学术论文的基本结构。②文字语言的规范。学术论文的语言一般要求准确、精练，用词需要仔细推敲。学术论文的语言要让读者感到"讲理"而非"动情"，语言表达中忌口语化表达以及情感化表达，强调的是理性地表达事实和观点，其目的在于提升论文的可信度以及说服力。③文章逻辑的规范。逻辑的规范是指文章各部分内容之间的前后逻辑关系需要符合规范，一般表现为文章内容的不同部分之间应该体现层层递进、逐渐深入的逻辑关系，符合人类认知逻辑的一般规律。例如，一般学术论文可以问题为线索，按照发现问题、分析问题、解决问题这样的思维逻辑进行研究和表达。④文章引文的规范。学术论文一般会适当地引用别人的文献，在论文中要标明所引用文献的具体出处。

【知识链接 1-2】

之所以要进行学术研究，是要对学术进行新的探索，以论证辨理的方式提出新的合理性观点，对问题做出理性回答或解释，形成新知识、新观念和新思想。所以，研究就是提出问题，并针对问题提出更富有解释力、说服力或指导力的新观点。因为有新道理、新意义或新解释，所以观点才具有更新、更强的解释力、说服力或指导力。这种新的观点须经过研究的分析、证明、证实等论证辨理方式，检验其真实性和正确性，只有这样才能表达新的理论意义，产生新的思想价值，才能扩展新的知识。任何一项教育研究皆应如此，只有提出富有解释力、说服力或指导力的新观点，才能称得上是教育研究。

(资料来源：金生鈜. 教育研究的逻辑[M]. 北京：教育科学出版社，2015.)

第三节　小学教育科学研究的过程

教育科学研究活动是研究者有目的、有计划开展的智力活动，研究活动的计划性主要体现在研究活动是按照一定的程序开展的。有学者指出，从科学方法的一致性，从研究过程提供的基本的、系统的要素看，科学研究的过程可分为五个步骤：确定研究选题、查阅研究文献、制订研究计划、搜集研究资料、撰写研究成果。小学教育科学研究的过程也同样遵循上述研究活动的一般程序。

一、确定研究选题

确定研究选题则是指在研究活动中选择一个研究选题进行研究，这是开展研究活动的前提。任何一项研究活动，都是从选择特定的研究选题开始的。小学教育科学研究活动在具体开展和实施的过程中，同样也需要选择和确定一个合适的研究选题，这是开展小学教育科学研究活动的开端。从选题意义的角度看，一方面，选题在某种程度上决定了开展研究活动的基本方向。每一个选题的确立，都意味着一个特定研究方向的确定。如小学教育领域的选题存在学科类选题和教育类选题之分，不同的研究选题决定了研究者后续所要查阅的资料以及采用的研究方法各异。另一方面，选题的成功与否在一定程度上决定了研究活动的意义和价值。人们常说，好的研究选题是研究活动成功的一半，说明选择一个好的研究方向会对研究活动的意义和价值起到重要的影响作用。

既然选题如此重要，那我们在开展小学教育科学研究活动时，究竟该如何选题呢？一一般而言，研究者在确定研究选题时，需要注意如下方面。

（1）研究者在选题的过程中需要注意研究选题的必要性，即选题的研究意义。一般而言，我们需要选择有研究意义的选题开展研究。这里的研究意义一般指向两个方面：①研究活动的理论意义；②研究活动的实践意义。无论是哪个方面的研究意义，意义的产生都来自问题的解决。理论意义来自研究活动对于理论问题的解决，实践意义来自研究活动对于实践问题的解决。

（2）研究者在选题的过程中需要注意研究选题的可行性，即研究者是否有条件和能力完成该选题的研究活动。研究活动是研究者开展的一项智力探索活动，研究活动的完成需要研究者在时间精力、知识储备、研究方法等方面具备相应的条件。不同的研究选题对于研究者的要求各异，研究者在确定研究选题时，需要充分考虑自身的研究条件，既要有迎难而上的精神，又要结合自身的实际情况确定选题，只有这样，才能高质量地完成研究活动。

【知识链接1-3】

教育研究的问题意识。人类是通过知识的生产、积累和传承，才得以解决自己所面对的问题的。当知识生产达到一定程度时，如何保存和传承知识就成为一个极为重要的问题。学科是人类对已获知识的一种组织形式。学科一旦定型，其结构就具有保守的特点并与实践相对脱节。当前学术界的一种不良学风是仅从学科体系所提供的一套概念范畴、公式原理、理论观点出发，在自己设定的领地里自说自话，使问题演变成研究者头脑中的思辨之物，最终隐匿了问题。为了把学科与问题、研究者与行动者连接起来，应当构建一种中观性理论作为桥梁。中观性理论是由研究者和行动者通过一种合作共同体的形式共同建构起来的理论范式，它要求研究者在选择和解决问题时，应当强调微观化的研究对象、目光向下的研究视角、不确定的问题边界和"他者"的研究立场。

（资料来源：劳凯声. 教育研究的问题意识[J]. 教育研究. 2014(8): 4-14.）

二、查阅研究文献

研究文献是指在研究过程中需要参考和使用的文献，这里的文献一般是指学术类文献，区别于一般意义上的其他类文献。所谓学术文献，主要是指研究者通过严谨的研究活动形成的对于特定事物的认识成果，学术文献由于是学术研究的成果，一般具有较高的创新性和可信性。研究活动一般都是在学术文献使用的基础上开展，研究文献对于研究活动而言具有多方面的意义。①学术文献代表了关于特定研究选题的现有研究成果，围绕特定研究选题查阅相关的研究文献，能够帮助我们了解最新的研究成果，把握特定研究选题的探索边界，从而避免在新的研究活动中进行重复研究，保证研究活动的创新性。②任何研究活动都是基于现有的研究成果进行的，对于现有研究成果的占有和使用是保证研究活动得以顺利开展并有所创新的前提。因此，真正的学术研究不是自说自话，也不是独自的个人臆想，而是需要将自己的研究建立在现有研究成果的基础上，这是保证研究活动成功的基本条件。

研究文献如此重要，在开展研究活动的过程中我们要善于利用学术文献辅助我们开展研究。从文献使用的时间上看，整个研究活动的开展，从研究的准备阶段、研究的实施阶段到研究的总结阶段，都涉及研究文献的使用。从文献使用的要求上看，首先，我们需要学会查找学术文献，那种简单地使用百度等网络搜索引擎查找文献的方法往往是不够用的，我们需要到专业的数据库以及图书馆等机构进行文献检索。其次，对于检索到的文献还需要学会甄别和筛选，应选择使用学术贡献较大、学术价值较高的文献。由于现在的学术文献非常多，文献存在良莠不齐的现象，有些学术文献的价值不大或者没有价值，因此需要研究者有甄别和选择文献的能力，这对于文献的使用而言非常重要，我们在后面的第四章第二节中会专门谈到具体该如何操作。

三、制订研究计划

计划是指对于未来所从事活动的规划和设想，研究计划则是指研究者对未来即将开展的研究活动的规划和设想。研究活动是一项目的性和计划性都非常强的认知活动，研究者在研究活动开展前，需要对研究活动进行详细的规划和论证，以保证研究活动的有效性。研究计划贯穿研究活动的始终，从研究选题的确立，研究方法的选择，研究过程的设计，最终到研究成果的撰写等，整个研究过程都是需要按照特定的程序和计划开展的，这是保证研究活动目标得以实现的重要条件。因此在开展教育科学研究过程中，研究者需要提前开展研究计划的撰写和论证，不断优化自己的研究规划，形成一份质量上乘的研究计划书，这是保证研究活动成功的重要条件。研究计划本身具有较强的专业性和较高的要求，撰写好的研究计划，需要研究者提前进行精心的设计和论证，同时需要研究者对研究选题有着专业的认知和一定的研究积累，只有这样才能真正作好研究规划，保证研究活动的顺利开展。

从研究计划的内容上看，研究者需要通过研究计划回答两个基本问题，一是研究的必要性，即研究活动的意义和价值的阐述等，一般包括研究的背景、研究的目的和意义等内容。二是研究的可行性，即打算如何去开展研究活动的规划和设想，一般包括研究的思路和方法、研究的内容和框架、研究的文献梳理、研究者的研究基础等。一个好的研究选题必然是研究的必要性和可行性都充分具备的，同理，一份好的研究计划书，一定是对研究的必要性和研究的可行性阐述得非常清楚且有说服力的文本。因此，研究者在明确了自己的研究选题后，需要对下列两个问题进行深入的思考：为什么研究这个问题，如何研究这个问题。研究者只有对这两个问题进行了深入的思考后，才能真正作好研究的规划，最终才能将研究工作做好。

四、搜集研究资料

研究资料是研究选题的外在表现形式，是研究者对于研究选题全面把握的重要抓手。研究者需要对研究选题得出认识和看法，这种认识和看法不仅来自研究者本人的理性思考，同时还来自研究者对研究选题的现实把握。这就要求研究者搜集与研究选题有关的资料，在分析研究资料的基础上形成对于研究选题的认知和看法。可以说，研究资料是研究者分析研究选题的事实依据，是研究者形成研究结论的实践基础。研究资料的搜集需要借助于特定的研究方法，如教师通过课堂观察搜集课堂教学的相关资料，通过问卷调查搜集研究选题的相关资料等。因此研究方法的选择是为研究资料的搜集服务的，不同的研究资料，需要选择不同的研究方法与之相对应。从这个意义上说，没有调查就没有发言权，研究活动需要通过系统的调查研究，获取研究资料，在分析研究资料的基础上，形成研究结论，这是开展研究活动的基本要求。

研究资料从其类型看可以分为直接资料和间接资料两大类。①直接资料是指人们在实践中通过自身的观察和体验，通过实验和调查等方式而得来的资料。直接资料是一手资料，研究者在搜集的过程中能够形成直观的体验和感受，同时直接资料由于贴近教育实践，能够帮助我们更好地把握教育问题的实践形态。直接资料的缺点是搜集起来较为复杂，需要大量时间和精力的投入，同时需要掌握相应的资料搜集的技术才能完成，对于研究者资料搜集的能力要求较高。②间接资料是指研究者通过书籍、报刊、广播、电视和网络等各种传播媒介所获得的信息资料。间接资料不用研究者亲自到教育现场去搜集，但是同样需要研究者进行仔细的甄别和筛选，防止出现虚假或者错误的信息，保证研究活动的科学性和真实性。

五、撰写研究成果

研究成果是通过研究活动最终获得的认知成果，它反映的是研究选题内在的基本规律。研究成果一般以学术类的文字形式表达，这种学术类的文字形式包括学术论文、专著以及研究报告等形式。撰写研究论文的目的，一方面在于忠实地记录研究成果，用文字的形式反映研究选题的内在特点和规律。另一方面在于传播和推广研究成果，使得教育工作者能在研究成果的指导下解决教育现实中的问题，在教育实践中产生实际的社会价值。同时使得研究成果能够在同行之间进行交流，为后续的研究创新做好知识积淀和准备。

由于研究成果的交流和传播特质，研究成果在表达的时候需要充分照顾到传播和交流的需要。这就要求在撰写研究成果的过程中需要注意如下几点。

（1）研究成果撰写的规范性。即研究成果需要遵循学术界通用的学术语言以及相应的规范进行撰写。学术研究成果不同于散文或者诗歌一类的表达文体，它的撰写需要遵循特定的撰写规范，只有这样，才能更好地在学术群体之间进行传播和分享。如学术引文需要规范，学术表达需要规范等。

（2）研究成果表达的真实性。研究成果的形成往往需要经过一系列的研究过程，需要在搜集和分析研究资料的基础上才能形成，这就需要研究者在研究的各个环节秉持实事求是的研究态度，只有这样才能确保研究成果的真实性，这是研究成果撰写和表达的基本要求。

（3）研究成果观点的创新性。这是研究成果的灵魂所在。研究活动的灵魂是创新，没有创新就无所谓研究，研究活动本质上就是探求新知、探索未知的过程。因此研究成果的表达需要在前人研究的基础上，提出新观点和新看法，需要具有一定的创新性，这是研究成果表达的内在要求。案例 1-3 中的清华大学附属小学的窦桂梅老师，在长期的研究活动中，围绕小学语文教学活动发表了多篇高质量的学术论文，在业内产生了广泛而积极的影响。

拓展 1-2：小学教育研究的意义

【案例1-3】

清华大学附属小学长期以来有着教育研究的传统，校长窦桂梅老师对于小学语文教育教学的研究颇有心得，围绕小学语文教学方面发表了一系列研究成果。她在《人民教育》1999年第3期上发表了论文《语文教学要着眼于人的发展》。该论文提出，语文教育是人的教育，因此，必须从语文习得的特点入手，从人的素质发展的规律看待小学语文教学，探索改革之路，才能实现人文精神的完整构建与人性的和谐、圆满。2014年第8期的《课程·教材·教法》期刊上，她又发表了一篇题目为《小学语文主题教学实践研究》的文章，指出小学语文主题教学能够针对小学语文教学中单篇教学支离破碎、目标不清、教学方式僵化、工具性与人文性割裂等问题，根据教学内容和儿童身心发展特点，在综合思维指引下，以主题的方式，整合课内外资源，以"语文立人"为核心，挖掘教学内容的原生价值以及教学价值，在语言文字的理解与运用中，促进儿童语言发展、思维提升、精神丰富，整体提升语文素养。她长期致力于小学教育科学研究工作，这也让她收获了全国著名特级教师等荣誉。

(资料来源：本书作者整理编写)

本 章 小 结

小学教育科学研究主要是指由一线的小学教师以及教育理论工作者作为研究主体，通过对于小学教育阶段的教育问题开展系统的研究，进而增进人们对于小学教育活动规律的认识，最终指导和改善小学教育实践活动的认识活动。小学教育科学研究的特征表现在如下方面：从研究选题看具有微观性，从研究目的看具有实践性，从研究范围看具有校本性，从研究方式上看属于行动研究。

教育科学研究从其类型看可以分为宏观研究与微观研究、基础研究与应用研究、思辨研究与实证研究等。从小学教育科学研究的类型看，小学教育科学研究更偏向于微观研究、应用研究和实证研究的范畴。从小学教育科学研究的过程看，开展小学教育科学研究一般需要经历确定研究选题、查阅研究文献、制订研究计划、搜集研究资料、撰写研究成果等五个环节。

小学教育科学研究在开展的过程中需要遵循伦理性原则、方向性原则、客观性原则、创新性原则、规范性原则等。从小学教育科学研究活动的意义看，开展小学教育科学研究是适应教师教育改革发展的需要，是提高小学教师职业幸福感的需要，是提升小学教师专业素养的需要，是推动小学教育教学改革的需要，是创新小学教育教学理论的需要。

思 考 练 习

一、单项选择题

1. 开展小学教育科学研究活动的第一步是（　　）。
    A. 确定研究选题　　　　　　　　B. 查阅研究文献
    C. 制订研究计划　　　　　　　　D. 搜集研究资料

2. 小学教育科学研究活动是基于小学、为了小学的研究活动，这体现了小学教育科学研究的(　　)。

  A. 研究选题的微观性　　　　　　　　B. 研究目的的实践性

  C. 研究范围的校本性　　　　　　　　D. 研究方式的行动性

3. 开展小学教育科学研究活动时需要以马克思列宁主义等科学思想为指导，这体现了小学教育科学研究的(　　)。

  A. 伦理性原则　　B. 方向性原则　　C. 客观性原则　　D. 创新性原则

二、简答题

小学教育科学研究的特殊性有哪些？

三、论述题

请论述开展小学教育科学研究的过程。

提出一个问题往往比解决一个问题更为重要，因为解决一个问题也许只是一个数学上或实验上的技巧问题。而提出新的问题、新的可能性，从新的角度看旧问题，却需要创造性的想象力，而且标志着科学的真正进步。

——爱因斯坦

第二章　小学教育科学研究的选题

学习目标

知识目标：了解研究选题的内涵，掌握小学教育科学研究选题的基本要求和来源。
能力目标：掌握小学教育科学研究选题的基本过程、思维方式和表达要求。
情感目标：了解研究选题在研究选题活动中的重要意义，培养开展教育研究的兴趣。

重点难点

教学重点：掌握小学教育科学研究选题的基本过程、思维方式和表达要求。
教学难点：培养学生对于教育研究的兴趣。

引导案例

如何选择一个合适的研究选题

张老师有多年小学教育工作的经验，在日常的课堂教学过程中积累了丰富的经验，提出了一些教育教学中的困惑和问题。可是每次当学校领导动员老师们开展研究选题，将平时在教育教学中积累的思考和困惑凝练成科学研究的选题时，他却总是觉得难以确定研究选题。张老师很困惑，明明自己脑子里积累了很多对于课堂教学活动的问题，却一到进行研究选题申报工作、进行科学研究的时候就无从下手，不知道该怎么确定自己的研究题目，也不知道该如何进行研究计划书的撰写。张老师所在学校的领导了解到老师们的选题困惑后，请了几位教育研究专家对全校老师就研究选题进行了培训，教育专家手把手指导老师们开展科研选题及计划书的写作工作。经过专家指导后，张老师对研究选题工作有了更加清晰的认识，逐渐树立了教育研究的信心，并认为只要了解研究选题的相关要领，普通小学老师也能做好研究选题工作。

(资料来源：本书作者整理编写)

案例分析：很多老师不知道如何确定研究选题，这阻碍了教师对于教育科学研究的开展。事实上，研究选题的确立并不困难，教师只需用学术化的语言将自己在教育教学中形成的困惑清晰完整地表达出来即可。选题的确立最重要的是保持对教育问题的思考。当然，选题确立过程中需要遵循一些基本的规范和要求，这是本章重点学习的内容。

第一节 小学教育科学研究选题的概述

小学教师开展教育科学研究活动，首先需要开展的工作就是做好研究选题工作。那么究竟什么是选题？选题活动在整个研究过程中有什么意义？选题工作有哪些具体的要求？这些是本节需要重点探讨的问题。

一、小学教育科学研究选题的含义

所谓选题是指选择一个明确的问题开始进行研究。选题的内涵表现如下。

(1) 从选题的阶段上看，选题是整个研究的第一个阶段的工作，完整的研究工作一般需要经历选题—开题—结题等环节。选题之后，一般需要找同行专家对选题进行充分的论证，以确保所选研究选题值得研究，并且能够研究，这种论证的过程就是开题工作。开题论证结束后，研究者就真正进入研究实施阶段，此阶段包括搜集资料以及撰写研究成果等，这是研究工作的重心。待到研究工作结束，最后进入研究的结题阶段。结题是指按照相关要求提交研究成果，证明研究的预期成果已经实现，研究要实现的社会价值已经完成，至此整个研究的工作就已经结束。

(2) 从选题环节的过程上看，"选题"顾名思义是指"选择一个问题"。"选择"意味着研究者从众多的教育教学的困惑中，按照研究选题选择的要求选择一个研究选题。小学教师在长期的教育实践中会积累很多的困惑和问题，正如引导案例中提到的张老师那样。但不是每个问题都值得开展研究，也不是每个问题都适合进行研究。研究者需要从众多的问题中选择一个最想要研究的问题来进行研究，这个选择的过程是万里挑一的过程，需要对众多的问题进行筛选。通过选题，研究者能够明确自己的研究选题，知道自己要解决的问题是什么，为后期的研究工作做好准备。

(3) 从选题内容的要求上看，选题需要选择的是一个研究问题。这里的问题既可以是来自教育实践的问题，也可以是来自教育理论的问题。但是无论如何，选择的都是一个"问题"。那么，什么是问题呢？问题是人们在认识外界事物过程中所存在的尚未解决的难题、矛盾和困惑，这种问题有可能是来自实践层面的尚未解决的难题，也可能是来自认知层面的困惑和矛盾，我们需要在教育实践过程中对问题进行剖析，并试图加以解决。

二、小学教育科学研究选题的意义

科学学科奠基人、英国物理学家贝尔纳曾指出："研究选题的形成和选择，无论是作为外部的经济要求，抑或作为科学本身的要求，都是研究工作中最复杂的一个阶段。一般来说，提出研究选题比解决研究选题更困难。……所以评价和选择研究选题，便成了研究战略的起点。"可见，选题对于科学研究活动是多么重要。对于科学研究来说，选题不仅影响着研究的方向和方法，同时选题也直接决定了研究的意义和价值。

选题活动的意义，具体表现在如下几个方面。

(一)影响着研究的方向

教育研究活动可围绕着教育的问题划分成不同的研究方向。从教育学的学科划分的角度可划分为教育学原理、课程与教学论、教育经济与管理、比较教育学、教育史等方向。从教育实践具体的工作内容可划分为课堂教学、班主任工作、教育管理等方向。上述划分的教育学科方向，每一个方向还可以进一步细分为若干个子方向，从而在每一个划分的维度上，都可以形成一张教育问题研究的大网。教育问题纷繁复杂，要想穷尽教育问题的研究是不可能的。一个研究学者，终其一生能够在某一个特定的研究方向有所建树，就是一个成功的教育研究者。

每一个研究者都有特定的研究方向，研究者会结合自己的研究方向开展自己的选题研究工作。同理，对于中小学教师而言，确定一个选题，就意味着确定了一个研究方向，也就意味着确定了后期的研究内容，因此，选题具有方向标的作用，例如，确定以"教师评价语言使用"为研究选题，这就意味着后期需要围绕着"教师评价语言使用"这一话题深入展开研究和探讨。从这个意义上说，研究者在确定研究方向的时候，需要考虑长远，选择自己有兴趣参与的研究方向开展研究，这样在研究的过程中才能更好地体验研究活动的乐趣。

(二)制约着研究的方法

研究方法是研究者在研究过程中需要采取的具体方法，研究方法多种多样，根据不同的维度可以划分为不同的类型。如根据研究方法的性质可以分为定性研究和定量研究两大类。根据研究方法具体的实践方式，可以分为文献研究法、调查法、观察法、比较研究法、历史研究法、实验法等。每一种具体的研究方法都有着特定的适用范围，这与研究选题的具体选题是直接相关的。研究选题工作是确定研究内容和研究对象的过程，研究方法是服务于研究对象和研究内容的，特定的研究对象和研究内容在一定程度决定了研究方法选择。

研究者在选择研究选题时，需要从研究方法使用的角度反向思考和确立自己的研究选题，尽量选择能使用自己擅长的研究方法进行研究的选题，这样能够提升研究活动的效果。具体来说，有些研究选题需要通过开展问卷调查的形式进行，如"小学教师网络教学满意度的调查研究"的选题，研究者在开展此类研究时，就需要使用调查研究的方法开展研究。如果研究者对调查研究法完全不熟悉，那么这类研究活动很显然就不适合研究者选择。

(三)决定着研究的意义

研究的意义是指研究活动所能产生的社会价值和实践作用，研究活动的开展需要寻求社会价值的最大化，只有具有社会价值的研究活动才值得研究者付出时间和心血，才值得社会投入各种条件去支持其开展。那么，研究活动如何才能凸显其社会价值呢？这与研究活动的选题密切相关，或者说研究的选题在一定程度上决定了研究活动的社会价值。

选题就是选择一个研究的问题，研究活动的过程是一个发现问题、分析问题和解决问题的过程，问题是研究活动的灵魂。研究活动之所以能够产生社会价值是因为其是在解决社会发展中存在的问题。解决不同的问题，就凸显不同的社会价值。在选题的过程中，我们需要选择一个有较大社会价值的问题开始研究，从而整体提升研究活动的意义。案例2-1中提到的常熟市石梅小学，围绕"学的课堂"开展系列研究选题，最终构建了一个全方位的"学的课堂"的知识体系，产生了重要的研究价值。

【案例2-1】

江苏省常熟市石梅小学是一所具有300年历史的老校，学校重视课堂教学改革，主动探索凸显学生学习主体性的课堂教学模式。在顾丽芳校长的带领下，学校申报了以"具身认知理念下的'学的课堂'的构建研究"为主题的研究选题(江苏省中小学教学研究第十三期的研究选题)。目标是通过研究构建"学的课堂"教学模式，重视学生课堂体验，逐步形成开放、自主的课堂样态。在研究选题组的努力下，学校经过两年的探索，对于"学的课堂"进行了全方位研究，提出为"生长"而教，为"生长"而学的教育理念。研究选题组提炼了"学的课堂"的四大要素：学情、学程、学理、学伴。构建了"学的课堂"的操作流程，主要由导学先行、设计优化、问题驱动、一探一得、一用一思五个环节组成，研制了"学的课堂"的关键策略等。研究选题组最终出版了以《峰值体验·小学"学的课堂"的实践构建》为题的著作，产生了积极的社会影响，为"学的课堂"的探索和研究提供了宝贵的经验。

(资料来源：本书作者整理编写)

三、小学教育科学研究选题的要求

研究选题对于研究工作来说非常重要，如何提高研究选题的价值？影响研究选题最重要的因素是什么呢？这就要回到研究选题的具体"问题"上来。不同的研究选题，既决定了研究活动的不同方向，也决定了研究活动的不同价值。那么究竟要选择一个怎样的问题进行研究呢？我们认为，研究活动要选择"真问题"进行研究。

真问题具有如下基本特点。

(1) 真问题是真实存在的问题。真问题的第一个特征就是问题是真实存在的，并非是研究者在头脑里想象和杜撰出来的，这是真问题的首要标准。这里的真实存在的问题既可以是教育实践中真实存在的问题，也可以是教育理论中真实存在的问题，其核心要义都在于"真实存在"。所谓真实存在就是客观存在的矛盾，是需要加以解决的，而非想象出来的问题。举几个反例，如中世纪西方宗教人员喜欢探讨"一个针尖上能够站立多少个天使"问题，这样的问题就是一个假问题，是人们在头脑中杜撰出来的，而非真实存在的问题。再比如"如何给幼儿园的小朋友教高等数学"的问题，很显然也是假问题，因为这样的问题不符合教育规律。真问题是真实存在的问题，这里的真实存在指向两个方面，一是问题是客观发生的，二是问题是符合规律的。从二者的关系上看，客观发生的必然是符合规律的，符合规律的有可能客观发生，二者是相互统一的。只有杜撰出来的问题才可能是不符合事实规律的，才是我们需要摒弃的问题。

(2) 真问题是凸显价值的问题。真问题一定是具有很大社会价值的问题，因为真问题是真实存在的问题，研究真问题就是在寻求解决真实存在问题的方法。正是因为研究活动致力于解决问题，才产生社会价值，二者具有内在的一致性。这里所谓的"很大社会价值"具有两个指向，一个指向是说真问题具有绝对意义上的社会价值，其社会价值一定是大于零的。如前面所提及的两个假问题，其社会价值是不存在的，因此是不值得去研究的。另一个指向是从比较的意义上说真问题的社会价值的，即选择一个具有更大社会价值的问题进行研究。从研究选题的角度看，只要选择的问题是真实存在的，所有问题的研究都具有社会价值。但是研究需要投入大量的人力、物力和财力等，所以我们在开展研究选题的过程是需要选择相对更有价值的研究选题进行研究，只有这样才能更好地发挥教育研究的作用，从而推动教育实践实现更好的发展。因此在选题的过程中，我们需要对不同问题的价值大小进行比较，在此基础上对于问题进行取舍，从而最终选择具有更大价值的问题开始研究。

拓展 2-1：
真问题的标准探讨

【知识链接 2-1】

进入 21 世纪，"教师即研究者"理念深入人心。目前，教育研究已经成为我国中小学教育科研的基本模式。随着各级各类教育实践对研究选题的需求日趋广泛，中小学科研研究选题与教师个人研究选题数量增加迅速。在当下教育发展方式发生重大转变的背景下，中小学幼儿园研究选题如何在"数量增长"的同时实现"质量提升"，是提高基层学校教育研究水平的关键。有效解决教师从事研究选题过程中存在的问题和遇到的困难，必须将"改进实践"作为研究选题的价值取向，引导教师研究"真"问题，开展"真"研究，争取"真"成果。教师从事研究选题时，必须研究具有研究价值的客观存在的教育教学实践中的"真"问题。在研究选题正式实施之前，研究者必须认真重视开题论证活动，修正研究选题方案，做好研究选题启动准备工作。

(资料来源：周金虎. 真问题·真研究·真成果——教师从事研究选题的应然之义[J]. 江苏教育研究，2013(8).)

第二节 小学教育科学研究选题的来源

研究选题从哪儿来，这是教育研究工作首先需要回答的问题。对于一线的中小学教师而言，"不知道研究什么"成为摆在教研面前的一个普遍的困难和疑惑。我们认为，教育科学研究选题的确立，可以从教育理论和教育实践两个角度进行。

小学教育科学研究选题的来源

一、小学教育科学研究选题的理论来源

小学教育学的内容比较多，几乎涵盖了小学教育领域的各个方面。其中包括小学教育的本质和目标、小学教育的历史与演进、小学教育的比较与启示、小学教育的教师和学生、

小学教育的课程与教学、小学教育的政策和改革、小学教育的管理和评价等内容。

(一)小学教育的本质和目标

小学教育的本质和目标是指小学教育是什么，需要实现什么目标的问题。这一内容是开展小学教育的前提性思考，是做好小学教育工作的基础，具有方向性和导向性的作用。具体来看，小学教育的本质是指什么是小学教育，包含的相关选题领域如小学教育不同学段的性质、特征、任务等。小学教育的目标是指小学教育要培养什么样的学生，包含的相关选题领域如小学教育如何促进学生的全面发展、小学教育如何促进学生的可持续发展等问题。

(二)小学教育的历史与演进

小学教育的历史和演进是指小学教育从哪里来，小学教育有哪些历史发展规律等问题。这一类选题属于教育史学类研究，其研究目的在于从历史中找到小学教育发展的规律，以便更好地认识当下小学教育发展的趋势。具体来看，这类选题包含如下研究领域：小学教育在不同的历史时期的发展状态的梳理，小学教育在其历史演变过程中表现出来的基本规律，小学教育的历史演变对当下小学教育发展的启示等。

(三)小学教育的比较与启示

小学教育的比较与启示强调的是小学教育的国际比较，通过研究和了解不同国家小学教育的做法及小学教育发展的国际趋势等内容，从而为我国的小学教育事业的发展提供启示和借鉴。这一类选题属于比较教育学类的研究，具体可以包含以下方面的内容：第一个层次的比较研究主要是对国际小学教育的发展和研究进行简要的介绍，比如可以对美国等发达国家小学教育的某一特定的做法进行详细的介绍，以便让国内教师了解国外小学教育的具体做法；第二层次的比较研究重在比较，即围绕某一特定主题，对小学教育的中外做法进行比较，并在比较的基础上寻找关于完善我国小学教育做法的启示。

(四)小学教育的教师和学生

小学教育的教师和学生是小学教育实施过程中的人的因素，小学教育目标的实现，最终指向小学教育教师的专业发展和学生的健康成长。关注小学教育教师和学生的发展问题，是小学教育科学研究的重要研究选题。具体来看，这类选题包含如下两个方面内容。一是有关小学教育教师的成长和发展问题，这类问题既可以关注职前教师专业发展的问题，也可以包括在职教师专业发展的问题。教师发展的内容方面，既可以是教师专业道德素养的发展，也可以关注教师专业知识领域的发展，或者教师专业能力方面的发展。二是有关小学教育学生成长和发展的问题，从学生的分类看，既可以关注优秀生的发展问题，也可以关注后进生的发展问题，还可以从不同学段的角度对学生群体加以区分进行研究。从学生发展的内容看，既可以关注学生学业成绩的发展，也可以关注学生道德品质、行为习惯等方面的发展等。

(五)小学教育的课程与教学

小学教育的课程与教学是指教什么和怎么教的问题，课程与教学是小学教育育人实践工作的核心，是育人工作的重要抓手，教育活动的实施正是通过课程与教学活动来体现。小学教育课程与教学研究是与一线教师联系最为紧密的选题领域。具体来看，小学教育课程关注的是教育的内容，是教什么的问题。相关的选题领域包括：小学教育的教材内容研究、小学教育的教辅图书资料研究、小学教育的课程改革研究、小学教育的课程设计研究、小学教育的课程开发研究、小学教育的课程管理研究等领域。小学教育教学关注的是教育的实施和方法问题，是与教师关注的教学能力提升关系最为紧密的研究领域，具体包含的选题领域有：小学教育的教学目标研究、小学教育的教学过程研究、小学教育的教学方法研究、小学教育的教学评价研究、小学教育的教学反思研究等。每一个选题领域都可以根据小学教育的不同学段、不同学科进行进一步的细化研究。

(六)小学教育的政策和改革

小学教育的政策和改革主要是指从国家教育改革和发展的政策层面对小学教育的改革和发展问题给予关注，回答的是小学教育往哪里走的问题。教育是一项政策指导性很强的社会事业，对于普通教师而言，了解和研究教育发展的相关政策，是把握好教育改革的大方向，做好教育改革的基本要求。我国小学教育的改革可谓风起云涌，结合当下教育改革的热点问题看，小学教育的政策和改革领域包括如下几个热点问题：中小学生核心素养的落地和实施研究、中小学生课后服务相关政策的研究、双减政策的落地和实施问题研究、小学教育评价改革的问题研究等。这一类研究都是与国家在某一特定时期颁发的重要的政策文件有直接关系，研究活动紧跟当下教育热点问题的，具有较强的时效性。

(七)小学教育的管理和评价

小学教育管理和评价关注的是教育管理和评价问题，是教育系统中不可或缺的重要领域。从教育各子系统的关系看，小学教育需要以课堂教学为中心，教育管理和评价工作服务于教师的课堂教学工作，是做好小学教育工作的保障。具体来看，这里包含两大类问题。第一类是教育管理问题，从教育管理的对象分，可以将教育管理分为学校管理、班级管理、课堂管理等不同层面的问题领域。从教育管理的内容分，可以将教育管理分为目标管理、制度管理、舆论管理、组织管理、文化管理、纪律管理等问题领域。第二类是教育评价问题，评价在教育实践中具有指挥棒的作用，是一个重要的研究领域。教育评价领域的问题，从评价对象的角度分，包含学生发展评价、课堂教学评价、学校办学评价、教师工作评价等问题领域。还可以从评价主体、评价方法、评价过程、评价结果的运用等角度对不同类型的教育评价进行细化研究。

二、小学教育科学研究选题的实践来源

小学教育的实践选题，意指从小学教师教育教学实践中生发出来的选题。这里的实践，

是指小学教师所具体从事的教育教学实践，与前述理论的宏观性和抽象性相比，这里的实践具有较强的微观性和具体性，它是带有小学教师个性特质的实践，是具有一定个体差异的实践，关注的是小学教师具体开展的教育教学活动。小学教师在教育实践中往往存在各种困惑，这是教育实践选题的重要来源。小学教师在教育实践中取得的新突破和有效的经验，也可以作为教育实践选题的来源。

(一)小学教师教育实践中的困惑点

教育是一项复杂的劳动，要想做好教育工作，需要不断地对教育活动加以思考。尤其是在教师成为研究者逐渐被人们所接受的当下，一线教师开展教育活动并非简单地重复着昨天的经验和故事，而是要带着研究的心态来对自己的教育实践加以审视。当我们用研究的心态审视教育实践行为时，我们便会发现教育处处是问题，教育实践中的任何一个问题都值得我们去探索。这种问题既可能表现在日常的课堂教学活动中，也可能表现在班主任开展日常的班级管理活动中。如课堂教学中如何做好课堂提问、小组合作学习、组织好学生的课堂纪律等，班级管理中如何做好学生的自主管理、如何开展家校合作等，这些问题都可以作为研究选题被提出并进一步进行探究，这些问题也成为教师开展教育科学研究时重要的选题来源。

(二)小学教师教育实践中的闪光点

小学教师在长期的教育实践中，会面对各种教育的问题和困惑，往往会用许多新的教育教学方法来解决问题，在这个过程中必然会积累很多的实践经验。有些经验在实践中经过尝试变得十分有效，从而教师逐渐地形成自己独特的教育风格和创新的做法。这些独特的教育风格和创新的做法都是小学教师在教育实践中不断积累的闪光点，是教师长期积累的教育智慧。在教育研究过程中，以教师在实践中积累的这些闪光点为选题来源进行研究，可以充分地利用好一线教师积累的教育智慧，让这些闪光点通过教育研究得到系统的梳理和总结，通过研究活动得到进一步的推广和应用，以便放大教师教育智慧的作用和价值。案例 2-2 中的沙家浜小学，充分利用了学校所在地的沙家浜红色文化资源，开展了以"永不休假的'红心思政'课程建设"为主题的研究选题，对于学校文化建设起到了重要的推动作用。

【案例 2-2】

江苏省常熟市沙家浜小学是坐落在沙家浜镇上的中心小学，沙家浜镇有着丰富的红色文化资源，这里有全国著名的 5A 景区沙家浜景区，有以沙家浜镇抗日故事为题材的京剧《沙家浜》，这些为沙家浜小学的发展提供了丰富的素材和资源。沙家浜小学在特色校园文化建设的过程中，认识到地方红色文化作为一种教育资源的重要价值。在张校长的带领下，沙家浜小学开展了以"永不休假的'红心思政'课程建设"为主题的研究选题。该研究选题以"红心思政"为核心概念，目标上清晰指向中国心、中国魂的新时代少年培育。研究选题从内容上看强调四个方面：强调人人都是思政教师，形成"红荒"力；强调课课都含思政气息，打造红课堂；强调处处都有思政文化，营造红空间；强调时时推送思政微课，形成全时空。通过上述四个方面的建设，形成全员参与、全课程参与、全时空开展的红色思政教育模式。

(资料来源：本书作者整理编写)

(三)小学教师教育实践中的学习点

教育是一个改革层出不穷的领域，教育改革的脚步从未停止过。作为一线教师，需要在长期的教育实践中不断地适应教育改革的新要求，调整自己的教育教学行为。为此，学习成为广大一线教师在职业生涯中需要不断开展的专业发展活动。教育改革提出的各种新理念、新名词，既是小学教师日常专业学习的对象，也是小学教师教育研究选题的重要来源。将新的学习要求作为研究选题，不仅能够深化学习的效果，同时也让教师的教育研究选题更加与时俱进。如当下教育改革中较为热门的核心素养问题、课后服务问题、教育评价改革问题、双减问题等，都可以成为教师教育科学研究的实践选题来源。这类选题要求一线教师不断地熟悉和了解教育政策，把握教育改革的大方向。一线教师可以结合自身的教育实践，选择一个小的实践问题切入。如小学语文写字教学中如何落实核心素养这一教育目标的问题，或者小学数学课堂作业布置中如何落实双减政策的要求等问题。

(四)小学教师教育实践中的兴趣点

小学教师的教育实践是一个充满挑战的领域，教育中的每一个领域要想做好，都需要教师付出极大的热情。小学教师在教育实践的过程中需要具有积极的探索精神和广泛的兴趣投入，才能迎接教育的未知和挑战，将教育工作做好。为此，在教育实践中，教师需要不断地迎接一个又一个新的问题，培养对于教育问题的研究兴趣，并运用自己的理智和思维对问题加以解决。这些教育实践探索中的兴趣点就是一束束智慧的火苗，等待被点燃。教师可以将这些兴趣点不断地放大并作为教育研究的选题加以系统研究，研究过程就是点燃智慧火苗的过程。通过科学研究，教师能够深入、系统地对问题加以思考，并且探索出问题的解决思路，形成自己的教育智慧。

拓展 2-2：小学教育研究选题的基本原则

【知识链接 2-2】

科学研究是一个不断发现问题、提出问题和解决问题的艰苦求索过程。发现问题、提出问题以及确定研究选题是科学研究的起点，但要进入科学研究程序，首先要把问题变成研究选题，然后对研究选题进行筛选。所谓研究选题，就是为了解决某个问题、完成某种特定任务和达到某一目的而需要研究的、用科学术语明确表达的一个或一组科学问题。所谓选题，就是选择和确定所要研究和解决的研究问题。选题可以从如下几方面去寻找：从社会现实中发现问题；从理论中寻找破绽；从学说的对立面提出观点；在综合统一思想下整合突破；从学科交叉处开垦"荒地"；在科学研究中意外发现。确立选题应遵循新颖性、科学性、价值性和量力性四条基本原则。

(资料来源：徐超富，苏慧雯，姚尧. 科学研究：选题从哪里来? [J]. 当代教育论坛，2014(01).)

第三节 小学教育科学研究选题确定的过程

前文讨论了小学教育科学研究选题的来源和基本原则，那么如何确定研究选题呢？这是本节需要讨论的问题。在本节，您将了解到小学教育科学研究选题提出的基本过程、小学教育科学研究确定选题的思维方式、小学教育科学研究选题的表述要求等内容。三个内容分别从选题的提出、思维和表述三个方面对选题的确定过程进行详细的分析，以帮助读者提升确定研究选题的能力。

小学教育科学研究选题确定的过程

一、小学教育科学研究选题提出的基本过程

教育研究选题的提出是一个不断聚焦的过程，研究选题从一个较大问题领域向一个比较聚焦的问题逐渐过渡、聚焦的过程，是研究选题不断清晰化和具体化的过程。

(一)初步发现问题，形成问题域

问题域是指问题的场域或者领域的意思，意指问题产生的场域。与问题相比，问题域有如下特点。

(1) 问题域相较于问题其所指的范围较大，其指向的是一个领域和范围的概念，而问题往往是指向一个具体的点，因此二者是点和面的关系。问题好比是单个点，问题域则是由众多点构成的面域。

(2) 问题域和问题有时表现为上下位概念的关系，问题域往往是具体问题的上位概念，即问题域的概念范围要包含具体问题的概念。如小学教师知识结构问题，其上位概念为教师的专业素质，而"教师的专业素养"相比较于"小学教师知识结构"就属于问题域。用一个形象的比喻来说明，问题域和问题的关系类似于圆锥的顶部圆周和底部锥点之间的关系，二者既表现出大和小的包含关系，也表现出上和下的层级关系。

(3) 问题域和问题是相互比较的概念，二者是相互对应，并非固定不变。从问题域到具体问题，往往要经过一系列的具体化过程，在这个具体化的序列之中，某一个特定的问题表述方式，相对于上一级概念就可以成为问题，而相对于下一级概念，则又成为问题域。如以研究教师的素质为例，在研究选题具体化的过程中，可以生成一系列环环相扣、层层递进的具体问题。具体表现如下："教师的专业素质"—"教师的专业知识结构"—"教师的专业学科教学知识"—"小学教师的专业学科教学知识"—"小学语文教师的专业学科教学知识研究"。在教师素质问题研究的具体化序列中，处于中间位置的任一问题表述，相对于上一层就是指向问题，而相对于下一层则有问题域的含义。

上述内容对于问题域和问题进行了区分，从研究活动的过程看，研究选题开始总是以问题领域的形式出现，即研究者首先是对某个特别的问题域产生研究的兴趣，但是研究者此时还不能确定想具体研究什么问题。比如有的研究者说，"我想研究教师的素质""我想研究课堂提问""我想研究师生关系"等，此类都是问题域的概念，而非问题的概念。研究者此时只是对某个问题领域产生了兴趣，还没有具体聚焦到某个特定的问题。从问题域到问题，还需要研究者进一步探索才能完成(见图 2-1)。

小学语文教师的专业PCK知识研究

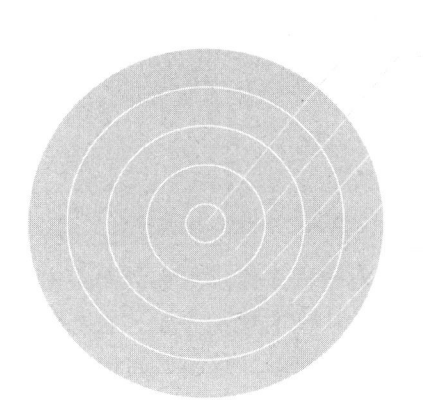

小学教师的专业PCK知识

教师的专业PCK知识

教师的专业知识结构

教师的专业素质

图 2-1　问题与问题域关系举例

(二)不断聚焦问题，明确提出问题

聚焦问题的过程就是进一步明晰问题的过程。所谓明晰是指对于问题构成的各个元素进行分析和具体化。要想聚焦问题，首先需要明确问题的构成元素有哪些。一个完整的研究选题，一般至少包括研究对象和研究内容两个元素，即需要明确回答研究谁的什么问题。因此，在聚焦研究选题的过程中，需要对于研究对象和研究内容两个方面进行进一步的具体化。

(1) 研究对象方面。任何研究活动都指向特定的研究对象。在教育研究中，由于教育活动参与主体的复杂性，教育研究对象可以指多个方面，比如，以教育中的人为研究对象，研究对象可以是教师，也可以是学生，还可以是家长等。以教育活动的中介为研究对象，研究对象可以是学校和班级、课程与教材等。无论是哪一类的研究对象，在研究选题确立的过程中都需要对其进行明确的界定，以便明晰研究的范围。举例而言，以教师为研究对象，我们需要对"教师"做出限定，限定的方式有很多，如什么学科的教师、什么学段的教师、什么教龄的教师、什么学历的教师、什么地域的教师……具体限定词，需要结合特定研究选题的需要来选择，为了进一步明确研究对象的范围，有的时候需要同时使用多个限定词，如"小学语文教师……""小学新任教师……"等，这样研究对象会变得更加具体和清晰。

(2) 研究内容方面。研究活动需要有一个明晰的研究内容，研究选题明晰的过程是从问题域向研究内容不断聚焦的过程。牛顿提出的"苹果为什么会从树上掉下来"是一个问题域，最后牛顿聚焦到"万有引力"这一具体的研究内容上，这是一个不断清晰化和具体化的过程。教育研究内容的提出也是如此，研究内容以特定概念的形式出现，研究内容的具体化过程就是教育核心概念分解和确立的过程。举例而言，假如你想研究的问题是"怎么提升教学效果"，可以将概念聚焦在"教学方法"上。教学方法有很多种，研究者很难在一个研究项目中都研究，还需要对其进一步分解。为此研究内容可以进一步聚焦到"小组合作学习"上。相比较于"怎么提升教学效果"，"小组合作学习"这一研究内容就更加清晰和具体，可以作为研究选题的核心概念进行使用。

二、小学教育科学研究确定选题的思维方式

小学教育科学研究确定选题的思维方式有提出研究选题和确定研究选题两方面的思维方式。

(一)提出研究选题的思维方式

1. 比较和类推的思维方式

比较和类推的思维方式是指将两个具有相近属性的事物放在一起进行比较和辨识，通过寻找相同点和差异点的方法增进对事物的认识的思维方式。二者合称为类比思维。类比思维的具体策略表现为不同事物之间的比较、借鉴、移植、嫁接、运用等形式。类比是将两个具有相近属性的事物进行比较。因此两个事物具有相近属性，构成了类比的前提。又由于相互比较的两个事物并不一样，在比较的过程中才能互相启发，从而形成对于事物新的认识。因此，类比思维是一种具有重要创新价值的思维方式，通过类比思维可以增进人们对于事物属性的新认识。

(1) 类比思维可以直接帮助我们开展比较教育方面的选题。在众多的教育研究选题中，有一类选题是围绕同一个主题，将两个性质相近的教育现象进行比较，这类选题是运用类比思维的直接表现。这种类比以围绕某个特定教育主题的国别之间的比较居多，如：围绕学生守则的内容，可以开展中国和美国小学生守则内容的比较；围绕新教师培训，可以开展中国和英国小学新任教师培训内容的比较研究等。通过国别之间的比较研究，可以寻找对我国教育发展有意义的启示。除了国别之间的比较之外，还有其他相近主题的比较，如国内不同版本小学语文教材内容的比较、不同年龄段教师职业幸福感之间的比较等。

(2) 研究者还可以运用某一特定学科的理论来分析解决教育领域的问题。这种研究选题，可采用跨学科的比较，也可以采用本学科内的比较。研究者可运用心理学的理论分析教育问题，如"基于多元智能理论的小学语文课堂教学设计探索""运用马斯洛的需求层次理论分析学生课堂学习的心理需求"等。研究者可运用社会学的理论分析教育问题，如"基于社会学视角的学校升旗仪式研究""运用社会分层理论分析小学教育分层问题"等。跨学科研究由于不同学科视角的碰撞，能够产生较多的研究新意。同学科内比较研究的运用可以是不同事物经验之间的借鉴，比如，了解到教师知识的 PCK 理论，可以研究"小学语文教师课堂教学 PCK 知识生成方式研究"，了解到教师职业倦怠的相关理论，可以研究"小学班主任职业倦怠的调查研究"之类的选题等。

2. 批判和反思的思维方式

批判和反思的思维方式是指对于教育理论或实践中的现象加以前提性思考和结果性思考，于无疑处生疑，以便提出问题的思维方式。批判和反思的思维方式最核心的内容是前提性思考和结果性思考。

(1) 前提性思考是指对于理论观点或者实践做法合理性存在的前提加以思考，探究事物存在合理性的依据，进而发现问题的思维方法。任何事物的存在合理性都有其逻辑上的前提，如我们谈小学教师的专业发展需要具有爱心，那么这一观点是否正确，其正确的前

提是什么呢？按照这个思路，我们便会对问题形成更加深入的认识，也会在这种认识过程中发现问题。前提性思考是一种反向性思维，是从今天往昨天推演的思维方式。

(2) 结果性思考指按照事物发展的顺序进行正向推导，进而分析事物接下来可能存在的状态及问题。与前提性思考相反，结果性思考是一种往前看的思维方法，是从今天看明天的思维方法，是借助未来教育发展的样态思考当下教育存在的问题。

对于教育理论的批判和反思，一方面表现为不同理论派别之间的论争。如教育史上出现过的形式教育论和实质教育论的争议，双方教育理论研究者各执一词，为自己的教育观点辩护。再比如传统教育学派和现代教育学派的论争，双方围绕教育的问题也展开了激烈的论争。案例2-3中的"王钟之争"，也是21世纪以来在基础教育课程改革方面出现的较有代表性的学术争论，体现了不同学者对待基础教育课程改革的认识差异。教育理论的发展，尤其是西方教育理论的发展，正是在这种不同学派、不同思想相互论争的过程中发展起来的。另一方面表现为不同教育研究工作者之间的论争，这种论争往往以"……商榷""……读后感"等形式出现。

【案例2-3】

21世纪以来，围绕基础教育课程改革，不同学者之间开展了激烈的观点争论，其中较有代表性的如北京师范大学王策三教授与华东师范大学的钟启泉教授有关知识的争论，被称为"王钟之争"。王策三教授针对新课程改革存在的轻视知识的现象，撰文《认真对待"轻视知识"的教育思潮》引起了业界的较大反响。钟启泉教授针对王策三教授的文章，发表了《发霉的奶酪——<认真对待"轻视知识"的教育思潮>读后感》，对王策三教授的观点进行了回应并提出自己的观点。两位教授关于此问题的论争表现出理论批判的特点和魅力。需要注意的是，研究者之间的论争仅是针对研究者所持学术观点的论争，不能过于夸大演变成对于研究者本人的批判，这样就适得其反了。

(资料来源：本书作者整理编写)

理论的批判和反思多是教育理论工作者开展的工作，对于一线教师而言，更多是对于教育实践的批判和反思。对于教育实践的批判和反思，需要我们改变将教育实践看作是"习以为常""理所当然"的认知心态，认识到我们的教育实践并不完美，教育实践有很多的问题需要我们去加以改进和研究。在这个基础上，还需要研究者做一个反思性的教育实践者。对于自己开展的教育实践处处留心，才能发现实践中的问题。研究者要想看到教育实践中的问题，一方面需要较高的教育眼光和认识。研究者只有用教育理论反观教育实践，才能发现教育实践的不完美，才能提出教育实践中的问题。另一方面，需要一线教师做个处处留心的研究者，不满足教育发展的现状，在追求高质量教育的过程中，善于观察和捕捉教育实践中的问题。

拓展2-3：王钟之争的论文摘要

(二)确定研究选题的思维方式

教育研究者在利用恰当的思维方式审视教育实践时，会发现教育处处是问题。发现问题并不等于就能确定好选题，从发现一般性的问题到确立教育研究选题的过程，就是从问题域聚焦到研究选题的过程，实现这一过程还需要把握特定的思维方式。

1. 剥洋葱思维

洋葱是一个由内到外层层包裹的植物，洋葱的最里面是其内核，外面由一层层的洋葱皮紧紧包裹着。剥洋葱的过程是一层一层地将外皮去掉，直至最后发现洋葱内核的过程。在这里借用剥洋葱的过程比喻研究选题确立的过程。二者相似之处具体表现在如下几个方面。

(1) 如果把洋葱比喻成研究对象，那么洋葱的外皮相当于研究的问题域，洋葱的内核相当于研究选题，剥洋葱的过程是一个不断剥去外皮直至发现内核的过程，即这一过程就是研究活动从问题域不断聚焦到研究选题的过程。研究选题一般不会自然而然地显露在外，就像洋葱内核一样总是隐藏在问题域之后，需要研究者仔细地加以研究才能发现。

(2) 从洋葱外皮到洋葱内核的剥除过程，也是一个从表象问题、迷惑问题到核心问题的转化和发现过程。洋葱外围的皮就好比是表象问题和迷惑问题，这样的问题具有经验性和不稳定性，它一方面是研究选题产生的基础，另一方面也会对研究选题的发现起到一定的干扰作用。因此研究者需要在发现问题的过程中，认识到哪些问题是表象问题和迷惑问题，并需要在研究的过程中舍弃，哪些问题是核心问题，需要在研究的过程中重点关注和研究。剥洋葱需要舍弃掉一些无法食用的外皮，研究活动也是如此，需要研究者在研究活动中能够辨别问题的真伪，做到对研究选题进行去伪存真。

(3) 剥洋葱的时候如果方法不恰当，往往会因为辣眼睛而让剥洋葱的人泪流满面，说明做好剥洋葱的工作实非易事，需要付出很多的辛劳。研究活动与剥洋葱的过程类似，研究选题的确立也并非一蹴而就的过程，需要研究者在文献阅读、实践考察等多个方面的基础上综合做出判断。即便这样，也并非每一次的研究选题都是成功选题。这说明确立研究选题并非易事，是一个充满艰辛努力的活动。

2. 漏斗式思维

漏斗从其结构来看，是一个自上而下由宽变窄的物体，漏斗中的物体最终都需要经过很窄的通道才能顺利流下。用漏斗比喻研究选题确立的过程，具有如下几层含义。

(1) 研究选题的确立是一个由外围的经验性问题不断向中心区域的核心问题聚焦的过程。研究选题和前述的剥洋葱的过程类似，但是更加强调中心聚焦的重要性。在研究选题确立的过程中，聚焦中心问题往往表现为在研究过程需要确定一个恰当的核心概念。核心概念就像是漏斗的底部聚焦点，是研究选题确立的重心。

(2) 漏斗是一个从上往下由宽变窄、由大变小的物体，但是以漏斗的底部为顶点，漏出来的内容往往要经历一个由小变大的过程，这说明研究选题过程中是一个"大—小—大"的辩证变化过程。研究选题一经确立，研究的活动就是一个以小见大，不断放大的过程。这个过程围绕研究选题发散和展开，有点像是北京的四合院，院门很小，进去之后大有文章。同时也像是一个三角形，由一个顶点发散开来。可见，研究选题的确立过程是一个由大到小不断聚焦的过程，研究实施过程则相反，是一个以小见大，逐渐发散的过程。整个过程就像是一个漏斗，充满了辩证法的色彩。

三、小学教育科学研究选题的表述要求

(一)研究选题表述信息尽可能完整

题目是文章的眼睛，读者在阅读的过程中，首先看到的就是论文的题目。从读者的角度看，我们希望能够从题目中获取更多有关研究选题的信息，以便一目了然地了解研究选题的相关信息。因此，题目的表述应尽可能给读者提供完整详细的信息，这是题目表述的基本要求。

一个特定的研究选题，最为重要的信息包含三个方面，即研究对象的信息，回答的是研究谁的问题；研究内容的信息，回答的是研究什么的问题；研究方法的信息，回答的是怎么研究的问题。为了在题目中尽可能给读者提供研究选题完整的信息，在题目表述的过程中尽可能体现上述三个方面的信息。

举例而言："小学语文教师职业倦怠的调查研究"该题目中"小学语文教师"是研究对象，"职业倦怠"是研究内容，"调查研究"是研究方法，该题目给出的信息相对较为全面完整。再比如："小学校园文化建设的个案研究"，该题目中"小学校园"是研究对象，"校园文化建设"是研究内容，"个案研究"是研究方法，该题目给出的信息也较为完整。

在具体题目表述实践中，有的时候研究会运用多种方法，不太好在题目中全部进行表述，这是可以的。但是在题目中，研究对象和研究内容两个方面的因素一定要是具体和明确的，能给读者传达一个清晰的信息。

(二)研究选题尽可能以小见大

研究选题需要做到以小见大，这意味着研究者所选择的问题应该是一个真实的小问题，问题不宜过大。研究活动就像挖井，只有井口小一点，才能挖出水来。那么，什么样的问题是太大的问题呢？如"教师素质问题研究""语文教师课堂教学效果提升研究"等题目，都属于太大的题目，这样的题目难以在一个小研究活动中透彻地研究。

聚焦研究选题，可以从聚焦研究对象和研究内容两个方面入手。研究对象方面，需要进行清晰的界定，不能对研究对象泛泛而谈或者将研究对象无限放大，让研究活动难以实施。如上述"教师素质问题研究"中，作为研究对象的"教师"范围太过庞大，是什么阶段的教师，什么学科的教师，都没有进行详细的界定，以至于研究对象太过泛化而无从开展研究。因此需要将研究对象进行聚焦，聚焦到某个特定的学段和某个特定的学科上。如可以将其变为"小学语文教师"一类等。

聚焦研究选题，还需要对研究内容进行清晰的界定。研究内容的范围不宜太大，需要明确研究的内容究竟是什么。如上述"教师素质问题研究"中，"教师素质"中的"素质"作为研究内容很显然太过广泛了，教师的素质究竟是指什么素质，是知识素质、能力素质，还是道德素质，每一种素质还可以再做进一步的分解。因此需要对教师的素质进一步聚焦，如可重点关注教师能力素质中的课堂提问的有效性问题，将研究选题转换为"小学语文教师课堂提问有效性的研究"，与"素质"相比而言，"课堂提问有效性"更加聚焦和清晰，更适合作为研究选题。

(三)研究选题表述用词需要严谨推敲

题目是文章的灵魂,题目的用词要非常讲究,不能随意使用。研究者在确立研究题目时,需要仔细推敲题目中的每一个字的含义,包括题目中的连接词和介词,都需要反复推敲,查看是否有不准确的地方。具体而言,在题目拟定的过程中,需要注意以下方面。

题目表述应该避免口语化表达。口语化表达是指像日常说话、唠家常一样地进行题目表述,这点是需要修正的。对于刚开始开展教育研究的老师而言,可能会经常性地将日常生活中的口语化表达与题目的表述相互替代。教师在题目表述过程中的口语化表达表现在如下方面。一是用提问的方式进行表述,如"小学语文教师需要怎样的表达能力""小学生性教育为什么需要开展"等表述。表述题目时,需要将提问式表述转变为陈述式表述。二是题目的用词较为随意,缺少严谨的推敲。如题目中存在同义重复的用词现象,如"小学教师敬业精神提升的策略和对策研究"中的"策略"和"对策"是同义重复。

对研究题目的表述没有统一的要求,但是在表述的过程中有一些常用的句式是可以借鉴使用的。研究选题常用的句式包括如下一些:"……研究""……的问题及对策研究""基于……的研究"等。题目的表述没有定式,需要结合不同研究选题的需要进行拟定,但是对于题目进行反复推敲是研究选题拟定过程中必须要进行的。案例2-4中列举了哈尔滨学院小学教育专业的部分选题。

【案例2-4】

哈尔滨学院小学教育专业有着悠久的办学历史,小学教育专业的学生在选题过程中能够按照要求开展论文的选题工作,部分学生选题如表2-1所示。

表2-1 小学教育专业学生选题表

小学数学方向	小学语文方向
小学数学课堂中STEAM教育理念的应用研究	"班长的消亡"——基于J小学班级干部设置的调查研究
小学数学教科书中"统计与概率"内容比较研究	小学生语文课堂消极沉默问题及对策研究
数形结合思想在小学低年级教学中存在的问题及对策研究	小学语文课堂有效提问的问题及对策研究
"教学做合一"思想在小学数学课堂教学中的应用研究	部编版小学语文说明文教学研究
小学数学教材例题编写中存在的问题及解决策略	小学语文阅读教学与美育融合的研究
小学低年级数学课堂教学导入的策略	小学后进生的成因及转化策略研究
转化思想在小学数学"图形与几何"教学中应用研究	小学低年级规范汉字书写教学研究
基于模型思想的小学数学"行程问题"的教学策略研究	小学语文教学中标点符号和修辞手法的教学策略
小学数学"图形与几何"教学中学生探究能力的培养	小学低年级班干部培养存在的问题及策略研究

(资料来源:本书作者整理编写)

(四)研究选题表述需要使用公共术语

公共术语是指被普遍接受的专业用语,研究选题在进行用词表述的过程中需要做到规范用语,其中一个表现就是研究选题用词具有公共性,即题目的用词需要是在一定的范围内普遍被使用的专业术语,在题目的核心概念确立的过程中更是这样。之所以强调使用公共术语,是由于研究选题的最终目的是研究成果被别人传播和阅读,在传阅阅读的过程中,如果核心概念使用得不够规范,用词随意缺少公共性,那在阅读和传播的过程中势必会引起歧义,给研究成果的传播和交流造成障碍。基于这点考虑,学术文本的写作,尤其是学术论文题目的表述需要特别注意用词的规范性。

规范性的实现方式具体有两种。一种是在题目用词的过程中了解相关研究者常用的用词,以便作为自己用词的参考。比如在研究教师职业的倦怠问题时,研究者可以围绕研究的领域利用中国知网等学术资源库初步了解现有研究者对于这个领域的用词习惯,然后再结合自己的研究需要拟定研究选题的核心概念。经查询,"教师职业倦怠"一词在研究论文中普遍被使用,则研究者可以在题目中使用这个词。另一种是研究者在题目表述中切忌随意创造新名词。新名词使用太多容易给读者造成阅读的混乱以及理解上的障碍。以上述论题为例,如果将"教师职业倦怠"随意更换成"教师职业疲倦""教师行业倦怠"等词,这些词与普遍使用的概念有出入,容易造成读者理解上的障碍。

(五)研究选题表述应该避免价值判断

价值判断是指对于问题解决的结果作出明确的预期和评判。对于事物作出价值判断,是研究要追求的结果。科学研究的过程是形成对于事物和问题价值判断的过程。研究的过程是一个客观中立的过程,研究者需要本着价值无涉的立场,对于客观事物进行研究并作出判断。研究选题的确立过程是科学研究的开始,此时研究活动还没有真正实施。在选题表述的过程中,研究者需要用客观中立的语言对于研究选题进行表述,避免在表述的过程中对于事物存在主观的价值判断。

研究者在选题的过程中对于研究选题作出价值判断,实际上是将研究活动本末倒置的表现。存在价值判断的研究,是难以做到价值无涉的,研究活动本身就会带有研究者的主观偏见在其中。在这种情况下,研究活动得出的结论可能也会偏离客观事实。如,"小学教师课堂提问无效的问题研究""小学生作业负担过重的问题研究"两个标题,标题中使用到的"无效""过重"两个概念,均是一种反映价值判断的概念。小学教师的课堂提问究竟怎样,是否无效,这是需要通过研究活动才能做出的结论,而非作为研究选题的前提加以表述。同理,小学生作业负担究竟如何,作业负担是否过重也是需要研究者通过调查研究才能得出结论,这样的表述也不能作为研究选题的前提进行表述。因此,上述两个题目建议换成"小学教师课堂提问有效性的问题研究""小学生作业负担问题的调查研究"则会更合适一些。

(六)一个研究选题只有一个研究重点

前述提及,研究选题需要聚焦研究问题。所谓聚焦,一方面是指研究选题的问题需要具体明确,同时也意味着一个研究选题只研究和解决一个重点问题。这是研究选题的基本要求，也是研究选题表述过程中需要注意的地方。

一个研究选题只研究对一个核心问题。所谓的核心问题，是指一个研究选题只有一个研究重心，不能同时存在两个研究重心，否则容易出现研究重心不突出的弊病。如"小学信息技术教师网络技术和多媒体技术培养研究"，这个研究选题的表述就同时存在两个不同的重心，一个是网络技术培养研究，另一个是多媒体技术培养研究。显然这样研究者需要同时处理两个问题，犯了研究重心不突出的毛病。再比如"小学语文教师作业布置和批改问题研究"，这个研究选题从表述上看同样存在"作业布置"和"作业批改"两个重心的问题。

一个研究选题只解决一个核心问题，并非意味着一个研究选题只能研究一个问题点。一个核心问题，可以在研究的过程中分解成若干个子问题开展研究。但是需要注意的是，若干个子问题都指向一个核心问题，这里仍然遵循重心突出的原则。如一些国家重大或重点研究选题，往往在申请的时候会设立若干个子研究选题，这种做法并没有违反一个研究选题只有一个研究重心的要求，这里需要区分研究重心和研究选题之间的差异。

【知识链接2-3】

本科生毕业论文写作是高校教学和考试制度的一部分，是对学生的综合应用所学专业知识能力的一种考核形式，因而本科生毕业论文的写作具有极其重要的意义。然而，学生在撰写毕业论文时存在诸多问题，尤其是论文的第一个环节——选题，存在着严重的问题。本科生选题能力的薄弱已成为高校教育中一个亟须解决的问题。本科生选题具体表现出如下问题。①选题空泛，大而无当。这是历届本科毕业生在论文选题时容易出现的问题。外延太大，涉及面太宽会使选题抽象复杂，包含的内容大大超越本科生的研究能力。②选题缺乏创新。比较新颖的论文选题可以使学生有足够的信心和动力，能充分发挥学生的专业特长和综合运用知识的才能以及潜在的创造力。但是很多学生在选题过程中，不善于发现问题，也不善于动脑筋。很多论文选题都是"炒剩饭"。③选题缺乏实际应用价值。论文的实际应用价值包括理论价值和实践价值。理论价值是指论文的选题能够反映该学科领域国际或国内的研究现状，对学科某一理论具有补充、整合或派生意义。实践价值是指选题对经济建设、技术开发、文化发展等具有实践指导意义。很多学生选题时不考虑选题有无价值，一味地从自己的兴趣出发。

(资料来源：王卫芬. 本科毕业论文选题问题及对策研究[J]. 黑龙江教育(高教研究与评估). 2012(07))

本 章 小 结

选题是指在开展科学研究的过程中，选择一个明确的问题进行研究。选题对于科学研究活动来说至关重要。选题不仅影响着研究的方向和方法，同时选题也直接决定了研究的意义和价值。研究活动要对一个"真问题"进行研究。真问题首先是具有社会价值的问题，研究活动能够产生一定的理论价值和实践价值。其次，真问题是具有个人旨趣的问题，研究者有兴趣、有能力开展研究活动的研究选题才能真正被称为真问题。

从研究选题的来源看，教育研究选题的确立，一般可以从教育理论和教育实践两个角度进行。理论来源方面，小学教师在开展选题的过程中，需要从小学教育学这一学科理论的视角开展选题，这是中小学教师开展教育研究选题的主要理论来源。小学教育的实践选题，意指从小学教师教育教学实践中生发出来的选题。这里的实践来源，主要是指小学教师在教育实践中的困惑点、闪光点、学习点、兴趣点等方面。

教育研究的选题过程需要经历发现问题、形成问题域到不断聚焦问题、明确提出问题两个不同的阶段。发现问题的思维方式主要表现为比较和类推的思维方式以及批判和反思的思维方式两种。确定选题的思维方式则表现为剥洋葱思维和漏斗式思维两个方面。从研究选题的表述上看，研究选题表述需要注意如下几个方面的要求：研究选题表述信息尽可能完整、研究选题尽可能以小见大、研究选题表述用词需要严谨推敲、研究选题表述需要使用公共术语、研究选题表述应该避免价值判断、一个研究选题只解决一个重心等方面。

思 考 练 习

一、单项选择题

1. 有关真问题的探讨标准，下列说法错误的是(　　)。
   A. 真问题是具有理论价值的问题　　B. 真问题是具有实践价值的问题
   C. 真问题是研究者能够胜任的问题　　D. 研究者的研究兴趣不太重要
2. 研究选题需要坚持正确的政治导向，选择符合社会主流价值观发展需要的问题，这说明研究活动需要遵循的原则是(　　)。
   A. 科学性原则　　B. 价值性原则　　C. 可行性原则　　D. 创新性原则
3. "小学教师课堂提问无效的问题研究"研究选题表述犯的错误是(　　)。
   A. 研究选题没有做到以小见大　　B. 研究选题表述用词没有严谨推敲
   C. 研究选题表述没有使用公共术语　　D. 研究选题表述存在价值判断

二、简答题

1. 请简要谈谈小学教育科学研究选题的实践来源有哪些。
2. 请简要谈谈小学教育科学研究选题对于研究工作的重要性。

三、论述题

请论述小学教育科学研究选题的基本原则有哪些。

《礼记·中庸》指出:"凡事预则立,不预则废。"教师开展教育研究也是如此,只有将教育研究的方案设计和论证好,才能做好教育研究工作。

第三章 小学教育科学研究计划的设计和论证

学习目标

知识目标: 了解教育科学研究计划的内涵、内容、类型。
能力目标: 掌握小学教育科学研究计划书各部分内容撰写的要求。
情感目标: 感受研究的逻辑性,形成按照研究计划开展教育科学研究的意识。

重点难点

教学重点: 小学教育科学研究计划书各部分内容撰写的要求。
教学难点: 学会撰写科学研究计划书。

引导案例

李老师的教育科学研究之路

教育科学研究的第一步是撰写研究计划,这是教育科学研究的一般性步骤。李老师是某小学三年级的语文老师兼班主任,平时爱思考一些教育问题,也经常在网上写一些教育教学的心得体会。但是对于进行教育科学研究,撰写研究计划,心里始终比较困惑。她不知道做教育科学研究与一般意义上的写论文的区别在哪里,研究计划书包含哪些内容,每一部分内容都该怎么写。有一次,学校聘请了当地某师范学院的徐老师前来讲学,重点讲解"教育科学研究计划书"的撰写,李老师听完之后豁然开朗,心中诸多的疑惑被解答。通过讲座,她了解到了教育科学研究的一般程序、研究计划书的基本规范和写作要求等。同年,该校所在区教委组织老师们开展教育科学研究工作,李老师按照要求主动申报了题为"双减政策背景下的小学语文课堂作业设计研究"的研究选题,该研究选题被区教委采纳,被认定为区级研究选题给予立项。至此,李老师拿到了自己职业生涯中的第一个立项研究选题,开始了自己的教育科学研究之路。

案例分析: 李老师的困惑也是许多其他老师的困惑,许多老师在开展教育科学研究的过程中，不知道研究计划书怎么写。研究计划书的写作有哪些具体的要求，这是本章重点学习的内容。

(资料来源：本书作者整理编写)

第一节　小学教育科学研究计划的内涵

一、小学教育科学研究计划的概念及相关概念辨析

(一)小学教育科学研究计划的概念

研究计划书又称研究申请书，是指教育研究工作者为了申请特定的研究选题而撰写的研究选题申报文本材料。教育研究活动是一项复杂的智力活动，是需要掌握特定的研究方法，并且通过特定的工作程序才能完成的活动。要想成功地开展教育研究活动，需要对于整个研究工作做出精心的设计，这是教育研究活动成功的前提。

教育科学研究计划具有如下特征。

(1) 教育科学研究计划具有计划性。教育科学研究计划是研究者在开展教育科学研究之前做出的设想和规划。在研究计划得到充分的论证，被行业专家认可并完善之后，才算是真正进入研究阶段工作。因此，可以说研究计划的撰写是研究的前期准备阶段。研究计划的计划性意味着需要按照研究计划的设计路线，采用既定的研究方法，并在研究计划的指导下进行研究。在研究和结题的过程中，如果研究活动偏离研究计划，一般认为是有问题的，在结题的过程中不能顺利结题。

(2) 教育科学研究计划具有论证性。研究要想取得成效，需要研究者按照特定的方案和路线开展研究，同时还需要付出复杂的智力劳动。要想保证研究能够取得实效，在研究计划撰写的过程中，研究者需要对拟研究的研究选题进行充分的论证。论证一般指向两个方面，一是论证研究的必要性，确保研究是一项具有重要价值的研究活动。二是论证研究的可行性，确保研究有正确的研究思路，同时能够利用科学的研究方法开展相关活动。一份成功的研究计划，一般在研究的必要性和可行性两个方面都需要经过充分的论证。因此，研究者在撰写研究计划的过程中，为避免平铺直叙的语言描述，需要在方案的文本中对自己的研究进行充分的论证，以言明研究的必要性和可行性。

(二)相关概念的辨析

1. 研究计划和开题报告(书)

(1) 从二者的共同点看，研究计划和开题报告的写作内容较为相似。研究计划和开题报告都是在研究准备阶段，对于研究实施情况所做的计划和规划。二者从内容的写作要求上看，都是围绕研究选题进行论述，对于研究的必要性和可行性进行论证和说明。二者都具有前述提及的研究计划的计划性和论证性特征。

(2) 从二者的不同点看，研究计划和开题报告在作用上有所不同。研究计划是指研究计划的文本写作，一般用于研究申报。研究者一般按照研究申请单位的要求进行研究计划文本的创作，并提交研究选题管理的相关机构，研究选题管理机构组织相关专家对研究者

所提交的研究计划文本进行审阅，并在此基础上核定是否批准研究选题立项工作。开题报告一般是指研究者将研究选题的情况向同行专家、学者进行陈述，阐明研究的必要性与可行性然后由同行专家和学者对于研究者的研究选题进行评议，以明确研究者的研究选题所存在的问题，寻求改进的活动。开题报告的过程实质上是一个同行评议的过程，其目的在于帮助研究者发现研究选题存在的问题，以便更好地完善研究选题。

2. 研究计划和研究报告(论文)

(1) 从二者的共同点看，二者都是研究的文本创作形式，是对研究工作的文本表达。

(2) 从二者的不同点看，二者的含义和内容均有差异。一方面，二者的含义不同。研究计划是研究的计划和准备，是研究准备阶段的工作。研究报告(论文)是研究总结阶段需要撰写的材料，是研究成果的书面表达形式。研究一般经历三个阶段，准备阶段、实施阶段和总结阶段，二者处于研究的不同阶段。研究者开展研究工作一般先拟订研究计划，然后开始实施研究，最后是撰写研究报告或研究论文。

另一方面，二者的内容不同。研究计划的撰写主要围绕研究的必要性与可行性展开，重点论证研究的意义和价值以及思路和方法等内容。研究报告和研究论文则是对研究成果的表达，通过文本的形式将研究结论加以呈现。一般情况下，研究选题管理机构会对研究报告或论文的发表情况做出要求，研究者的研究报告或论文只有符合研究选题管理机构提出的要求，才能算是顺利进行课题结题工作。对于学位论文的创作而言，学位论文本身就相当于研究报告或论文，是研究成果的表达。

二、小学教育科学研究选题的类型

教育是社会公共事业，为了推进教育研究的繁荣，从中央到地方都设有教育研究管理机构，负责不同层级的教育研究管理工作。这些教育研究管理机构会定期发布一些研究选题指南以及研究选题申报的相关通知，教育研究工作者在各类教育研究管理机构的指引下，根据申报指南开展教育研究选题的申报工作。根据不同类型教育研究选题管理机构的主体进行划分，可以将小学教育科学研究选题的类型分为如下几个方面。

(一)各级哲学社会科学研究项目

哲学社会科学研究项目是各级哲学社会科学管理机构为了繁荣哲学社会科学研究而组织开展的研究工作。从中央到地方都设立了哲学社会科学管理机构，国家层面的哲学社会科学管理机构是全国哲学社会科学工作办公室。除了国家层面的哲学社会科学管理机构外，各省也有哲学社会科学研究的管理机构专门负责各省的哲学社会科学研究选题申报工作。各省的哲学社会科学管理机构一般由各省的哲学社会科学界联合会(简称社科联)负责。如江苏省哲学社会科学的学术研究工作由江苏省哲学社会科学界联合会负责管理。江苏省哲学社会科学界联合会是中共江苏省委领导下的学术性群众团体，是全省哲学社会科学工作者的联合体，是全省性社科学术社团和民办研究机构的业务主管单位，是省委、省政府联系全省哲学社会科学界的桥梁和纽带，是推动全省哲学社会科学事业繁荣发展的重要力量，直接负责管理江苏省哲学社会科学研究选题。

【案例 3-1】

2018年1月，中央决定成立全国哲学社会科学工作领导小组，下设全国哲学社会科学工作办公室。全国哲学社会科学工作办公室为全国哲学社会科学工作领导小组的办事机构，负责处理领导小组日常工作。全国哲学社会科学工作办公室有多项工作内容，其中很重要的一项工作内容就是负责管理国家社会科学基金，组织基金项目评审和成果转化应用等工作。教育科学研究属于哲学社会科学类研究，从国内目前的立项层次看，国家社会科学基金项目是等级最高的社会科学研究项目。

(资料来源：本书作者整理编写)

无论是全国哲学社会科学工作办公室还是各省哲学社会科学界联合会，作为哲学社会科学研究的管理机构，每年都会定期发布研究选题的申报通知和指南，各类教育研究工作者根据研究选题申报指南的要求开展研究计划的撰写以及研究选题申报工作后即可参与研究评审工作。需要说明的是，由于教育学科在哲学社会科学中的特殊地位，全国哲学社会科学工作办公室一般将教育学科单列管理，除了教育学科之外，还有艺术学和军事学。三个学科的规划、申报、评审、管理、鉴定结项等工作，分别由全国教育科学规划领导小组办公室(设在教育部教育科学研究所)、全国艺术规划办公室(设在文化和旅游部文化科技司)、全军哲学社会科学规划办公室(设在中国人民解放军军事科学院)办理。教育学、艺术学、军事学三个学科的经费由国家社会科学基金单独下达。

(二)各级教育科学规划项目

由于教育学科的独特性以及教育研究活动在社会科学研究中的独特地位，从国家到地方都有专门的机构专门负责教育科学研究项目。国家层面由全国教育科学规划领导小组办公室专门负责全国教育科学规划研究选题的管理和申报工作。

与全国教育科学规划领导小组办公室相对应，各省一般也成立相应的省级教育科学规划办公室管理机构。省级教育科学规划办公室管理机构一般设立在省级的教育科学研究院，如江苏省教育科学规划办公室设立在江苏省教育科学研究院。省级教育科学规划领导小组一般负责省内教育科学规划相关工作，并接受全国教育科学规划领导小组办公室的业务指导。从职责上看，省级教育科学规划办公室一般负责规划全省教育科学的发展、管理全省教育科学规划研究选题、统筹协调和组织全省教育科学研究等工作。

【知识链接 3-1】

全国教育科学规划领导小组办公室正式成立于1983年，是教育部全国教育科学规划领导小组的常设办事机构。作为全国哲学社会科学规划单列学科管理部门，业务上接受全国哲学社会科学工作办公室的指导。全国教育科学规划领导小组办公室是教育部统管全国教育科学规划工作的最高机构，挂靠在中国教育科学研究院。中国教育科学研究院是中华人民共和国教育部直属的国家级综合性教育科学研究机构，其前身是教育部领导的中央教育科学研究所。全国教育科学规划领导小组组长直接由教育部部长担任，接受教育部的领导。全国教育科学规划领导小组的主要工作包括负责制定全国教育科学规划及研究选题指南，负责制定全国教育科学规划研究选题管理办法，负责全国教育科学规划各类研究选题的评审、检查与鉴定工作等。

(资料来源：本书作者整理编写)

(三)各级教育行政机构研究选题

在我国，各级教育行政管理机构也承担教育科学研究的相关工作。国家层面，中华人民共和国教育部是我国的最高教育行政机构，教育部下设社会科学司，专门负责教育部人文社会科学研究项目的组织、申报和管理工作。据教育部官网介绍，教育部社会科学司主要负责统筹规划和协调高等学校思想政治理论课教育教学工作；规划、组织高等学校哲学社会科学研究工作；组织、协调高等学校承担国家重大哲学社会科学研究项目并指导实施。教育部社会科学司每年会定期开展各类项目的申报工作，其中影响较大、范围较广的是教育部人文社会科学研究项目。这类项目涉及的范围较广，包含了国家质量技术监督局 2009 年公布的《学科分类与代码》中的 25 个人文社会科学门类，其中教育学、心理学等都是和学校教育直接相关的研究学科，可以选择申报。

除了教育部社会科学司组织的相关研究选题外，各省教育厅作为省级的教育行政管理部门，也会定期发布各类研究选题的申报通知，包括各省教育厅组织的一般科研项目和高等教育教学改革项目等不同类型项目。一般科研项目涉及的学科范围较广，包含各个学科领域的研究工作。高等教育教学改革项目研究范围则相对较窄，主要包括针对高等学校的教育教学工作开展的研究，旨在促进各高校通过教育科学研究开展教学实验以促进教学改革。

拓展 3-1：江苏省教育厅办公室关于做好基础教育内涵建设项目申报工作的通知

(四)其他类型研究选题

1. 区县级研究选题

区县级研究选题是由区县级教育主管部门组织申报的研究选题，一般由各区县的教委负责研究选题的组织和申报工作。前述提及的国家级和省部级研究选题一般针对专门的教育研究工作者开展，普通中小学教师申报起来较为困难。区县级研究选题则主要是面向特定区县内的中小学教师的研究选题。一线的中小学教师需要积极关注所在区县的教委和教研部门发布的研究选题申报通知，及时参与和开展教育研究选题申报工作，以实现通过教育研究活动促进自身的专业发展。

2. 校级研究选题

校级研究选题一般是在特定的学校内，由学校的科研主管部门组织申报的教育研究选题。这里的学校可以是高等教育学校，也可以是中小学校。学校开展校级研究选题的申报工作，一方面是为了开展教育研究选题的培育，通过校级研究选题的研究培育和完善，为更高级别的研究选题申报做好准备。另一方面是为了增加参与校级研究选题组织和申报工作的教师，以在更大范围内激励教师参与和开展教育研究工作，提高一线教师的教育研究意识和研究能力。

上述研究选题类型的分类是依据研究选题发布的机构做出的。为了促进教育研究的繁荣，从国家、省级教育行政部门，到区县级教育行政部门，会定期发布相应的研究选题申报和管理工作通知。教育研究者需要及时关注不同层级部门的教育研究选题申报工作通知，以便更好地参与各类研究工作。上述不同的研究选题，从等级上看也存在一定的差异。最高级别的研究选题当属于国家级研究选题，包括国家社会科学研究选题以及国家教育科学规划研究选题。其次是省部级研究选题，包括教育部委组织的研究选题以及各省组织的哲学社会科学研究选题。再次是市厅级研究选题，一般各省教育厅组织的研究选题属于市厅级研究选题，各省的教育科学规划研究选题也被认为是市厅级研究选题。最后是区县级研究选题，是由各区县教委组织实施的研究选题。虽然上述研究选题存在不同级别之分，但是从研究计划书的写法要求上看都是一致的。后面我们将会详细地介绍研究计划书的具体写法要求。

第二节　小学教育科学研究计划的撰写

一、研究计划的基本内容

研究计划是对研究活动的设想和规划。一份完整的研究计划，至少需要回答四个基本问题：研究什么、为何研究、怎么研究、能否研究等问题。

(一)研究什么

研究计划书首先需要回答的是研究什么，这是研究计划书的重要内容。做一份好的研究计划书，首先需要明确自己研究的究竟是什么问题，这是开展研究工作的前提。为了回答好研究什么的问题，研究者需要明确阐述研究对象、研究内容，同时还需要明确研究的核心概念等。

(二)为何研究

"为何研究"回答的是研究的价值问题。研究者的阐述，需要让人明白研究的意义何在，只有在这个基础上才值得投入大量的人力、物力和财力去开展研究工作。为了回答好为何研究的问题，研究者需要回答研究背景、研究意义、研究目的等方面内容。

(三)怎么研究

"怎么研究"回答的是打算怎么开展研究的问题。研究者需要对研究工作进行明确的规划，在研究计划中明确研究的时间表和路线图，为后续的研究工作的开展拟定详细的研究计划和依据。为了回答好怎么研究的问题，研究者需要回答研究思路、研究方法、研究进程等方面的内容。

(四)能否研究

"能否研究"回答的是研究的可行性问题。即研究工作由研究者团队来开展，基本保障是否健全、能否顺利进行等问题。研究者在研究计划书里，需要对自己团队的研究能力进行充分的论证，提供相应的证据，以此来证明研究可以在团队的合作下顺利完成。为了回答好能否研究的问题，研究者需要回答理论依据、研究基础、研究保障等方面的内容。

拓展3-2：全国教育科学规划课题申请书模板（2022年使用）

二、研究计划书的写作要求

(一)研究背景

问题是研究活动的灵魂，教育研究关注的是某一个特定的教育问题，研究者在研究的过程中要围绕特定的问题展开。问题不是一个抽象的概念，而是在真实的教育实践情境中发生的。理解教育研究的问题，需要关注和理解研究选题产生的社会情境，这种社会情境可以称为研究选题产生的"背景"。教育作为一项社会活动，与特定的社会紧密相连。任何教育问题都是在特定的社会背景中产生的，理解和解决教育问题，同样离不开对于社会背景的关注和研究，这是教育研究活动的基本要求。

社会背景一般包含如下几个方面的内容。

(1) 特定时期的教育政策背景。教育活动是一项政策性极强的社会活动，党和国家政府在不同的时期，针对不同的教育阶段和教育类型，颁布过不同类型的教育政策。从我国教育政策的发展看，教育政策在实践中起到了规范教育行为、提升教育质量的作用。因此，教育研究者在研究某个特定问题的时候，需要寻找相应的教育政策文本作为背景和依据。以教育政策作为背景来理解和阐述教育问题，一方面能够确保教育研究沿着正确的政治导向要求开展。另一方面能够提升教育研究的科学性和说服力。比如，研究"小学语文课堂教学评价问题研究"这一选题，可以关注2020年中共中央 国务院印发的《深化新时代教育评价改革总体方案》这一政策文本。关于特定教育问题的社会政策文本，可以去中华人民共和国教育部官方网站进行查询获取。

(2) 特定时期的教育改革背景。教育改革是与教育政策紧密相连的，多数情况下，我国的教育改革都是在教育政策的推动下进行的。虽然这样，二者也有着本质的区别，教育政策文本体现的是政府意志，教育政策背景的撰写思路主要通过政策文本的解读来展开研究背景的写作。教育改革体现的是教育实践逻辑，教育改革背景的撰写思路是通过对教育改革实践的观察，来梳理教育改革的潮流和趋势，教育改革浩浩荡荡，教育实践的问题需要以顺应教育改革的潮流涌动的姿态来认识和处理教育研究所关注的具体问题，即将教育改革作为研究背景进行阐述。

(二)研究意义

研究意义是指研究活动能够起到的作用和价值。一项研究活动之所以有意义，源于通过研究活动解决特定的问题。意义源于问题的解决，这是研究意义的根本所在。从这个意义上说，阐述研究活动的意义，需要紧紧抓住研究活动解决了什么问题这一核心要点来展开。一般情况下，研究意义的撰写指向两个方面，一是理论意义，二是实践意义。

(1) 理论意义方面。理论意义回答的是通过研究可以解决怎样的理论问题，理论意义是任何一项研究工作所努力追求并致力于实现的。研究活动是一种智力活动，实现人类理智知识的进步是科学研究活动的本意所在。理论意义是指该研究对于现有研究成果而言具有创新意义，能提出新的观点或者是修正、深化现有的理论观点等。因此，全面了解和把握现有理论研究观点是明确研究理论意义的前提，只有这样，研究活动才不至于变成简单的重复劳动。从理论意义的写法上看，研究者需要通过阐述，系统说明研究活动是如何解决现有的理论问题的，以及如何实现对于现有研究领域的创新和突破的。

(2) 实践意义方面。实践意义回答的是通过研究可以解决怎样的实践问题。德国诗人歌德曾经说过："理论是灰色的，生命之树常青。"理论研究的目的不单纯在于认知的增进，认知增进的最终目的在于指导人类生活实践的发展。相较于理论认识边界的模糊性，实践问题的解决往往具有鲜明的指向性。在研究计划书的写作中，需要明确通过研究活动解决教育实践中出现的问题，以及研究活动是如何推动教育实践发展的。

(三)文献综述

文献综述又称文献回顾、文献分析，是围绕某一特定研究选题和领域，对现有的相关研究成果进行搜集和整理，通过阅读、分析、归纳、整理当前研究选题、问题或研究专题的最新进展、学术见解或建议，对其做出综合性介绍和阐述的一种文体写作方式。文献综述对于研究计划的撰写具有重要的价值。

(1) 文献综述能够向别人展示和回答研究的必要性，是对现有研究成果的梳理和总结。现有研究成果梳理的过程，也是发现问题的过程。通过文献综述的梳理，能够发现现有研究哪些方面做得较好，哪些方面还存在研究的不足。研究不足之处的阐述，是体现研究活动理论价值的地方，也是研究活动能够取得研究创新的地方。

(2) 文献综述能够向别人展示研究活动的可行性。研究活动不是从无到有的过程，一般都建立在现有研究成果的基础之上。研究者掌握现有研究成果，站在巨人的肩膀上开展研究，向别人展示研究者对于某一个研究选题领域现有研究成果的熟练掌握程度，为研究者后续的研究工作提供了基础和保障。

文献综述的撰写需要注意如下几点。

(1) 对于综述的文献要尽可能全面地把握，国内文献和国外文献、传统文献和最新文献、著作类文献和期刊类文献等都要涉及，以便实现文献的全面占有，这是文献综述的基本要求。

(2) 尽可能使用权威文献。现在文献的数量非常庞大，质量也是参差不齐，研究者在对于文献进行综述的过程中需要使用权威文献，以提升研究的权威性和说服力。如期刊文献选择权威期刊和核心期刊，著作类文献使用权威学者的著作和百佳出版社出版的著作等。

(3) 文献综述的撰写需要按照特定的线索，一方面需要对文献进行梳理和呈现，另一方面需要对文献做出简单的评述，二者缺一不可。不能只罗列文献，而不对文献做出评述，这样容易将文献综述演变成简单的文献堆砌。

拓展 3-3：《高校师范类专业认证的问题及优化策略研究》课题申报书的文献综述内容摘录

(四)理论依据

教育研究活动是一种理智的探索活动，与一般的认知活动相比，研究活动重在说理，而非一种经验式的表达。一般的认知活动，只需要说出自己的认知和经验即可，至于这种认知和经验是否正确，一般不会深究。研究活动说理的过程不仅要表明自己的观点，更要向别人论证自己的观点是正确的，即研究活动需要具有说服力。为了提升研究活动的学术品质和论证的说服力，需要为研究的论点寻找理论依据。

所谓理论依据，就是为研究观点的正确性提供理论支撑。理论依据是提升研究活动的学术品质的重要抓手，在研究过程中的作用表现在两个方面。一方面，理论依据是研究活动立论的出发点。为了提升研究活动论点的说服力，需要为论点寻找一个坚实的基础和出发点。研究论点的正确与否，可以从论点的基础和出发点找到回答。如果研究论点的出发点是正确的，那么可以推论研究的论点同样具有正确性。理论依据作为研究论点的前提和基础，能够提升研究论点的说服力。另一方面，理论依据是研究活动论证的工具。在研究的过程中需要使用让研究活动得以开展的理论依据。利用特定的理论依据为研究的观点进行辩护和论证，是提升研究论点合理性和说服力的重要论证方式。

理论依据的撰写，一方面需要为研究选题寻找到合适的支撑理论。支撑理论，需要是在学术领域内被公认的、具有权威性的理论，这样才能提升理论依据的说服力。这里的理论不一定局限于教育学范畴内，心理学、哲学、脑科学等方面的相关理论，都可能成为教育研究重要的理论基础。从这个意义上看，教育研究工作者需要广泛涉猎不同学科的相关知识，扩大自己的研究视野。另一方面，提供的理论依据是"相关"理论。理论依据的选择以能够满足研究选题的论证需要为基本原则。如研究"小学语文课堂教学目标制定的策略研究"研究选题，可以围绕"教学目标"这一核心概念，选择美国著名教育学家布鲁姆的"教育目标分类学"理论进行阐述。布鲁姆的"教育目标分类学"详尽地提出了教育目标的相关理论，能够为教学目标的制定提供坚实的理论依据。

【案例3-2】

小李同学的毕业论文选题是"小学语文课堂教学中因材施教的实施策略"。在毕业论文创作的准备过程中，指导教师告诉他需要强化研究的理论色彩，为研究选题寻找理论依据。小李同学比较困惑，他始终不太明白这个研究选题的理论依据是什么。经过与指导教师的讨论之后，他认为这一研究选题可以以美国教育心理学家加德纳教授提出的多元智能理论作为理论依据。多元智能理论一方面可以作为因材施教观点的理论前提加以认识，同时也可以作为因材施教观点的论证工具加以使用，进而提升研究活动的说服力。

(资料来源：本书作者整理编写)

(五)研究对象

研究对象指研究活动具体关注的对象，回答的是研究谁的问题。任何研究活动，都指向特定的研究对象，研究者需要在研究的过程中明确自己的研究对象。从研究对象的性质分，研究对象有多个不同的类型。第一类研究对象是指教育中的人。这里的"人"，既可以是指教师，也可以是指学生，还可以是指与教育活动相关的人群，如学生家长、教育服务提供商、教育研究工作者等。这里的"人"，既可以是作为个体的人，如某个教师或者某个学生，也可以是作为群体的人，如某类教师或者某类学生等。第二类研究对象是指教育中的物，这里的物主要承担着教育中介的作用。如一所学校、一间教室、一门学科、一门课程、一本教材、一部教育法律法规、一个教育政策文件、一个学校的制度文件等，都可以成为教育研究的对象。同样，这里的研究对象，既可以是单数的一个，也可以是复数的一类。上述两类研究对象都是偏静态的。第三类研究对象是教育中的事，是一种动态的教育复杂关系的体现。这类研究对象可以是一个教育现象、一个教育事件、一个教育活动等。如学校中的校园暴力、教学中的师生关系、课堂中的教师提问等。

研究选题是由研究对象和研究内容所构成的，简单地说就是研究谁的什么问题。因此，不能把研究对象直接等同于研究选题。如研究教师的什么，研究学校的什么，或者研究校园暴力的什么等。这里的教师、学校和校园暴力只是作为研究对象的概念存在，这是理解研究对象首先需要明确的一点。同时，研究者在开展研究活动时，要尽可能让研究对象明确化，即能够明晰研究对象的范围和边界。如以教师为研究对象，需要明确什么学科、什么阶段的教师。以学校为研究对象，需要明确什么阶段、什么类型的学校。以教育事件为研究对象，需要明确什么阶段、什么类型的教育事件。明确研究对象的边界，能够帮助我们聚焦研究选题，使研究选题清晰化。同时也能帮助我们进一步提升研究活动的可操作性和可行性，提升研究计划书的整体品质。

(六)核心概念

核心概念是对研究选题的聚焦和学术化表达，是研究选题中最为重要的一个学术概念。在研究选题确定的过程中，研究者既需要确定研究对象，也需要确定研究内容。核心概念是用一个准确的学术概念回答研究内容是什么的问题。一般而言，一个研究选题至少有一个核心概念。研究者需要明确核心概念的内涵和外延，只有这样，才能准确地把握研究选题的主题内容。

研究者在研究的过程中确定合适的核心概念需要符合如下要求。

(1) 核心概念要能够准确地涵盖研究选题的基本内容。如研究者想要研究教师在课堂中提出的问题是否有效，可以将核心概念界定为"课堂提问有效性"这个概念。

(2) 核心概念要求使用的是学术界普遍使用的学术性语言。研究者在核心概念确定的过程中不能任意地制造新概念，一般要求使用学术界普遍使用的概念，这样便于学术界相互交流。如学术界对于学生发展普遍使用"核心素养"一词，研究者想要研究类似的研究选题，就不能任意创新概念，例如使用"重要素养""关键素养"一些概念，容易造成学术领域的概念混乱。

确定好了核心概念，研究者需要在研究计划书里对于核心概念的内涵进行准确的界定。一般情况下，对于核心概念的界定分为两步。第一步，对于某个特定核心概念，研究者需要查阅并梳理相关研究者是如何界定的。对此需要做一个概念的梳理，列举一些重要的研究者对于概念的解释。第二步，在梳理和总结不同研究者的界定基础上，研究者需要结合自己实际研究需要，对于核心概念做出一个恰当的界定。为了便于后期研究的开展，研究者在概念界定的过程中要尽可能使用明确的、具有操作性的语言，避免概念的模棱两可，给认知带来误解。

(七)研究目的

研究活动是围绕研究选题展开的活动，研究目的是要解决特定的问题的。研究目的可以分为研究的总目标和分目标。总目标是研究活动需要实现的总体目标，即通过研究活动解决什么问题。研究目的的写作需要紧扣研究选题展开，紧紧抓住研究选题中的核心概念以及突出矛盾展开。研究总目标的实现，一般可将总目标分解为若干个分目标，一步一步推进。从这个意义上看，分目标也可以称为研究的阶段性目标。对于一个稍大的研究选题而言，一般情况下都需要分成多个分目标层层推进，最终保障研究总目标的达成。

【案例3-3】

如以"小学语文课堂教师提问有效性的标准研究"为例，研究的总目标可以确定为"研究小学语文课堂教师提问的有效性标准的建构"。为了实现这个总目标，研究活动可以分为几个具体的分目标，如目标一：小学语文课堂教师提问的问题表现研究。目标二：小学语文课堂教师提问的有效性依据研究。目标三：小学语文课堂教师提问有效性的标准研究。三个目标层层推进，共同指向研究总目标的实现。

(资料来源：本书作者整理编写)

需要注意的是，有些研究计划书将研究目的和意义放在一起，其实二者具有一定的区别。研究目的是指研究活动要解决的问题。研究意义则是指通过研究活动解决这个问题会产生怎样的作用和价值。从二者的关系看，先有研究目的的达成，在此基础上，才能产生研究活动的意义。在具体研究计划书的写作过程中，需要注意二者之间的区别，避免将二者混为一谈。

(八)研究内容

研究内容是指研究者打算从哪些方面入手对研究选题展开研究。研究内容是研究选题的展开。研究内容需要与核心概念紧密相连，是在深入研究核心概念的基础上展开的对于核心概念的多维度解读和研究。研究者需要在研究计划书里呈现研究内容，一般情况下，研究内容的撰写有如下两种方式。

(1) 框架式呈现方式，即按照论文框架的顺序呈现研究内容。教育研究活动最终都是通过发表相关论文和研究报告的形式来开展，论文或研究报告的框架结构，反映的是研究者在研究某个教育问题时的基本内容。框架式论文内容呈现方式一般要求框架结构至少要撰写到二级标题。框架式呈现方式具体表现如下。

一、XXX

(一)XXX

1.XXX

二、XXX

……

(2) 模块式呈现方式，即将整个研究的内容分成若干个模块，在每个模块下面对于该模块的内容做出详细的介绍。与框架式呈现方式的一二级标题的碎片化相比，模块式呈现方式凸显模块内容的整体解释，寻求的是对于研究内容的整体把握。模块式呈现方式的具体表现如下。

模块一：XXX

XXX(对模块一内容的解释)

模块二：XXX

XXX(对模块二内容的解释)

……

(九)研究思路

思路是指思考和思维的脉络、路线，研究思路是指研究活动开展的脉络和路线图，即研究活动先做什么、后做什么，先后研究活动顺序之间的逻辑关系等。研究思路与研究内容有相似的地方，很多计划书也将二者合并在一起，但二者有一定的区别。研究内容回答的是研究什么的问题，是静态的对于研究不同方面内容的呈现。研究思路回答的是怎么研究的问题，是动态的对于研究内容的先后关系的梳理和解释。研究思路是对于研究内容顺序和结构布局的解释。从这个意义上说，研究内容重在内容呈现，研究思路重在解释这样呈现背后的道理和逻辑关系是什么。

研究思路在撰写的过程中，重在说明不同部分之间的逻辑关系。关系是指若干事物之间的联系，逻辑关系是指不同事物之间符合认知规律和思维逻辑的相互关系的表现。逻辑关系的种类有很多，如总分关系、主次关系、并列关系、递进关系、点面关系、因果关系、虚实关系、定性与定量的关系等。要想说明不同内容之间的逻辑关系，需要紧紧抓住不同部分内容之间的逻辑关联性进行阐述，说明研究内容背后的道理。一般情况下，可以利用图表对用研究内容的逻辑关系加以辅助说明。图表呈现的优点在于简单清晰、一目了然。用图配以文字对研究思路做出解释，能够让读者在较短的时间之内抓住研究思路的本质，降低读者的阅读难度。从方便读者阅读的角度进行研究计划书的撰写，是研究计划书撰写的重要原则。

【案例3-4】

研究思路举例

"中小学艺术课程实施的问题及对策研究"这一研究选题的研究活动以中小学艺术课程教学活动为研究对象，研究活动聚焦艺术课程的教学内容、教学方法两个中心，围绕教学内容改进和教学方法提升开展研究，以提升艺术课程的教学效果为目标。研究活动分为两个阶段：一是理论研究阶段，通过文献研究、个案研究、问卷调查、实地访谈等方法，重点围绕艺术课程的教学内容和方法，探寻中小学艺术课程在教学过程中存在的问题，在此基础上提出改进艺术课程教学的一般性策略。二是行动研究阶段，在理论研究的基础上，结合样本学校艺术课程教学的实际，将研究结论在样本学校中实验运用，在运用的基础上进一步探寻问题，提出改进思路。在行动研究的基础上，完善和修正理论研究的成果。具体研究思路见图3-1。

(资料来源：本书作者整理编写)

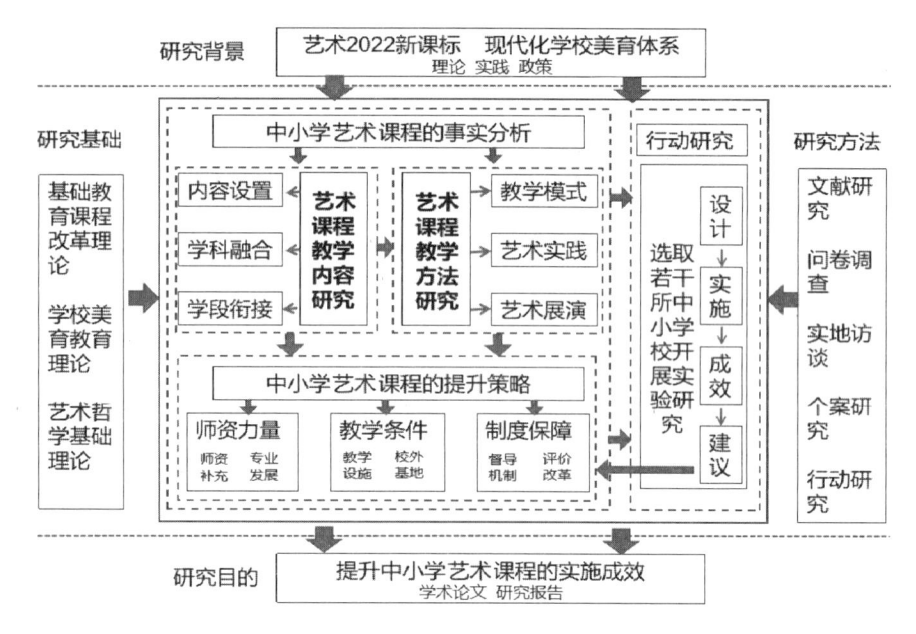

图3-1 "中小学艺术课程实施的问题及对策研究"研究思路图

(十)研究方法

研究活动的开展需要采用特定的方法,以确保研究活动的科学性,研究方法的科学性在一定程度上保证了研究结论的科学性。研究者需要在研究计划书里阐明研究活动所使用的具体方法,并且对于研究方法的使用加以详细的解释。具体而言,研究者在撰写研究方法时,需要注意以下几方面。

(1) 研究者需要明确自己使用的是什么研究方法。教育研究的方法有多种,总体可以分为定性研究和定量研究两大类。定性研究的方法包括多种,如文献研究、比较研究、历史研究、质性研究等。定量研究的方法也包括多种,如课堂观察、教育调查、教育实验等。在一般情况下,研究者需要结合特定的研究选题,综合运用多种研究方法。研究者在研究方法的选择过程中,需要考虑到不同研究方法的适用范围,结合自己研究选题的性质进行选择。如偏理论的研究选题运用定性研究的方法较多一些,偏实践的研究选题运用定量研究方法较多。

(2) 研究者需要对自己使用的研究方法进行精要的解释。研究者在研究计划书里对于研究方法做出解释,不仅需要对于研究方法本身做出简单的解释,更需要结合研究选题的具体内容,对研究方法做出有针对性的解释。研究者在这里应该避免简单和泛泛地谈研究方法,而应该具体地、有针对性地、结合研究内容进行解释。如运用比较研究法,需要将比较的内容、比较的国别等详细信息介绍出来。运用问卷调查法,需要将问卷设计的思路、问卷发放的对象等信息介绍出来。同时,研究方法的运用和研究阶段是相互联系的,因此研究方法可以结合研究活动实施的阶段加以介绍,这样能够更加全面地将研究方法和研究内容结合起来。总的来说,研究方法的撰写需要做到有血有肉、合理可行,让读者在阅读之后能够有一个清晰的概念,同时能在研究的实践中运用。

(十一)研究进程

研究一般是有时间要求的，多数研究时间在三年左右。研究者需要在研究规定的时间范围内将研究工作完成。研究进程也称为研究步骤，是研究者对于研究活动的总体时间部署和工作内容安排。

写好研究进程，首先需要对研究的整体进程进行合理的分段。一般而言，研究可以分为研究准备、研究实施和研究总结三个阶段。第一阶段为研究准备阶段。一般从研究计划准备起，包括研究团队成员的组建、研究选题的确立、研究计划书的撰写等工作内容。第二阶段为研究实施阶段。一般从研究选题立项起，包括文献的整理和阅读、研究调查的准备和实施、研究数据的整理和分析、研究成果的撰写和发表等工作。第三阶段为研究总结阶段。总结阶段主要是为课题结题做准备，一般从研究选题结项准备起，包括研究成果的发表、课题结题材料的准备等工作。

研究计划书中研究进程的撰写相对较为简单，只需要说清楚在什么时间做什么事情即可。一般情况下可以列表进行撰写，这样更加清晰明了。需要注意的是，研究进程的撰写，需要结合特定研究选题的实际情况，根据特定研究选题的具体内容分段展开并填充相应的内容，切忌泛泛而谈、简单套用。

(十二)研究创新

创新是指创造新的事物和观点。研究活动是一种科学探索活动，探索未知是研究活动的本质追求，从这个意义上说，创新是研究活动的基本追求。研究活动的价值源于研究的创新，没有创新的研究是不值得去做的。研究是一种认识活动，认识是人脑对客观世界的反映，认知的创新归根结底源于实践的创新。从这个意义上说，因为教育实践在不断地发展和更新，研究活动以教育实践中的问题为研究对象，所以研究活动也会不断创新。

研究的创新指向下面几个方面。①指向研究选题的创新。提出一个新问题，或者用新的视角研究旧的问题，都属于研究选题的创新。提出一个新问题是指提出以往的研究者从未关注和研究过的问题，随着教育实践的不断发展，关注教育实践领域最新的动态，就能够有效地提出新的研究选题。用新的视角研究旧的问题，用新的理论阐释旧的问题，也都属于研究选题的创新。②指向研究方法的创新。研究方法的创新是指用新的方法研究特定的内容。研究方法的创新，一种是指用全新的教育研究方法开展教育研究，这种方法的创新一般较难实现。另一种是指对于特定内容，用一种区别于其他研究者的新的研究方法对该内容重新加以研究，多数教育研究方法的创新属于这个行列。③指向研究结论的创新。研究结论的创新是指通过研究活动得到对事物新的认识，填补了认知领域的空白。或者是通过研究活动，对原有的认识做出补充、修正和完善。研究结论创新是研究活动主要的创新之处，也是研究活动追求的最终目标。

(十三)研究基础

研究活动是一项专业性较强的活动，研究活动的开展，需要研究者具有专业的知识储备，并且具有相应的研究素养。研究者在研究计划书的写作过程中，需要向别人展示自己的研究能力和专业水平，提升自己研究的可行性，只有这样，所申报的研究选题才有可能被批准下来。研究计划书里的研究基础部分，需要研究者回答的正是研究的可行性问题，即研究者能否胜任研究工作，为此，研究者需要在研究计划书中对研究基础加以说明。

研究者在撰写研究基础的时候，需要从如下几个方面着手。①研究者及其团队需要向别人展示自己的专业基础，从专业学习上让人信服。研究团队可以介绍自己的所学专业与研究选题相契合，还可以介绍自己团队成员的专业背景，如职称和学历等，一般而言，研究团队成员的职称和学历水平越高，对于该研究胜任力也会越强。②研究者及其团队需要在研究计划书里向别人展示自己的研究功底，从研究能力上让人信服。③研究团队需要将研究成果进行展示，尤其是相关度较高的，且级别也是较高的研究成果，以增强自身的说服力。这样的研究成果能够说明研究团队前期对于该问题进行过研究和探讨，并且取得过相应的研究成果。在此基础上再来开展该研究，一般也能取得较好的研究成果，从而整体上提升研究活动的可行性。

(十四)研究保障

研究活动得到顺利开展，还需要多方面的支持和保障。研究计划书中研究保障部分的内容，回答的是完成研究活动的保障条件。这些保障条件包括多个方面，如人员保障、物质保障、组织保障等方面。

(1) 人员保障方面。一个强有力的研究团队才能胜任研究工作。科学研究工作并非单个研究者就能完成的，一般的研究都是以某个特定的研究者作为研究的负责人，负责牵头和组织研究团队开展研究工作。研究活动都是由不同人员构成的一个团队经过精心的合作才能完成的工作。团队成员的数量没有特殊的要求，根据研究的实际情况而定，一般以不少于三人为宜。团队成员的组建需要考虑多个方面，在职称和学历、研究兴趣、专业基础、过往研究经历等方面都需要做到相得益彰并相互搭配。团队成员的组建以能够胜任研究工作为基本原则。一般而言，研究实力强劲的团队更容易获批特定的研究选题。

(2) 物质保障方面。研究工作的开展需要相应的物质条件，如图书报刊资源、办公设备资源等。开展研究需要查阅相关文献，需要图书报刊资源作为支撑。研究工作需要图书馆以及互联网资源作为研究基本工具，研究者在研究计划书的写作过程中，需要说明相关研究条件的占有情况，确保研究工作顺利开展。

(3) 组织保障方面。研究并非仅仅是个人或者团队研究者的事情，还需要借助特定的社会组织对研究进行管理。如研究过程的管理以及研究经费的管理等，以确保研究朝着正确的方向以及规范的行为开展。这里的社会组织可以是高等学校、科研院所，抑或地方教育行政管理部门等。研究者需要在既定的组织机构内按照要求开展研究工作。

(十五)预期成果

研究活动最终都是要取得特定成果的，研究者需要对研究成果的预期表现形式做出规定。一般而言，研究成果的预期表现形式有以下几种。①学术论文。即公开发表在正规学术期刊上的学术类文章。对于学术论文，不同的研究选题有不同的要求，具体表现在学术论文的数量和质量上。有的研究选题对学术论文的数量有具体要求，有的研究选题对学术论文的质量(即论文发表刊物的级别)有特定的要求。研究者需要事先了解研究选题的相关要求。②学术著作。即撰写并公开出版一部学术著作作为研究的成果。③研究报告。即撰写并公开发表一份调研报告作为课题结题的成果。

预期成果的撰写需要注意以下几点。①研究预期成果从内容上看要紧密围绕研究选题，预期成果的名称要与研究选题的名称具有高度的相关性以及内在的一致性，预期成果要能够较好地支撑研究目标的达成。②研究预期成果的撰写需要提前了解特定研究选题的结题要求。不同类型的研究选题在成果结项方面有不同的要求，研究者需要事先了解特定研究选题的结项要求。根据研究选题管理结项要求拟定研究的预期成果，一般而言预期成果可以高于但是不能低于研究选题管理结项要求。③研究预期成果可以是单项，也可以是多项成果的叠加。预期成果应该是研究选题组全体成员依据各自的研究特长参与获得的。

(十六)经费管理

研究在诸多地方需要资金支持，如研究者可能需要参加研究选题调研工作、参加研究选题相关学术会议、召开小型研究选题研讨会、开展专家咨询会等，这些研究活动的开展，都需要相应的经费支持才能完成。从研究经费的来源看分为以下几个方面。①研究选题管理机构会对批准的研究选题给予一定的经费支持。不同的经费管理机构，对于不同类型的研究选题的经费支持力度会存在较大的差异。总的来说，研究选题级别越高，研究选题经费的额度就越大。②研究者所在单位的配套经费。有些研究者所在单位，为了激励教师积极参与研究选题申报，会根据研究选题管理机构的经费拨付要求给予相应的配套经费，以支持研究者顺利开展研究工作。③研究选题组成员自筹经费，即研究选题组成员自己筹集研究资金以完成研究工作。

【知识链接3-2】

研究选题管理机构一般都会对研究经费管理做出说明和要求，研究者在研究计划书中撰写研究经费的内容时，需要先了解研究选题管理机构对于研究经费的管理细则，再根据研究经费管理要求填写相应的经费使用计划。当然，有些研究选题没有经费支持就不用填写这个内容。以国家教育科学规划研究选题的经费管理为例，中华人民共和国教育部在2003年发布的《全国教育科学规划课题管理办法(修订)》中，对于研究经费管理提出了明确的要求，指出研究资助经费使用范围限于：①国内调研、差旅费；②资料搜集、复印、翻拍、翻译费等及少量必要图书购置费；③小型会议费；④计算机使用费；⑤成果印刷费；⑥劳务酬金及咨询费；⑦成果鉴定费；⑧管理费等8项内容。

(资料来源：本书作者整理编写)

需要说明的是，上述十六个方面的内容，是从较为完整的角度解读研究计划书的写作。事实上，不同的研究计划书在具体的内容和要求方面均有所差异。在研究计划书的撰写过程中，需要结合不同的研究实际情况进行相应的调整。

拓展3-4："天津市中小学学校课程决策的现状调查与改进研究"开题报告(节选)

第三节　小学教育科学研究选题的论证

教育科学研究活动从其开展程序上看，需要经历三个基本的环节，即选题、开题和结题。研究者确立研究选题并且完成研究计划书的撰写之后，接下来需要做的工作就是准备开题和结题工作。开题和结题工作在教育科学研究开展的过程中非常重要，本节分开进行论述。

一、小学教育科学研究的开题论证

(一)开题论证的含义及意义

1. 开题论证的含义

教育科学研究是一个不断追求完善的过程。研究者在确定一个研究选题并完成一份研究计划书的写作之后，为了提升研究的必要性和可行性，进一步完善研究选题的内容，还需要将研究选题和研究计划书等内容在行业专家内进行公开的研讨，并接受行业专家的意见和建议等。这个做法就是开题论证的过程。

开题论证具有以下基本特征。

(1) 开题过程是研究计划接受行业专家质询和建议的过程。参加开题论证的专家一定是对于研究选题领域较为熟悉，同时具有一定权威性的行业专家，只有这些人才能给出专业且有效的建议。在开题论证的过程中，行业专家一般针对研究者的研究计划书提出质询问题，同时给出完善研究者研究计划书的建议。这些建议，对于帮助研究者完善研究计划至关重要。

(2) 开题的目的在于完善研究计划，提升研究的价值。研究是一个复杂的智力活动，需要精心设计才能取得好的研究成果。在研究设计的过程中，一个人的力量是有限的，研究者需要借助行业专家的力量，帮助自己论证研究的必要性和可行性，只有这样，才能将研究的规划和设计工作做好。在这里，专家的水平和质量很重要，专家的人选一定是能力水平较强，熟悉研究选题的领域，能够对研究者的研究工作提出建设性的意见和建议的人。

2. 开题论证的意义

(1) 开题论证是对研究必要性的鉴定。开题论证活动中，很重要的一项内容是对于研究必要性的论证。研究者需要向开题组专家阐述研究必要性，这里研究的必要性一般指研究的背景、研究的意义、研究的创新等方面。开题组专家需要利用专业的眼光，对研究的必要性进行评判并给予指导。指导的目的，一方面在于指出研究者对于研究必要性可能存在的认知误区，另一方面在于通过开题审议帮助研究者提出进一步厘清和提升研究选题价值的思路和策略。总的来说，通过开题论证对研究的必要性进行鉴定和指导，能够帮助研究者进一步提升研究的价值。

(2) 开题论证是对研究可行性的完善。研究者在研究活动中，需要向同行专家阐述研究的可行性，即研究者打算如何开展研究，研究团队是否具备相应的研究条件和研究能力等。同行专家需要针对研究者的可行性阐述进行必要的询证并给予专业的指导，根据指导，研究者能够明晰研究的思路和方法，了解研究的条件和不足，进一步查缺补漏，进而整体提升研究活动的可行性，最终提高研究活动的质量和效果。

(二)开题论证的组织与实施

1. 开题论证的组织

开题活动一般是在研究选题结束之后，正式研究活动实施之前进行的。在确定选题结束后进行，是因为开题需要有一个明确的言说对象，这个言说对象就是通过研究选题过程确定的。在正式的研究实施之前进行，是因为开题是帮助研究者提升研究活动的必要性和可行性，帮助研究者完善研究的思路和计划的工作。因此需要在研究活动开展之前进行开题论证工作。

从具体时间上看，不同类型的研究活动有差异。一般情况下，在研究过程中，研究者先要按照研究选题申请的要求，向研究选题管理部门准备和提交研究计划书。待到研究计划书批准立项之后，一般要求研究者在几个月时间之内进行开题工作。与上述研究选题立项工作不同，学位论文写作过程没有特别区分研究计划书提交工作和开题工作，而是将二者合二为一，因此学位论文的开题工作中就涵盖了研究计划书的写作要求。

从开题活动的组织看，教育研究的开题活动一般经历以下工作环节。①研究者按照要求准备开题报告和开题陈述，系统阐述研究活动的必要性和可行性。②提前确定开题的时间和开题专家组成员，同时开题专家组成员在开题活动之前需要仔细审阅研究者撰写的开题报告书，并提前准备好询证的问题以及研究计划完善的建议。③在既定的时间组织和实施开题活动，研究者需要到现场对自己的研究选题进行系统的阐述，开题组专家需要到现场对于研究者的研究计划进行询证并提出完善建议。④开题活动结束之后，研究者需要结合开题组专家的意见，对于研究计划进行相应的调整和修订，以达到完善研究计划的目的。同时结合研究的需要，在研究活动结束之后做好相关的开题材料的存档工作。

为了确保开题活动取得实效，还需要做好以下工作。①开题活动之前，研究者需要充分重视开题工作的重要性，并为开题活动做好充分的准备。②开题工作是一个专家指导的工作，在开题活动中，参加开题工作的同行专家的专业水平直接决定了开题工作的意义。因此一般需要邀请行业内知名的专家参加开题，同时同行专家的数量一般不能少于3位，理论上是越多越好。但是考虑到开题工作的时间成本以及专家资源的有限性等，一般情况下开题组专家人数可以控制在3~8个。③开题工作的目的在于通过专家审议，为完善研究工作提出宝贵的建议。开题工作能够取得实效最终还得看研究者能够在多大程度上听取专家提出的建议。因此，研究者需要充分领会开题专家的建议，并在此基础上仔细地完善和修改研究计划书，只有这样，开题工作才能真正取得实效。

2. 开题材料的准备

研究者在参加开题活动的过程中，需要提前准备好开题报告的材料，同时需要做好开题陈述的相关准备。开题报告书在内容上和写法上同研究计划书基本一致，主要内容是回答研究什么、为什么研究、怎么研究等问题。两者的区别在于以下两点。①开题材料是对于开题活动的内容记录。如该开题报告书中需要详细记录开题时间，开题地点，参加人员与人数，专家对开题报告各项内容的可行性论证结论、意见或建议。②开题材料需要说明研究的重要变更(对照研究、计划书，根据评议专家意见所做的研究计划调整)，意指在吸收开题专家的意见之后，研究者需要对研究计划书的修改和变更进行说明。上述两项活动都涉及开题活动自身的记录和变更要求，具体见表3-1。

拓展3-5：黑龙江省教育科学规划课题开题报告书

【案例3-5】

表3-1 XXX大学小学教育专业开题报告样式

研究的目的和意义……	
研究的主要内容……	
文献检索及参考文献目录(列明文献检索的数据库名称及检索策略，参考文献至少15篇)……	
研究的基础、现状与趋势……	
本研究的思路和方法……	
工作计划或时间安排	
起止日期	毕业设计(论文)工作进度(主要内容、完成要求)
指导教师意见	指导教师(签字)： 年　月　日
系意见	系主任(签字)： 年　月　日
学院意见	教学院长(签字、公章)： 年　月　日

二、小学教育科学研究的结题答辩

(一)结题答辩的含义及要求

结题是研究活动的最后一个环节。所谓结题是指结束某项研究选题。教育研究选题的结束意味着整个研究工作的结束，同时也意味着研究者应该按照教育研究计划书的要求顺利完成研究选题的研究工作。研究者为了说明研究工作如期结束，需要说明两件事情。一是研究工作取得了预期的研究成果，即研究者在研究计划书中提及的研究成果，或者某一研究选题管理机构需要研究者完成的研究成果都如期完成。对于学位论文的申请者而言，则意味着如期完成了学位论文的写作工作。二是研究选题管理机构邀请同行专家对自己的研究成果进行审议，查看研究成果的学术水平，借助行业专家的力量对于研究成果是否符合研究的需要开展专业的研判。这个接受同行专家审议的过程，就是研究的结题答辩过程。所谓结题答辩，是指研究选题管理机构为了保障研究的质量，在研究结束之际，邀请同行专家对于研究成果进行专业的审议，以了解研究的水平和质量的学术性活动。

结题答辩的工作有以下特征。

(1) 结题答辩是研究成果公开接受同行专家检验的过程。在完成了研究之后，如何对研究者取得的研究成果进行专业评判，是摆在研究选题管理者面前的一个重要的内容。通过结题答辩活动，借助于同行专家的专业评判，是研究工作的一贯做法。同行审议，既是前述所提及的开题时所采用的做法，也是结题答辩时采用的做法。

(2) 结题答辩的过程是对研究者的研究活动是否符合要求进行专业判断的过程。在结题答辩的过程中，同行专家会对研究者所取得的研究成果进行评判。这里的评判指向两个方面，一方面这种评判主要采用的是同行专家就研究成果的内容进行提问和询证的方式，一般需要研究者公开回答专家的提问，通过一问一答，了解研究者对于某个问题的熟练掌握程度。另一方面通过这种方式，答辩组的同行专家需要对研究者的研究成果的质量进行综合评判，以判断研究取得的成果能否顺利通过。有时，研究选题管理机构会通过网络咨询的方式向同行专家征询意见，可能没有研究者回答问题的环节。

(二)结题答辩的要求

1. 结题答辩的准备

结题答辩工作，从流程上看，和开题工作基本一致。所不同的是，开题和答辩所关注的重点各异。开题是研究活动开始之前开展的工作，目的在于论证研究计划的合理性，进而为后期研究质量的提升做好准备。答辩工作是研究结束之际开展的专家审议活动，目的在于通过同行专家的审议来判断研究成果的质量如何，研究成果的质量是否符合研究选题管理的要求。基于开题工作和答辩工作的目的差异，研究者在准备开题和答辩材料时的工作重点也存在一定的差异，开题材料或者开题陈述重在阐述研究的必要性和可行性，是对未来研究的设想。答辩材料以及答辩陈述则需要研究者重点阐述通过研究取得了哪些成果，成果的结论如何，成果何以成立等。研究者要重点围绕研究成果进行详细的论述。研究者需要明确二者之间的区别，避免将开题工作和答辩工作混为一谈。

2. 结题材料的准备

结题材料是结题时研究者需要提供的材料，总的来说是需要按照研究选题管理机构的要求，对研究的过程以及研究的成果进行全面系统的梳理。结题材料分为两部分，一是研究过程的记录材料，这些材料记录研究者团队开展研究的过程；二是研究成果的证明材料，这些材料提供符合研究选题要求的结题成果。毫无疑问，在二者之间，研究成果等证明材料是最为重要的。不同的研究选题管理机构，对于结题材料的要求也存在一定的差异。

【案例3-6】

下面以×××省教育科学规划研究选题的结题材料要求为例进行说明。

×××省教育科学规划研究选题的结题材料要求，一共有14项：

1. 研究成果鉴定和结题验收申请·审批书

2. 研究选题立项通知书
3. 出版的专著
4. 发表的论文
5. 研究调研报告
6. 研究报告
7. 已经备案的研究选题变更申请
8. 研究选题经费总决算
9. 研究计划书
10. 研究选题方案
11. 研究选题开题报告
12. 研究选题中期报告
13. 研究选题阶段总结
14. 研究活动纪实材料

上述14项材料，是XXX省教育科学规划研究选题的结题材料。从材料的内容看，材料1～2为研究选题立项的证明材料和结项的审批表。3～6为课题结题的相关成果，其中3和4为研究选题结项发表的专著和学术论文，5为研究过程中的调研报告，是研究的过程性资料，6为研究报告，是在前述著作和论文相关研究成果基础上撰写出来的研究成果报告。总的来说，3～6为研究成果方面的证明材料。7为研究选题变更申请表，主要记录研究选题变更的相关情况，如成员变更、主题变更等。8为研究选题经费决算。9为研究计划书，是研究选题申报过程中提交的研究计划书。10～14为研究的过程性资料，主要记录研究过程中的相关环节的材料，如开题环节、中期检查环节、阶段总结、活动纪实等方面的材料。总的来说，上述材料虽然有些繁杂，但是从研究过程和研究成果两个方面，对研究活动进行一次全面的梳理和总结。

(资料来源：本书作者整理编写)

拓展3-6：全国教育科学规划课题管理办法(2003修订节选)

本 章 小 结

教育研究计划书又称为研究申请书，是指教育研究工作者为了申请特定的研究选题而撰写的研究选题申报文本材料。教育研究计划书具有计划性和论证性两个基本特点。根据不同类型教育研究选题管理机构的主体进行划分，可以将研究选题分为各级哲学社会科学研究项目、各级教育科学规划项目、各级教育行政机构研究选题、其他类型研究选题等四个类型。从研究计划书的内容看，一份完整的研究计划，包括四个基本问题：研究什么、为何研究、怎么研究、能否研究等。本章从研究计划书的研究背景、研究意义、文献综述、理论依据、研究对象、核心概念、研究目的、研究内容、研究思路、研究方法、研究进程、研究创新、研究基础、研究保障、预期成果、经费管理等十六个方面，对于其具体内涵和写作要领进行了详细的阐述。最后，本章对教育研究开题活动和结题活动进行了介绍，指出开题过程是研究计划接受行业专家质询和建议的过程。开题的目的在于完善研究计划，提升研究的价值。结题答辩是研究成果公开接受同行专家检验的过程，结题答辩的过程是对研究者的研究活动是否符合要求进行专业判断的过程。

思 考 练 习

一、单项选择题

1. 理解教育研究的问题，需要关注和理解研究选题产生的社会情境，这种社会情境可以称为是( )。
    A. 研究背景   B. 研究目的   C. 研究意义   D. 研究创新
2. 为了提升研究活动的学术品质和论证的说服力，需要为研究的论点寻找( )。
    A. 研究对象   B. 理论依据   C. 文献综述   D. 核心概念
3. 下列哪类文本不属于研究选题的结题成果( )。
    A. 学术著作   B. 学术论文   C. 经验汇编   D. 研究报告

二、简答题

请简要回答研究计划书包括哪四个基本问题。

三、论述题

请简要论述开题工作和结题工作的联系和区别。

子曰:"夏礼,吾能言之,杞不足征也;殷礼,吾能言之,宋不足征也。文献不足故也。足,则吾能征之矣。"

——《论语·八佾篇》

第四章 教育文献研究法

学习目标

知识目标： 能够准确列举教育文献的主要来源。

能力目标： 能够正确使用文献研究法进行教育文献检索与查阅；能够正确标注、使用教育文献，并以此为基础进行文献综述。

情感目标： 在教育文献的检索使用过程中能够秉持实事求是原则，注意教育研究的学术规范，重视知识产权；重视传统文献的搜集与使用。

重点难点

教学重点： 掌握文献检索的基本途径和过程。

教学难点： 掌握文献综述的写作要求。

引导案例

文献检索和综述成为论文撰写的"拦路虎"

刘某是一名大学四年级的学生，在进行毕业论文的撰写过程中，发现查找文献、进行综述竟然成为撰写论文的"拦路虎"，出现以下问题。第一个问题就是，什么是文献，为什么要找文献，文献综述为什么要做，有哪些用途和意义。第二个问题就是，在哪里查阅文献，纸质文献在哪里、如何查阅，电子文献是否可以用最常用的搜索引擎来检索呢，外文文献又该如何检索。第三个问题是，不同类型的文献该如何标注。第四个问题是，文献找到以后，如何进行文献综述。看着论文选题，刘某觉得自己离毕业又远了一步。

(资料来源：本书作者整理编写)

案例分析： 刘某对文献检索和文献综述的困惑体现了教育研究的共性问题，即作为最基础的教育研究方法，文献法是什么？如何使用？如何对现有研究成果进行述评？本章将针对教育文献研究法的基本问题与大家一起学习。

第一节 教育文献研究法概述

文献的检索与文献综述是教育论文撰写过程中的基础性工作，深刻影响着教育研究的质量与水平。在分析、运用文献研究法的过程中，我们发现文献研究法存在的问题主要集中在以下几个方面。①教育文献内涵不清晰。在上述案例中，学生对什么是教育研究的文献不清晰，甚至将教育文献与期刊论文或著作混淆。②不熟悉教育文献的来源、分布以及检索路径，不知道文献去哪里"找"。③忽略教育文献查阅、整理、评价在研究中的重要功能。如果不能充分发挥教育文献查阅、整理、评价的功能，教育研究目标的确定、理论的挖掘以及结论的产生就会受到很大影响。那么如何才能充分发挥教育文献研究法的功能，更好地服务于教育研究活动呢？

一、教育文献的含义与价值

(一)教育文献的含义

文献是指有参考价值的资料，包括一切具有参考价值的记录和保存着信息的载体。教育文献是指对教育研究具有参考价值的信息记录载体。常见的教育文献包括期刊、图书、文件、报纸、论文、科技简报、研究报告等，其记录形式可以是文字、音频、视频、图片、符号等。随着数字人文技术的发展，越来越多的教育文献以虚拟方式存储着，为教育成果的保存、交流、传递、研究提供了更多可能。

文献研究法作为一种研究方法经常被人们采用，凡是开展教育研究都必然需要研究和使用文献。广义的文献研究法是指使用文献开展研究的方法，从这个角度上说，任何一种研究活动都会用到文献研究法。狭义的文献研究法是指专门针对教育文献开展研究的一种方法，是以文献作为研究对象，通过分析文献得出研究结论的方法。目前对于文献研究法的认识存在多样性，不同的研究者往往从不同的维度做出界定，说明文献研究法的内涵具有复杂性。

(二)教育文献的价值

1. 确定教育研究的着力点

采用文献研究法有助于研究者全面了解研究选题的历史现状和发展趋势，了解研究选题曾经取得的研究成果和目前仍未解决的问题。文献作为知识的载体，是文化延续的重要途径。从某种角度来讲，教育研究的任何进展都是在继承、总结前人研究的基础上发展和创新的。因此进行教育研究之前要搜集并阅读大量文献资料以增长知识、创新思维、拓宽视野、提升科研能力，进一步分析现有研究的进展程度，从而寻找和确定教育研究的着力点。

2. 提供了教育研究的理论基础

现有的研究都要以前人的研究作为基础，这不仅提升了研究效率，还总结了教育理论发展的规律，即任何新的理论都是在经验事实和前人研究的基础之上的拓展与升华。因此，在新的结论和成果产生之前，现有的研究理论、事实都可以作为研究基础使用。

3. 影响教育研究方法的选择

通过查阅教育文献，我们能够从方法论的角度了解不同历史时期、不同文化背景、不同研究视野下所采取的研究路线和方法，同时了解当下的研究策略。这些信息可以为研究提供参考和借鉴，并不断修正自己的研究方法。

总体而言，教育文献的价值在于研究者通过文献资料获取研究的相关的信息，并分析出现有研究的优势与不足，从而确定未来的研究着力点、研究基础、研究方法等，避免进行研究选题重复或研究方向错误。在进行教育研究过程中，一味关注选题而忽略文献相关研究，会浪费大量的人力、物力及时间，最终影响教育研究的质量。

4. 制约了教育研究的理论的广度与深度

认识的准确性源自对事物的全面认识。在教育研究中，不同的教育文献之间存在着相同点、联系点与差异点。找出教育文献之间的相同点，可以帮助我们借助不同的文献进行相互印证；找出联系点，可以帮助我们理解教育现象或问题变迁的过程，构建教育研究的各个侧面；找出文献之间的差异点，则可以提示我们更为深入系统地研究教育问题的切入点。采用上述方法为我们全面地考察文献、系统地进行研究提供了可能。

二、教育文献的类型与分布

(一)教育文献的类型

教育文献可以根据不同的维度(包括加工程度、记录手段与载体等)进行分类。

1.按照加工程度分类

如果按照加工程度分类，可以将教育文献分为一次文献、二次文献、三次文献等。

一次文献又称一手文献、原始文献，是指作者以本人的工作经验、观察或者实际研究成果为依据而创作的具有一定原创性的文献，包括学术论文、研究报告、专利说明、行业和技术标准等。一次文献在数量上较为庞大，分散于各种文献类型之中，部分一次文献，如教育家日记等具有私密性，因此与其他类型的一次文献相比更难搜集与整理。

二次文献是对一次文献进行加工整理后产生的文献，如书目、文摘、简报、汇编等。

三次文献则是在一次、二次文献基础上通过综合分析、整理评价形成的，如总结报告、专题评述、会议报告等。我们所进行的文献综述，就属于三次文献。

【案例4-1】

在"宋代理学家道德养成思想研究"中，宋代理学家自己有关道德养成问题的相关著述被认为是一次文献或一手文献，其他研究者(非宋代理学家本人)对宋代理学家道德养成思想的阐述、评价被认为是二次文献或二手文献，而对宋代理学家道德养成思想相关研究的书评、索引、书目被认为是三次文献或三手文献。在一次教育研究中，往往一手文献、二手文献，甚至是三手文献都会被使用到。

(资料来源：本书作者整理编写)

2. 按照记录手段与载体分类

按照教育文献的记录手段和载体，教育文献可以分为实体文献(包括印刷型文献、缩微型文献、视听型文献等)和无实体文献(电子文献等)。

实体文献是人类最常用且历史最为悠久的文献。实体文献包括金石篆刻、书写、印刷、录音、录像等多种形式。印刷型文献是历史悠久且常用的文献类型。印刷型的教育文献一般是以印刷作为记录和保存信息的手段，以纸张为信息载体，具体可以包含图书、连续出版物、学位论文、专利等。印刷型文献的优点是阅读方便，缺点是体积较大、不易携带和保存。缩微型文献是以感光材料为载体，以现代微型摄影技术作为记录和保存信息的手段，如缩微胶卷等。视听型文献是以电磁材料为载体，借助特殊的机械装置记录音频、视频等信息的文献形式，其载体为光盘等。

无实体的文献范围较广，包括所有以电子形式发布的人们可以通过计算机、手机等设备随时查阅的文献。无实体文献是信息时代的产物，它改变了人们获取和利用信息的方式，推动了社会信息化进程的发展。

(二)教育文献的来源分布与文献类型标识

对教育文献进行分类，为我们从类型分布上了解教育文献。我们还需要掌握教育文献的来源分类与文献类型标识，以便于在教育科学研究的过程中搜集和查阅教育文献。

1. 教育文献的来源分布

(1) 教育书籍。教育书籍是教育文献的重要来源之一，包括专著和论文集、教科书、资料性工具书等书籍。

教育专著、论文集是指针对教育领域内某一方面进行系统论述和规范研究的、公开发表的著作或论文。教科书又被称为课本，是根据课程标准编制的教学规范用书，以准确的语言和鲜明的图表，系统地按照教学科目编写的教学规范知识，一般由目录、课文、习题、实验、图表、注释、附录等部分构成，有着逻辑性强、结构完整的特点。资料性工具书主要是方便进行教学研究的参考类用书，包括教育辞书、百科全书等，如《中国教育辞典》《教育大辞典》《中国大百科全书》等。此外，教育书籍还包括以普及教育科学知识为目的的教育科普读物等。

(2) 教育报刊。报刊包括报纸、期刊等，是教育研究的重要资料来源。教育报刊资源丰富、知识更新快，反映教育研究的前沿性。我国教育报刊有《中国教育报》《教育研究》《中国教育学刊》《社会科学战线》等。教育报刊是教育科学研究中查找文献最高效的文献来源。

(3) 教育档案。教育档案资料是人们在各种社会实践活动中形成的具有收藏价值的原始文献资料，包括教育年鉴、教育统计、教育法令、调查报告、乡规里约等。如《中国教育统计年鉴》等。

(4) 政策报告。是指一定时期内教育领域各级政府及相关部门制定的各种有关教育教学工作的指导性文件，包括教育政策、教育法规、教育改革指导意见等。

(5) 网络资源。随着技术的发展，教育文献的承载方式更为多样。图像、声音、数字等均被作为记录教育知识的方式与载体。越来越多的教育文献信息在网络上发表，可以通过在线检索的方式获取。教育资源也因此得以跨越时间、空间的限制。和其他来源相比，网络资源有容易保存、便于检索、快捷高效的特点。

2. 教育文献类型标识

文献类型标识是标示各种参考文献类型的符号。参考文献的著录应执行《信息与文献——参考文献著录规则》(GB/T 7714—2015)及《中国学术期刊(光盘版)检索与评价数据规范》的规定，论文著者应用以下文献类型标示码，将自己引用的各种参考文献的类型及载体类型标示出来。根据《文献类型与文献载体代码》(GB 3469—1983)规定，常用文献类型以单字母标识，电子文献以双字母标识。

【知识链接4-1】

常用文献类型用单字母标识，具体如下：

(1) 期刊[J](journal)

(2) 专著[M](monograph)

(3) 论文集[C](collected papers)

(4) 学位论文[D](dissertation)

(5) 专利[P](patent)

(6) 技术标准[S](standardization)

(7) 报纸[N](newspaper article)

(8) 科技报告[R](report)

(9) 会议文献[C] (conference)

电子文献载体类型用双字母标识，具体如下：

(1) 磁带[MT](magnetic tape)

(2) 磁盘[DK](disk)

(3) 光盘[CD](CD-ROM)

(4) 联机网络[OL](online)

电子文献载体类型的参考文献类型标识方法为：[文献类型标识/载体类型标识]。

(1) 联机网上数据库[DB/OL](data base online)

(2) 磁带数据库[DB/MT](data base on magnetic tape)

(3) 光盘图书[M/CD](monograph on CD-ROM)

(4) 磁盘软件[CP/DK](computer program on disk)

(5) 网上期刊[J/OL](serial online)

(6) 网上电子公告[EB/OL](electronic bulletin board online)

专著、论文集中的析出文献以[A]标识；其他未说明的文献类型以[Z]标识。

(资料来源：信息与文献——参考文献著录规则)

第二节　教育文献的检索

根据前期的学习，我们明确了文献研究法的含义及其在教育研究中的重要性。在此基础上，本节将针对引导案例中的第二个问题"在哪里查阅文献？纸质文献在哪里、如何查阅？电子文献是不是可以用最常用的搜索引擎来检索呢？外文文献又该如何检索？"进行解答。

教育文献的检索

一、教育文献检索的过程

文献检索是指通过一定的方法查找、搜集研究所需信息的过程，是教育研究的基本功。教育研究的质量水平深受研究过程中用到的教育文献数量和质量的影响，而教育文献质量则很大程度上受到文献检索的质量影响，由此可见教育文献检索对于教育研究的重要性。

(一)教育文献检索的基本步骤

教育文献检索是指从众多文献中准确、迅速查找出符合特定需要的文献，这不仅是一个查找、搜集的过程，更是一个分析、研究的过程。教育文献检索一般包括以下几个步骤。

1. 准备

教育文献的检索需要围绕研究主题进行，这对教育文献检索的范围和检索关键词会产生影响。教育文献检索过程中，准备阶段需要完成的工作包括分析研究选题，明确研究选题所需要检索的要求与范围，明确研究选题的检索关键词，确定文献检索的工具、类型、主要途径等。

2. 检索

在确定了检索的范围和关键词之后，就要开展文献的检索工作。一般情况下文献检索有图书馆检索或网络数据库检索两种方式，图书馆检索就是在图书馆按照特定方法进行检索，网络数据库检索则是指利用电脑，在学术数据库中进行文献检索，检索到文献后，按照适当顺序阅读，并对教育文献进行摘录，再通过建立资料卡片、读书笔记等方式记录文献中研究所需的内容。目前，已经开发出具有建立资料卡片、读书笔记、摘录等功能的文献阅读器，方便对文献进行阅读和使用。

3. 加工

教育文献检索的最终目的不在于"找"，而在于"析"，即从检索到的数量庞大的文献中选取对研究有重要价值的资料。因此必须对已经检索到的文献去粗取精、去伪存真地进行"精细加工"。在资料加工阶段，需要完成的工作包括辨别文献真假，去掉重复和陈旧过时的材料；保留全面、完整、观点新颖深刻的资料以及研究切入点新颖、研究方法或结论新颖的材料；对检索到的材料进行分类编排，形成目录或索引。还要注意对采纳资料的来源出处进行准确记录，并在阅读的基础上，撰写文献综述，对现有文献做出深入的分析与整理。

(二)教育文献检索原则

1. 真实性原则

真实性原则是指在查阅教育文献过程中，研究者尽可能使用原始资料，而不是经过加工和再加工的二手甚至三手资料，以保证教育文献资料来源的真实性；同时要在全面理解文献观点的基础上选择和采用教育文献，不能断章取义，片面或故意截取文献中不代表作者全面观点的内容，保障所检索文献观点的真实性。所以，对搜集后的资料进行真实性的确认是保障教育文献检索真实性原则的重要手段。

2. 系统性原则

系统性原则是指在教育文献检索过程中根据研究需要系统地检索和搜集文献。教育文献检索的系统性体现在横向和纵向两个方面。纵向系统性是指按照研究选题或者研究所属学科检索不同时期的原有文献；横向系统性是指文献检索的类型多样，包括但不限于期刊、会议论文、研究报告、专著、工具书等。

3. 权威性原则

教育文献检索的系统性是建立在教育文献的真实性、权威性基础之上的。权威机构、权威刊物、权威学者的观点、论文、著作等与一般期刊发表的文章相比，更加严谨规范、质量更高，因此在研究过程中也更具参考价值。而权威机构、权威刊物、权威学者不仅对某一学术领域有着深刻、独到的见解，也在一定程度上反映了该领域较高的研究水平和研究趋势。因此，权威性原则是指同等情况下，应该优先使用权威文献进行阅读与使用。

4. 新颖性原则

新颖性原则是指教育文献检索过程中要关注新的研究内容、研究思路、研究方法和研究结论，同时还应关注最新发表的研究成果。这是因为教育研究是一个不断突破、不断创新的过程，而且往往面向教育活动的实际问题。只有关注学科、专业和相关研究领域的最新研究成果，才能拓展研究思路，为我们的教育研究提供最新、最前沿的研究成果。

二、教育文献检索的途径

(一)手工检索

手工检索是历史最悠久的文献检索途径，具体包括查阅图书馆索引、工具书、教育专著与期刊等方式。

(1) 查阅图书馆索引。通过查阅图书馆主题索引或著者索引，可以找到与研究选题相关的书籍、期刊等资料。

(2) 查阅工具书。在确定研究选题之后，研究者可以通过查阅《全国报刊索引》《中国教育年鉴》《中国社会科学文献目录》《中国教育报刊论文索引》《教育大辞典》和《教育大百科全书》等，获得相对权威的教育文献。以上列举的工具书是教育研究领域较为权威的工具书，一般都按照学科体系分类，因此在进行教育文献资料检索的时候，除了要关注与自己研究选题一致的工具书外，还要进行多个类目交叉检索才能够较为全面地使用相关资料。

(3) 查阅教育专著与期刊。教育专著与期刊是密切联系的：专著的形成要以某一专题的权威和最新研究作为基础，因此质量较高的教育专著可以提供给研究者较权威、较前沿的研究成果，尤其是期刊中的相关文章；教育期刊刊载的理论文章往往会引用本领域较权威、有价值的专著。由此可知，在进行教育专著与期刊的查阅时，两者是可以进行交叉检索并相互印证教育文献的权威性的。

(二)计算机检索

计算机检索教育文献，是指借助计算机设备查找储存文件或通过互联网检索教育文献的方法。具体来讲，计算机检索包括存储文献的检索和网络文献的检索两类。

1. 存储文献的检索

存储教育文献的载体有多种，其中就包括光盘、移动硬盘等。在进行文献检索过程中这些载体需要借助计算机等终端进行检索，即将载体连接计算机进行检索。

2. 网络文献的检索

网络文献的检索包含了局域网和互联网环境下的教育文献检索。局域网环境下的教育文献检索包括图书馆中普遍采用的公共书目查询系统，即在局域网环境下利用计算机终端设备查询基于图书馆数据库的馆藏资源。进入图书馆局域网络后，依据不同的检索关键词即可查阅馆藏教育文献。

在互联网环境下的教育文献检索过程中，可以利用搜索引擎进行检索，目前利用率较高的搜索引擎包括谷歌(Google)、百度和雅虎(Yahoo)等。需要注意的是，通过这些搜索引擎检索到的文献往往是数量巨大，质量也参差不齐，因此一般情况下搜索引擎不作为学术文献的首选检索方式。

互联网环境下的计算机检索，往往依托较为权威的、数据信息庞大的数字图书馆进行。进行教育研究使用频率较高的数字图书馆包括中国知网(China National Knowledge Infrastructure，CNKI)、超星、读秀等。CNKI 是"中国国家知识基础设施"的简称，目前是我国最大的数字图书资源库，其中包括"中国期刊全文数据库"(CJFD)"中国优秀硕博士学位论文全文数据库"(CDMD)"中国中药会议论文全文数据库"(CPCD)"中国重要报纸全文数据库"(CHKD)等。"中国期刊全文数据库"是世界上最大的中文期刊全文数据库之一，因此 CNKI 也成为教育研究普遍采用的文献来源。超星与读秀也是较有影响力的网上数字图书馆。

【知识链接 4-2】

中国知网的全称是中国国家知识基础设施(China National Knowledge Infrastructure)，简称 CNKI，创建于 1999 年 6 月，是在教育部、中共中央宣传部、科技部、国家新闻出版署、国家版本局、国家发改委的支持下，在清华大学直接领导下，由同方股份有限公司创立的一个支持全国各行业知识创新、学习和应用的交流合作平台。中国知网的主要功能是为全社会知识资源的高效共享提供知识信息资源、知识传播与数字化学习平台；为知识资源生产出版部门创造互联网出版发行的市场环境与商业机制，对促进教育、科技、文化、出版等事业和文化创意产业发展提供了信息网络空间。CNKI 工程集团经过多年努力，采用自主开发并具有国际领先水平的数字图书馆技术，建成了世界上全文信息量规模最大的"CNKI 数字图书馆"，并正式启动中国知识资源总库及 CNKI 网格资源共享平台的建设，通过产业化运作，为全社会知识资源高效共享提供最丰富的知识信息资源和最有效的知识传播与数字化学习平台。

(资料来源：本书作者整理编写)

与传统的手工检索相比，计算机检索可以在几秒之内对几十年的数据进行处理，也可以通过多种检索工具实现数据检索。计算机检索有检索速度快、检索范围广、检索途径多元、跨数据库检索的特点，使得其成为教育研究中普遍采用的方式。但是在使用计算机进行教育文献检索的过程中也存在一定的问题需要研究者注意，如进行教育文献检索时需要避免使用错误的文献、需要区分一手文献和多手文献、需要尊重知识产权问题等。

拓展 4-2：中国知网文献与引文检索评述

三、教育文献检索的基本方法

教育文献检索方法多样，不同的文献检索方法适合不同的主题、范围、特点的教育研究。最为常用的教育文献检索方法包括以下几种。

(一)顺查法

顺查法是指以所检索的研究选题的发生时间为检索起始点，按照事件发生顺序，即按照由远及近、由旧到新的顺序查找文献的方法，一般可以查全。查找时可以随时比较、筛选，查出的结果基本上能够反映事物发展的全貌。此法多用于范围较广泛、项目较复杂，所需文献较系统全面的研究选题。

(二)逆查法

逆查法是指在教育文献检索过程中按照由近及远、由新到旧的顺序查找文献的方法，其顺序与顺查法正好相反。这种方法多用于新文献的搜索、新研究选题的研究，这种研究选题大多是需要较新的论文、专著，对历史源起、发展过程不太关注。

(三)引文查找法

引文查找法又称参考文献跟踪法，是以已经掌握的文献中所列出的引文文献、附录的参考文献作为线索，寻找文献的方法。这种方法的优点在于文献涉及范围集中，获取文献资料方便迅速，可以不断扩大线索。这种回溯过程会找出相关研究领域中重要的、丰富的原始资料。缺点在于检索到的文献资料受原作者引用资料的局限性及主观随意性影响，资料往往杂乱，没有时代特点。案例 4-2 中的小张同学用到的就是引文查找法。

【案例 4-2】

小张同学在撰写教学目的的相关论文，查找到论文"教学过程中'转识成智'的过程理解与策略分析"一文，觉得此文对自己的论文写作很有启发。在写作的过程中，他觉得思路没有完全打开，偶然间看到这篇文献后面的参考文献中的几篇文献的标题，如"波兰尼的知识理论""个人知识"等主题，他认为对自己的写作有启发。于是他顺着参考文献阅读了这两篇文献，收获颇丰，对于他写作思路的打开很有帮助。一次他在和别人谈论这个问题的时候，才知道这种方法就是参考文献跟踪法。跟踪参考文献，不仅能够帮助他打开思路，还能帮助他找到更多的文献。

(资料来源：本书作者整理编写)

(四)综合查找法

综合查找法是指综合使用各种文献检索的方法以达成检索目标的方法。在教育文献的检索过程中，研究者往往希望检索的资料能够满足全面、准确、深入、快速、便捷等多重目标。因此，没有一种教育文献检索方法能够满足所有研究选题的需要。这就需要在进行教育文献的检索过程中，根据研究选题、研究范围等多重因素，综合使用多种研究方法，以达成检索目标。

第三节　教育文献的分析

对现有文献进行科学、合理的分析，可以描述现有研究在成果数量、研究程度方面的现状，为教育研究工作的进一步展开奠定基础；还可以在总结现有研究的基础上为后续研究寻找切入点。本节内容就引导案例中有关文献分析的问题进行介绍。

一、教育文献分析的原则

胡适认为，学问的进步体现在两个方面：一个是材料的积聚与解剖；另一个是材料的组织与贯通。前者靠精勤的动力，后者则靠综合的理解。教育文献研究法需要在前期的文献积累基础上进行比较、分析、概括，才有助于教育研究水平的提升。由此可知，教育文献的分析，也是教育文献研究法使用过程中十分重要的组成部分。

毛泽东在《实践论》中指出："要完全地反映整个事物，反映事物的本质，反映事物的内部规律性，就必须经过思考作用，将丰富的感觉材料加以去粗取精、去伪存真、由此及彼、由表及里的改造制作功夫。"这不仅是马克思主义认识论的一般原理，也是我们在进行教育文献分析过程中的重要方法。在大多数情况下，教育文献分析需要遵循去粗取精、去伪存真、由表及里三个基本原则。

(一)去粗取精

就教育研究而言，教育文献是形成问题、提炼观点、构建假设、展开论述的基本素材。但是在我们检索的文献中，最后被使用的文献仅仅是一小部分。这是由于在漫长的历史发展过程中，人们对某一问题的思考、研究、阐述是前赴后继、不断深入、多角度进行的。我们检索出来的大部分文献不能被直接使用，而是需要经历一个"去粗取精"的过程，即在同一类的文献中，我们要选取经典、具有代表性的文献加以研究，而那些与主题的联系不够紧密，或是代表性不足、经典性不足、观点不够有新意的材料，无论有多珍贵、稀有，都必须舍弃。梁启超也曾经就研究过程中进行文献分析需要依从"去粗取精"这一原则发表看法："普通有一种毛病，就是多多的搜集资料，不肯割爱。但欲有好的著作，却非割爱不可。我们要去其渣滓，取其菁华。"

(二)去伪存真

在进行教育研究过程中，会检索到许多与研究选题相关的文献，这些文献对研究起到支撑作用。但是事实上，在数量庞大的教育文献中，有"真书"也有"伪书"。一般情况下考证文献的真伪，仅仅完成了文献分析任务的一半，在考辨真伪的基础之上再进行文献解读，才是真正完成了教育文献分析的任务。解读工作包括分析作伪者的动机，以及真伪文献之间的联系等。

由此可见，在进行教育文献分析的"去伪存真"过程中不仅需要对真伪进行考证，还需要进行辩证分析，加以区别对待。

(三)由表及里

教育研究的根本任务在于透过纷繁复杂的教育现象，抓住其内部本质的必然联系。毛泽东认为："我们看问题必须要看它的本质，把它的现象只看作入门的向导，一进了门就要抓住它的实质，这才是可靠的科学的分析方法。"就教育研究而言，运用"由表及里"的方法，需要在众多的教育文献中抽出教育理论。这一过程只有借助逻辑思辨能力，并在辩证法的指导下才能完成。

二、教育文献综述的撰写

(一)教育文献综述概述

1. 文献综述概念

文献综述是研究者根据需要，把搜集到的研究成果及反映其历史发展状况的文献进行系统的归纳、整理、分析，在广泛阅读这些文献的基础上对这些文献进行解读和述评。教育文献综述按照不同目的，可以分为正式文献综述与非正式文献综述。

正式的文献综述又称为学术性的文献综述，往往发生在研究选题确定之后。正式的文献综述是围绕着研究选题，运用合适的文献检索方法，在搜集、整理、分析、述评相关文献的基础上，对研究选题的研究现状、存在问题、未来研究趋势与方向进行阐述的文本。对于学术性文献综述来讲，它往往是为了实现以下目的。①表达个人对于某一教育主题或实践问题的已有知识的理解，为自学或者完成一定的研究要求做准备。②启动研究计划，为某一具体问题或主题的研究进行基础性的文献研究工作。

非正式的文献综述是指发生在研究选题确定之前，围绕感兴趣的问题进行的基本文献的检索。如，当一位研究者听到或者看到有关"校园贷"的新闻报道从而引起好奇心，进而围绕着"什么是'校园贷'？""'校园贷'危害社会的实例有哪些？""它是困扰当地学校的问题之一吗？"这些问题，运用多种检索方式(网络搜索、报纸杂志检索等)检索文献，以满足对这些问题的好奇。这种检索文献并对相关问题进行解答的过程被认为是"非正式的文献综述"，它是了解现实的教育问题和教育现象的一个快捷又实用的途径。

2. 文献综述的作用

文献综述对教育研究具有基础性的作用。

(1) 通过文献综述，能够总结和综合研究选题所在领域的现有研究成果，了解相关研究选题的研究水平，研究者可以借助文献资料对研究选题的研究状况以及相关问题进行深入细致的分析与研究，说明研究选题产生的背景、原因、研究现状，并对研究现状进行述评。

(2) 对于研究选题相关的现有研究进行分析，明确现有研究存在的问题，即现有的相关研究重点在哪里，现有研究的数量分布如何，现有研究的质量与深度情况，是否存在研究的缺陷、空白以及不足的问题。

(3) 在进行教育文献综述的过程中，研究者能够明确研究的价值和重要性。在对教育文献进行综述的过程中应该注意文献综述"承上启下"的重要作用，即教育文献综述不仅要对现有研究的数量、质量、分布、水平等情况进行评定和介绍，同时也要发现具有研究价值的新问题。研究的目的不仅是介绍该领域的研究历史、研究现状，还有要在综述过程中推导出自己的研究价值和重要性。文献综述的信息量大、覆盖面较广，能够在一定程度上反映某一研究领域的整体状况和研究进展，具有较高的参考和利用价值，对于开阔研究视野、掌握研究关键问题、寻找研究切入点后进行深入研究，具有重要的意义与价值。

(二)教育文献综述的内容与结构

有研究者认为"只要运用一个系统程序，做出一份好的文献综述是比较容易的。"并列出了撰写正式研究文献综述的系统程序(具体见表 4-1)。

表 4-1　撰写正式文献综述的系统程序

序号	相关工作
1	将你的信息需求构建为可以引导文献检索的一组问题或假设
2	与能够直接回答你的研究问题或能够就有关出版物给予你指导的专家们联系
3	选择能够有助于你确定研究选题的相关出版物的文献索引和搜索引擎
4	阅读二次、三次文献以便获得对相关出版物的概观，以及设计自己的文献综述的基础
5	阅读并评估与你的研究选题相关的一次文献
6	对与你的文献综述相关的已确定的出版物进行分类
7	就你的文献查阅结果准备报告

资料来源：梅瑞迪斯·高尔. 教育研究方法[M]. 6 版. 北京：北京大学出版社，2016.

1. 构建引导文献检索的问题

为集中力量进行文献检索，文献综述的首要问题就是通过思考研究的信息需要，把这些研究需要构建成一组问题。以"在小学教学中运用 BOPPPS 教学模式进行教学的可行性"这一研究选题为例，这组问题可以表述为表 4-2 的内容。

表 4-2　研究选题问题组设计

序号	问题描述
问题 1	我国小学中运用 BOPPPS 教学模式的现状(数量、比例等)是怎样的?
问题 2	我国小学中运用 BOPPPS 教学模式的效果如何?
问题 3	在我国小学中运用 BOPPPS 教学模式的理论基础是什么?
问题 4	为了在我国小学中有效地运用 BOPPPS 教学模式,需要特定的教学资源吗?以及这些资源与面向其他学段学生的资源相比,有什么区别?

当然,引导文献检索的问题会因为情况不同而有所不同,甚至会随着文献检索工作的不断推进而提出新的引导文献检索问题。

2. 咨询领域内专家

教育工作者通过咨询领域内专家可以集中且快速地解决研究问题,并且构建专业知识框架,更为高效地进行文献综述。随着信息技术的发展,教育研究者建设了诸多网络信息系统以便进行线上讨论或发布各类信息,如会议通告、观点征集、研究选题征集等。当然,也有围绕一个研究选题进行多轮专家咨询以建立一定的理论框架并得出相对一致结论的研究方法,此方法被称为"专家咨询法"或"德尔菲法"。德尔菲法 1946 年由美国兰德公司创立,其本质上是一种反馈匿名函询法,流程是在对所要预测的问题征得专家的意见之后,进行整理、归纳、统计,再匿名反馈给各专家,再次征求意见,再集中,再反馈,直至得到一致的意见或相近结论。

3. 使用文献索引和搜索引擎

教育文献种类繁多,包括但不限于书籍、期刊、学术报告、会议论文、课程标准、政策法规文本等,即使是将文献的出版年限划定为近十年间,需要检索的文献数量也是庞大的。因此需要专业的期刊和出版物创设文献索引和搜索引擎以便于研究者搜索与其研究选题密切相关的文献。

文献索引是有关一个特定主题或若干主题的出版物列表,一般按照作者或标题顺序进行排列。文献索引多以图书形式出现,现在则越来越多以网站列表形式出现。搜索引擎是以用户自定义的标准在数据库中查找出版物或其他文献信息的软件。

文献索引和搜索引擎的数据库中关于每种出版物的信息量是不同的。每种出版物的详细条目有时候被称为文献引文。多数引文包括作者姓名、出版物名称、出版单位、出版时间、页码等信息。部分文献引文包括出版物信息的简短摘要。

4. 阅读三次、二次文献

三次文献是对一次、二次文献进行综合分析、整理评价后形成的。我们所进行的文献综述,就属于三次文献。在确立研究选题之后,通过阅读三次文献、二次文献可以快速、系统地掌握研究选题的研究现状,这是对已有文献综述优势的充分利用。与直接进行一次文献阅读相比,进行三次、二次文献的阅读对于文献综述的写作具有诸多优势,如阅读已经公开发表的文献综述能够更为快速高效地形成对研究选题的了解。如果是该领域的研究专家或学术权威发表的文献综述,则更具权威性和可信性。

5. 阅读一次文献

一次文献是由实际从事研究工作者撰写的研究成果，包括：研究者进行研究工作的期刊文章；以研究者原有编写形式呈现的课程指南；以研究者原有撰写形式所呈现的教育反思、教育日记等；描述研究者就某一特定研究对象或某一研究实践的研究报告。一次文献是二次、三次文献的基础性文献。

与二次、三次文献相比，一次文献可以提供更为详尽的研究信息，避免了只阅读二次、三次文献而产生的文献。但是由于一次文献的数量庞大且可能与研究选题相关度较低，因此可以通过先阅读一次文献的摘要以获取一次文献的主要观点与研究情况，进而确定一次文献的阅读深度。

6. 对出版物进行分类

在研究检索出的文献过程中，需要对文献进行有意义的分类，以便确定阅读的先后、详略次序，进而更好地进行文献分析和述评工作。

7. 撰写文献综述报告

文献综述报告其实是庞大的文献综述工作的简要呈现，一般以论文或报告的形式出现。文献综述报告的构成与表达往往有以下几个固定的部分。

1) 标题

标题是文献综述内容的浓缩和概括。文献综述的标题反映了文献综述的核心思想和内容。

2) 摘要

文献综述的摘要是为了简明扼要地概述文献综述的主要内容，通过一段完整的文字论述来说明文献综述的目的、背景、意义、现状、问题、发展趋势以及文献的来源和范围等。

3) 关键词

文献综述的关键词是选用关键性的术语对文献综述问题、方法、结论要素的概括，在阅读和理解整个文献综述的过程中起到重要的作用。

4) 引言

引言需阐述文献综述的研究对象、文献研究现状以及文献综述的写作目的，介绍文献综述中所涉及的主要概念和定义，方便读者初步了解。

5) 正文

文献综述的正文，要求将搜集到的文献资料进行系统的分类、比较、归纳，论述相关研究问题的历史背景、主要观点、研究现状、策略方法、主要成果、存在问题、未来的发展趋势等。可以介绍不同观点以及还有哪些尚未解决的问题，让读者可以更为深入、全面地了解相关研究。正文部分可以有不同的写法，可以按照国别顺序、时间顺序、研究选题的不同构成部分、不同的观点进行综述。

6) 讨论

文献综述的讨论部分也被称为总结部分，是根据所搜集的资料和内容对全文进行归纳、分析、总结，并表达自己的观点、见解、评价和设想。也可以在总结部分介绍现有研究未能解决的问题，或预测未来的研究趋势。

7) 参考文献

注明参考文献，不仅是对被引用文献作者的尊重，也是为研究者和相关读者继续研究提供线索。因此参考文献作为文献综述必不可少的部分，其写作的时候务必要准确，且编排清楚。需要按照文献分类，逐一列出所引用、参考的文献，当然也可以在论述中标明文献作者及研究发表时间，如"某某某(2020)认为……""有研究者(某某某，2023)认为……"。参考文献的格式要符合国家文献著录标准，一般需要包括研究者、篇名、出版单位/期刊名称、出版地点、出版时间、版次、页码等信息。

拓展4-3：幼儿入园焦虑研究进展

(三)评价文献综述质量的标准

1. 全面查阅文献资料

撰写文献综述的主要目的是让读者对某一学科或专业领域内的问题有一个全面的了解。因此文献综述的文献资料的查阅需要尽可能全面且系统，这是文献综述被认为优秀的基础。如果查阅文献资料不全面，则在撰写文献综述的时候容易出现以偏概全的错误，这样文献综述就无法很好达到研究的目标，甚至还会误导读者。

全面查阅文献资料并不意味着寻找所有的文献，而是寻找与本研究选题领域相关的重要文献。所谓重要文献，是指某一领域内具有重要影响作用的文献。而重要文献的作者也是该领域的重要专家，可以尽量详尽地搜索其相关论著，虽然这些作者的观点不能完全代表某一研究领域的全部研究现状，但是该作者的作品频繁被其他研究者引用则表明其研究已经构成该领域的基本立场或基本观点，并且这些作者的观点之所以影响较大，很大可能是因为这些观点具备创新性、批判性或者综述性。虽然通过定位某一研究领域的重要研究者及其重要研究成果的方式可以很快确定该领域的重要研究选题、主要观点和研究现状，但是仍需要以大量的相关文献作为文献综述的重要支撑。

2. 精选文献资料

要适当地引用文献。文献综述不是对文献资料的简单拼凑或是对文献名称的机械罗列，而是要在全面查阅和检索的基础上，选择具有代表性的、经典的、权威的文献中的主要观点进行总结或综合式的论述，并在此基础上加以提炼和归纳，以启发未来的研究工作。因此选择的文献资料需要"精""新"。"精"是指在不遗漏主要成果和精辟观点的前提下，用精练的语言对众多的文献加以概括；"新"是指对有价值的最新文献必须加以介绍，这是每一篇文献综述的生命力和价值所在。选择文献资料时，要选择与当前研究选题有直接关系的文献，要将相关研究结果进行整合，并能够在阐述中清楚呈现不同研究成果之间的关系。

所谓"精选文献材料"，除了去粗取精，去伪存真之外，还包括了对该领域该问题重要观点、论争情况、重要进展等方面的把握，及时了解研究领域的权威文献，是做好文献综述的重要保障。

3. 明确阐述作者见解

文献综述不是像案例4-3中的小李同学那样，照搬别人的观点、成果，进行简单的罗列，而是要进行分析、比较、归纳、总结、提炼、评价，最后形成自己对该研究选题的观点和看法。研究中有些结论趋同，有些结论相悖，要仔细分析、对比，尽可能对不同的结论给予合理解释，从而帮助读者认识研究选题的本质及复杂性。除了要清楚地说明研究领域，还要进一步拓展研究范围，以证明研究的创新性。围绕研究选题的关键点或内容组织文献综述与按照时间或研究顺序进行文献综述更有利于捋顺研究思路和研究顺序，更好地呈现研究效果与考察研究成果之间的联系。

【案例4-3】

小李同学在进行毕业论文创作的过程中开展文献综述的写作，他查阅了很多资料，也将文献的观点都列举出来，但是只对文献进行简单的罗列和堆积，缺少对于文献内在逻辑关系的梳理，且缺少对于文献观点的评述。因此论文指导教师看完之后告诉小李同学他的文献综述不合要求。文献综述的过程是呈现研究观点，以及进行文献评论的过程，观点的呈现和评论二者缺一不可。

(资料来源：本书作者整理编写)

在人文社会科学领域，几乎所有的研究选题都留出了等待后续研究者继续研究的问题。继续研究或者重新研究意味着选题可能是旧的，但是问题却是新的；或者问题是旧的，研究视角或切入点是新的。学术研究总是有着留白，而这种留白往往是通过文献研究，尤其是通过文献综述的呈现方式等待后继者去完善、提升甚至改写的。

本 章 小 结

文献检索是从事教育研究的基本工作，文献研究法也是进行教育研究的基本研究方法之一。一些研究者将文献研究法简单等同于"文献综述"，导致文献研究法作为一种基础性的教育研究方法的地位受到质疑。事实上，查阅文献并运用文献研究法对教育研究来讲具有重要的意义和价值——可以了解教育研究选题的研究历史与现状，搜集丰富的研究资料，明确研究目标，充分论证研究理论，并在前人研究经验的基础上合理设计和选择研究方法，进而提升研究效能。因此，掌握文献研究法，对于教育工作者来讲是其从事教育研究工作的"基本功"。要明确文献的种类和来源，并且围绕研究选题和研究内容选择适当的文献检索方法，根据研究情况全面、准确地搜集文献，把文献的搜集贯穿到整个教育研究的过程中，使得教育研究成为有源有流、有理有据的研究。

思 考 练 习

一、单项选择题

1. 在论文的文献标识里，[J]代表的是(   )。
   A. 期刊　　　　　B. 著作　　　　　C. 报纸　　　　　D. 学位论文

2. 按照教育文献的记录手段和载体，教育文献可以分为实体文献和(　　)。
　　A. 印刷文献　　　B. 音像文献　　　C. 专著　　　　D. 电子文献
3. 目前进行教育研究使用频率较高的数字图书馆是CNKI，CNKI是指(　　)。
　　A. 中国知网　　　B. 超星　　　　　C. 读秀　　　　D. 维普

二、简答题
　　一名教师想要利用网络检索儿童情绪认知发展障碍的相关文献，他/她需要查找哪些方面的内容以确保搜集资料的全面性？

三、论述题
　　你认为文献研究法是教育研究的一种方法吗？为什么？

教师的教育素养在很大程度上取决于，教师是否善于在儿童的脑力劳动和体力劳动过程中，在游戏、参观、课外休息时间内观察儿童，以及怎样把观察的结果转变或体现为对儿童施加个别影响的方式和方法。

——(苏)苏霍姆林斯基

第五章 教育观察法

学习目标

知识目标：了解教育观察法的内涵、特点、优缺点及基本分类。
能力目标：掌握教育观察法的实施步骤及注意事项，能够根据研究选题需要，设计并实施教育观察，掌握并能够合理运用教育观察的记录方法。
情感目标：充分理解教育观察法的重要作用，在教育观察中秉持客观原则，全面、准确地进行观察和记录

重点难点

教学重点：掌握教育观察法的基本分类，掌握教育观察法的设计与实施。
教学难点：掌握教育观察的记录方法。

引导案例

小王老师的观察研究

小王老师已经工作六年了，在教育教学的同时，她乐于观察学生的行为表现，始终保持着对教育研究的热情。新学期她接管了三年级的一个班，观察到班级中的一个学生有经常洗手的行为。这时甲肝正流行，该生的行为是适应卫生要求的正常行为，还是属于心理不健康的强迫行为呢？小王老师没有马上得出结论，而是在甲肝流行期过后又进行了一段时间的观察。结果发现在这两段时间中，该名学生每次开关教室门、收交作业本、使用公共用具、与同学手部接触后，都带着紧张的神情去洗手，并且一洗再洗。由此她才确认该生的洗手行为属于强迫行为，并对学生的行为表现进行了具体记录。

(资料来源：本书作者整理编写)

案例分析：小王老师的日常观察让她发现了学生的特殊行为，但是她并没有因为一时的发现马上做结论，而是选择了在不同时间段进行观察记录，得到更为客观的结论。我们

在运用教育观察法之前一定要掌握观察的步骤及注意事项，并选择适合的记录方式，以得到更加客观、全面的事实资料。

第一节 教育观察法的概述

教师课上观察学生听讲、练习、自学等学习行为，以便准确掌握学生学习情况，及时调整教学方式；班主任课下观察班级内学生的行为活动，以便了解和掌握他们思想和学习动态；研究者进行课堂观察并从中搜集资料，对教学行为、教育问题进行研究。可见，日常观察贯穿于教育教学的全过程，教育工作者通过观察获取第一手资料，为教育研究选题的确定提供了前提和基础。有学者称观察法是"科学研究的第一法"。作为教师无论是进行教育教学实践，还是教育科学研究，都必须掌握教育观察法的基础知识，加强观察的目的性和计划性，不断提高观察的科学水平。

一、教育观察法的内涵

观察法是一种具有漫长历史的研究方法。"观"是指看、听等感知行为，"察"是指分析和研究行为。观察是指人们对周围事物的现象和发展过程的认识，这种认识是基于研究者对事物的现象和发展过程的理解，是人类科学认识中的重要实践活动。

观察法分为两种，一种是在日常活动中进行的，通过研究者亲身的感受或体验得到的关于研究对象的感性材料，基本特点是自发性和偶然性，是进行科学观察的基础。另一种是科学观察，是研究者制订观察计划，有目的、有计划地对研究对象的行为、语言等方面进行观察，在得到事实材料的基础上对其进行分析研究，从而得出科学结论的一种研究方法。虽然科学观察与日常观察相比有很多优点，但日常观察同样很重要。教师在教育教学、班级管理、班队活动中始终都要进行观察，积累资料，便于了解学生学习、品德、人际关系等发展现状，从而理解学生、发现问题、改进工作。许多正式研究中的问题和假设，往往也是建立于研究者在日常观察中获得的经验和启示的基础上的。

教育观察法是研究者在自然条件下通过感官或借助于一定的科学仪器，在一定时间和空间内进行有目的、有计划的考察并描述教育现象的方法。教育观察法是教育科学研究中一种最基本、最普遍的方法。在历史发展进程中，常有教育家运用观察法进行研究。18世纪后期瑞士教育家裴斯泰洛齐(Pestalozzi)对农场和孤儿院的儿童展开了多年的观察，编写了《林哈德与葛笃德》等著作。苏联教育家苏霍姆林斯基在长时间对学生的观察中积累了丰富的资料，并基于此撰写了大量著作。案例5-1中的陈鹤琴老师以自己的儿子为观察对象，在长期观察的基础上进行认真记录，留下了翔实的研究资料。这些宝贵著作的问世，都表明教育观察法是教育研究的基本方法，可以帮助教育研究者获得第一手的经验性资料，从而形成系统化的教育理论。

【案例5-1】

陈鹤琴是我国现代著名教育家、儿童心理学家和儿童教育专家，是我国现代幼教的奠基人，被誉为"中国幼教之父"。1920年12月26日凌晨，陈鹤琴长子陈一鸣出生。从一鸣出生的第一声啼哭起，29岁的陈鹤琴就开始了他的宏伟计划：他对一鸣的一举一动、一鞶一笑进行了极为详细的连续观察记录，时间跨度长达 808 天。在这份图文并茂的记录中，他对孩子的身体发育、动作发展、感觉、情绪模仿、暗示感受性、好奇心、惧怕、美感等心理活动以及言语、学习、游戏、绘画等各方面进行了系统研究，从中总结出儿童心理的特点与规律，并最终整理形成《儿童心理之研究》一书。书中对儿童的行为作出了详细的记录，比如，第 226 天的记录是这样的："他祖母时常抱他下楼到外边玩耍，今天祖母抱他下楼时看见楼梯，身子向着楼梯就要下去，他祖母特意转身向房里走，他就哭了；再抱向楼梯他就不哭，后来抱他下楼去，就很开心了。这里可以表示他：①知道方向。②喜欢到外边玩去。③记得从楼梯可以出去。④意志坚强。"

(资料来源：本书作者整理编写)

二、教育观察法的特征

教育观察法是教育研究者有目的、有计划地考察教育现象的一种研究方法，其特征体现在以下几点。

(一)客观性

在进行教育观察过程中，教育研究者通过记录和描述教育现象或过程，获得基本的事实材料，这些是进一步研究教育现象的现实依据，是进行科学研究的基础，教育观察的客观真实性会直接影响观察分析的正确性。在教育观察活动中，客观性是基本特征之一。为保证和提高教育观察的客观性，需要做到以下几点：

(1) 研究者不干预或控制观察对象，在日常的教育教学活动和学习生活中进行观察，可以客观地记录观察对象的真实的、自然的、一般的行为表现；

(2) 研究者在记录教育现象时尽量中立描述而不加以评断，避免个人主观偏见；

(3) 按照周密的计划和安排，使用系统化的工具对观察的结果进行记录和分析，较客观真实地搜集第一手材料。

(二)目的性

目的性是科学观察有别于日常观察的特征之一。只有明确教育观察的目的，才能在纷繁复杂的教育现象中抓住观察研究的重点，进行条理清晰的记录。科学观察活动的目的性主要体现在以下三个方面：

(1) 研究选题具有目的性，研究选题是针对某一教育现象或教育问题提出的，不是凭空而来的；

(2) 观察计划具有目的性，在观察前研究者就制订了详细的观察计划，明确了观察对象、观察内容、观察方法、观察工具等；

(3) 观察记录具有目的性，研究者带着目的进行观察，在观察过程中集中注意于需要记录的现象，有目的、有选择地进行记录，尽量排除无关因素的干扰。

(三)直接性

直接性是指研究者与观察对象直接接触，不需要其他中间环节。这样观察所获得的信息资料，具有真实可靠性。教育观察中研究者通过感官直接进行观察，详细、周密地记录教育事实和教育现象。随着科学技术的发展，人们可以利用现代技术设备辅助观察，如照相机、摄像机等。这些技术设备弥补了人感官的局限性，更加全面、直接、真实地对观察对象的行为进行了记录。以人的感官为主，以技术设备为辅，提高了研究者获得信息的广度和深度，为准确解读教育现象，解决教育问题提供了支持和帮助。

(四)能动性

作为研究方法的教育观察法是按事先制定的提纲和程序进行的，并且它设定了观察的时间和内容。这种观察活动区别于日常观察的随意性，它从大量的教育现象中选择典型对象进行观察，力求全面地把握研究对象的各种属性，并用科学理论去分析、判断和理解观察结果。因此，教育观察是自觉的、有目的的、有选择的、主动的实践过程。这是教育观察的能动性的主要体现。

三、教育观察法的类型

依据不同的分类标准，教育观察法可以划分为不同的类型。研究者要了解不同类型的特点，便于在研究中能根据实际情况选择合适的类型。以下是一些比较常见的教育观察法的分类。

(一)自然观察法和实验观察法

根据教育观察的环境是自然状态还是人工控制状态，可以将教育观察法分为自然观察法和实验观察法。自然观察法是指研究者在自然状态下对研究对象进行观察的方法，不改变或控制观察环境，在事件自然发生过程中进行观察的方法。使用这种观察方法更易发现研究对象自然的行为表现，但无法避免无关因素的干扰。实验观察法是指研究者在人为控制的环境中对研究对象进行观察的方法。这种观察方法对影响研究对象行为的一个或多个因素进行控制，并观察这种控制对行为表现的影响，进而发现这些影响因素与研究对象行为之间的关系。实验观察法控制的是观察环境和影响因素，并不控制研究对象的行为表现，因此研究对象的行为仍然属于自然发生的行为，是客观真实的。

(二)直接观察法和间接观察法

根据观察是否借助仪器，可以将教育观察法分为直接观察法和间接观察法。直接观察法是指观察者通过个人的感官感知描述研究对象的方法。这种观察方法简单易行，但因为人的注意力和观察视野是有限的，难以保证研究对象的行为可以被完整地记录下来。间接观察法是指观察者借助一定的仪器、设备观察研究对象活动的方法。观察工具的使用，如录音机、摄像机等，让观察范围更广，可以对大量的活动进行全面的记录，获得的信息更加准确。

(三)结构式观察法和非结构式观察法

根据观察实施程序和方法是否明确，可以将教育观察法分为结构式观察法和非结构式观察法。结构式观察法是有明确的目标、问题和范围，详细的观察计划、步骤和合理设计的可控性观察，能获得翔实的材料，并能对观察资料进行定量分析和对比研究的方法。结构式观察法是一种比较程序化的观察方法，观察程序标准化、观察内容结构化、观察结果数量化是其主要的特点。但是该方法缺乏弹性，对观察人员的要求比较高。非结构式观察法则是对研究选题的范围、目标持弹性态度，观察项目与观察步骤不事先确定，也无具体记录要求的非控制性观察的方法。非结构式观察法并没有严格的观察计划，也没有结构性的观察表格或提纲，研究者广泛地记录观察对象的行为和事件过程，资料搜集灵活，观察者可以充分发挥主动性、创造性。但由于其获取的材料不系统，较零散，多用于探索性研究。

(四)参与观察法和非参与观察法

根据观察时研究者是否参与观察对象的活动，可以将教育观察法分为参与观察法和非参与观察法。参与观察法是指观察者参与到观察对象的活动之中，通过与观察对象共同进行活动，从内部进行观察的方法。其中观察者有两种参与方式，即完全参与观察和部分参与观察。完全参与观察是指观察者完全置身于观察对象之中，充当他们的一员，参与其中的活动，在不影响对方的行为和思想的前提下对他们进行深入的观察。但是对于研究小学课堂问题的研究者来说，他们的年龄与小学生相差甚远，小学生会对参与课堂的观察者产生好奇，或者将其看成老师，因此小学生很难不受研究者身份的影响。部分参与观察则是观察者部分地介入观察对象，观察者的有些活动和观察对象保持一致，有些活动则独立进行。参与观察法有利于缩短或消除观察者与观察对象之间的心理距离，便于深入了解观察对象，获取翔实的资料，但这种方法也容易受到观察者主观的影响。

非参与观察法是指观察者不参与观察对象的活动，观察者通常置身于观察对象的世界之外，作为旁观者了解事情的发展动态。在条件允许的情况下，观察者可以使用录像机对现场进行录像。在非参与观察中观察对象不易受观察者的影响，观察到的行为表现比较客观。但由于非参与观察法中观察对象没有参与观察对象的活动，而是作为旁观者在观察，对现象的观察容易带有表面性和偶然性，不易深入。比如学校领导不定期地对教师进行课堂观察就属于非参与观察。

(五)定量观察法和定性观察法

根据观察过程中资料搜集的方式，以及所搜集资料本身的属性，可以将教育观察法分为定量观察法和定性观察法。

定量观察法是指研究者通过制定严密规范的结构化观察记录表，对观察对象进行观察，将搜集到的资料以数字化的形式呈现。定量观察法是以结构化的方式搜集资料，其主要借助等级量表、编码体系等工具。定量观察法强调用科学、客观的数据说明问题，定量观察工具可以反复使用，但是使用定量观察法难以细致、全面地描述事物发展过程。

定性观察法是指研究者通过质化的方式进行观察，将观察资料以非数字化的形式呈现。定性观察法以描述的方式记录事实。记录的方式主要包括描述体系、叙述体系、图示记录和工艺学记录。定性观察法具有开放性，观察者能够充分而完整地描述事件发展过程，还能够发现一些未知的事件。但是定性观察法只能针对小样本，无论是观察时搜集资料还是结束时处理资料都比较烦琐与耗时。

值得注意的是，定量观察法和定性观察法的划分并不是绝对的，实际中所采用的教育观察法究竟属于哪一种类型，主要是根据在研究中所采用的方法是以定量观察法为主还是以定性观察法为主来判断。在教育观察研究中，两种观察方法相互补充与证明，研究者往往根据具体的调查内容选择使用。

四、教育观察法的作用及评价

(一)教育观察法的作用

作为一种最基本的科研方法，教育观察法方便易行，可以单独设计使用，也可以配合其他研究方法一起使用，在教育科学研究中起着十分重要的作用。

(1) 教育观察法是获取原始资料的最基本的方法。研究者对某一教育现象及变化过程进行有目的、有计划的观察，从而得到较充实、较客观的事实资料，在此事实资料上进行科学的分析，确定某个教育现象得以发展的条件，并说明所研究的教育现象及过程。著名的意大利儿童教育家蒙台梭利在治疗智障儿童时发现一个有趣的现象，吃饱饭的儿童仍然在地板上乱爬乱抓，仿佛在寻找什么。蒙台梭利为深入研究该现象搜集了大量的第一手材料，探索出活动对于满足儿童本能的意义。

(2) 教育观察法是检验教育科学理论观点是否正确的重要手段。新的教育理论是否具有真理性，是否符合教育规律，是否能够改善教育教学，都需要经过实践的检验。理论验证过程就是指验证实验效果和预期效果是否一致的过程。只有经过验证的结论才是科学的、有价值的。如教师的评价语是否影响学生的学习效果、教师教学风格是否影响学生学习习惯的形成等，对这些问题存在不同的看法，只有经过实验，才能判断该结论是否正确。正如爱因斯坦所说："理论之所以能够成立，其根源就在于它同大量的单个观察关联着，而理论的'真理性'也正在此"。

(3) 教育观察法有助于研究选题的确立和形成。通过教育观察法可发现教育中的新现象、新问题，并拓宽研究者的研究思路，形成新的研究方向和领域。瑞士儿童心理学家皮亚杰(Piaget)在观察儿童测验的正确和错误答案时发现，儿童的智力不仅存在个体间量的差异，而且在个体的发展过程中还可能存在质的差异，这一发现促使他开始研究儿童的思维过程，由此产生了著名的儿童智力结构说。教育工作者在教育教学中也常用观察法作为了解学生学习、思想动态的手段，经过长期对某学生、某教育现象的观察，教师不但积累了丰富的经验，对该主题的认识也愈发深入，研究思路愈发清晰，这样基于实践的研究选题思考更具有生命力和研究价值。

(4) 教育观察法可以作为一种问题改进的重要手段。教育观察法作为一种研究活动的资料搜集方法，其目的是指向观察问题的最终解决。从这个意义上看，教育观察法同时也是一种典型的问题解决的方法。这一点在课堂观察中表现得尤为明显。作为一种传统的课堂观察，评课主要靠经验而缺少依据，导致课堂观察较为随意，听评课活动缺少针对性。未来应该倡导一种基于专业的课堂观察和资料搜集的听评课活动，从而更好解决课堂教学中存在的问题。

拓展 5-1：课堂观察 为何与何为

(二)教育观察法的优点与局限

1. 教育观察法的优点

(1) 使用教育观察法获得的资料可靠性较高。在自然状态下进行教育观察，观察对象的行为比较自然，有利于研究者全面了解事物的真实面貌，可以获得可靠的信息资料。

(2) 教育观察法比较简便易行。教育观察法不需要使用特殊设计的复杂仪器，不需要特殊条件，花费较少。

(3) 教育观察法可以纵贯分析教育现象。教育研究中对观察对象进行较长时间的跟踪观察和反复观察，可以持久地获得观察对象的第一手资料，对行为或事件进行分析，区分偶然事件和平常事件，并进一步深入研究。

2. 教育观察法的局限

教育观察法虽然简单易行，但是会受到人感官能力的限制，加之研究对象是具有复杂性和动态性的人，研究者很难对人的内心世界进行观察，同时无法控制各种偶然因素，从而给教育观察法带来了以下几方面的局限。

(1) 研究过程的客观性有限。一方面教育观察法易受观察者主观意识的影响，不同的人具有不同的意识背景，观察往往会受到观察者的个人意识、价值观念以及感情色彩的影响，对同一事物的观察，往往带有主观性。另一方面由于观察者的介入，观察对象出于保护个人隐私的考虑，不愿意暴露个人的动机或行为，对自己的所作所为刻意隐瞒，观察获得的资料变得不够客观。

(2) 研究的深入程度有限。人的感官能力是有限的，教育观察法只能对研究对象的外部行为表现进行观察记录，无法深入了解研究对象的内部感觉和内在动机等。正如恩格斯所说："单凭观察所得的经验，是决不能充分证明必然性的。""必然性的证明是在人类活动中，在实验中，在劳动中。"教育观察法只能解释"有什么""是什么"的问题，不能回答"为什么"的问题。

(3) 研究样本的范围有限。研究者在有限的感官和仪器下观察的范围不大，样本范围小，教育观察法只适用于小样本的研究，研究结果的代表性和可推广性有限。

(4) 研究结论的可信度有限。教育观察法是在自然条件下进行的，不能完全避免偶然因素的干扰。而且教育观察法的对象是人，人具有复杂的心理状态和动态的行为表现，在时刻变化的教育现象中，运用教育观察法难以对无关因素进行控制，这会降低研究结果的可信度。

第二节　教育观察法的实施

教育现象复杂多变，为了能够利用教育观察法有效搜集相关信息进行研究，需要对教育观察进行程序设计。一次完整的观察，一般应包括以下几个主要阶段：①前期准备阶段，包括确定观察目的、制订观察计划等。②实际观察阶段，观察者进入观察场所，取得观察对象的信赖，进行观察并作记录。③整理分析阶段，整理观察结果，分析资料并撰写观察报告。

教育观察法的实施

一、前期准备阶段

为确保观察的顺利进行,在观察的前期准备阶段研究者必须制订周密的观察计划。观察计划是教育观察的指导性文件,能够确保观察有目的、有计划、有步骤地进行。此外研究者还要做好物质方面的准备。具体说来,前期准备阶段主要包括以下内容。

(一)确定研究选题和观察目的

确定研究选题和观察目的是教育观察的前提,教育观察的各个环节都是以此为中心的,只有明确了"为什么观察",才能确定观察的对象、内容、工具和方法。因此,研究者在教育观察前,必须思考研究选题和观察目的,并将其作为观察的起点和归宿。

(二)制订观察计划

教育观察前期准备阶段的第二步是围绕观察目的和研究内容制订观察计划。观察计划一般包括如下内容。

1. 确定观察对象

研究者在进行观察之前要根据研究问题和观察目的确定观察对象的总体,并在总体中进行有效抽样,选择重点观察对象,使样本具有代表性。

2. 确定观察内容

观察内容涉及的是"观察什么"的问题。为了有效搜集资料,研究者需要根据研究的问题使观察内容具体化,即将观察的内容分为不同的维度,在每个维度中进一步划分观察项目,对观察项目进行操作性定义,使观察者能够有的放矢地进行观察记录。案例5-2是华东师范大学崔允漷团队的研究成果,他们将课堂分解为学生学习、教师教学、课程性质、课堂文化4个维度,每个维度由5个视角构成,每个视角由3~5个观察点组成,为我们更好地进行课堂观察、确定研究选题、明确观察任务提供了一张清晰的认知地图和一个实用的研究框架。

在确定观察内容时需要注意以下几个问题。①具体的观察项目可以在研究对象的外部表现行为中体现,如师生之间的提问与应答、教师的手势语、教学手段等。②观察行为可记录、可解释,如"探究精神是怎样培养的"和"探究能力是怎样培养的"两个观察点,相比较而言,后者更具有可观察性、可记录性,其可操作性更强。

【案例5-2】

表5-1 课堂的4个维度、20个视角、13个观察点举例

维度	视角	观察点举例
学生学习	(1)准备 (2)倾听 (3)互动 (4)自主 (5)达成	以"达成"视角为例,有3个观察点: ●学生清楚这节课的学习目标吗 ●预设目标的达成有什么评判标准(观点/作业/表情/演示)? 有多少人达成 ●这堂课达成了什么目标? 效果如何

续表

要素	视角	观察点举例
教师教学	(1)环节 (2)显示 (3)对话 (4)指导 (5)机智	以"环节"视角为例，有3个观察点： ● 由哪些环节构成？是否围绕教学目标展开 ● 这些环节是否面向全体学生 ● 不同环节/行为/内容的时间是怎么分配的
课程性质	(1)目标 (2)内容 (3)实施 (4)评价 (5)资源	以"内容"视角为例，有4个观察点： ● 教材内容是如何安排的(增/删/合/立/换)？是否合理 ● 课堂中讲了哪些内容？怎样处理 ● 内容是否凸显了本学科的特点、思想、核心技能以及逻辑关系 ● 授课内容范围是否适合该班学生？如何满足不同学生的需求
课堂文化	(1)思考 (2)民主 (3)创新 (4)关爱 (5)特质	以"民主"视角为例，有3个观察点： ● 课堂话语(数量/时间/对象/措辞/插话)是怎么样的 ● 学生参与课堂教学活动的人数、时间怎样？课堂气氛怎样 ● 师生行为(情境设置/叫答机会/座位安排)如何？学生间的关系如何

(资料来源：崔允漷. 论指向教学改进的课堂观察LICC模式[J]. 教育测量与评价(理论版). 2010(3): 4-8)

3. 确定观察方法

观察方法解决的是"如何观察"的问题。正如前文内容所述，教育观察法的种类繁多，各有利弊，研究者选择哪个类型的观察法要根据具体的观察内容和客观条件而定。例如，如果一名学过一定理论的实习班主任想研究一下班集体的形成过程，就需要观察学生参与集体活动时的行为表现及相关事件，那么他可以选择结构式、直接、参与观察法。结构式观察法要求事先对要观察的内容作比较全面的思考和设计；而直接观察法不需要更多专用设备，操作起来比较容易。他有实习班主任的身份，能与学生建立起和谐的关系并参与班集体的活动，这又是他可以采用参与观察法的有利条件。

4. 确定观察时间

观察时间的安排包括两个方面。①观察活动整体的时间安排，如进行多长时间的观察活动、观察项目的顺序、观察的次数、间隔时间。②观察过程中的时间安排，如果采用的是时间取样法，观察时间应根据各方面的活动而定；如果采用的是事件取样法，观察时间应根据事件、活动的持续时间而定。其中观察活动整体的时间安排更为重要，因为这关乎观察是否全面，观察活动是否有条理。

5. 选择观察工具

观察工具是观察者记录观察现象、实现观察目的时所用的工具，通常包括观察记录表和录音机、摄像机等。观察记录表一般有两种。①他人开发的、已经得到广泛使用的、比较成熟的表。②根据具体的研究内容需要，由研究者自行设计或制作的观察表。观察记录表的设计应满足科学、简明、结构化的要求，使研究者能够快速、准确地记录资料。有关观察记录表的内容详见本章第三节。在观察中使用录音机、录像机等能够完整地保存资料，有利于研究者反复观看和研究，借助仪器设备的观察，需要提前对仪器进行检查、安装。

(三)培训观察人员

未经训练的观察人员有可能在观察、记录的过程中产生偏差。产生偏差的原因有以下三个。①观察者的期望。选择性地看见并记录符合研究意愿的资料。②观察者的主观偏见。其个人观念、价值体系等可能会影响他们看到的东西。③对技术不熟练、记录不熟悉。因此有必要在开始观察之前，对观察人员进行挑选、培训，提高观察人员的科研道德修养，帮助观察人员树立客观、认真、负责的科学研究态度，培训观察人员准确理解研究目的，熟悉使用的观察方法，掌握设备的使用技术，学会快速、准确地记录观察结果等。

二、教育观察的实施

准备工作完成后，就开始进行教育观察。为了使观察研究顺利进行、提高观察的准确性，观察者在观察时应注意以下事项。

(一)选择最佳的观察位置

观察者获准进入观察场所后，应选择最佳的观察位置，以保证较好的观察角度，使观察对象处在最佳的视野之中，并注意与观察对象保持合适的距离，尽量不影响观察对象的常态表现。

(二)与观察对象建立良好的关系

教育观察法通过记录观察对象的行为表现来搜集资料并进行研究，因此观察对象的自然行为表现至关重要，但观察者介入教育情境，在一定程度上会使观察对象产生紧张情绪，又或者会刺激其表现欲，做出与以往不同的行为，影响观察材料的真实性。为避免出现这样的情况，当进行外部观察时，要尽量不让观察对象知道；如果是内部观察，观察者要真诚地向观察对象解释观察研究的目的，并且保证不会做出对观察对象不利的事情，或者安排观察预备期，让观察对象提前适应观察者的参与，减少陌生感，与观察对象建立良好的关系，从而有利于保持观察对象的正常状态，使观察者搜集到真实的材料。

(三)抓住引起各种现象的原因

每一种现象的出现，都有其产生的原因，观察者要一边观察一边思考，在记录基本事实的同时，对现象进行一定的原因分析，可以言简意赅地记录下个人的思考和意见，并注意与观察记录区分。随时记录的思考对后期整理分析资料会有一定的帮助。

(四)坚持观察的目的性和计划性

观察者应有条不紊地按照计划实施观察，随意变更观察重点、超出既定的研究范围，会远离观察目的，最终无法完成研究任务。如果原定计划确实不妥，或观察现象有所变更，则应按计划中的应变措施或实际的变化情况随机应变，但目的只有一个，即力求妥善地完成原定任务，尽可能取得最好的成果。

(五)坚持观察的客观性

教育科学研究最基本的要求是客观真实，观察者的立场应该是中立的。如果观察者带着个人的感情色彩去观察，就很难看到事物的本来面目，也就失去了观察应有的价值。前期的培训可使观察者知道客观、认真的观察态度的重要性，在观察过程中观察者也要时常提醒自己，摒弃先入为主的观念，不戴有色眼镜去不断观察，不断思考记录的语言、观察的角度、观察的态度是否符合伦理道德的标准，坚持实事求是地观察。

(六)做好观察记录

观察者在观察过程中要随时做好观察记录，记录要准确、完整、有序，不要依赖记忆。为全面地记录事实，观察者有时可以使用速记法或录音机、录像机等记录完整内容，再根据需要详细记录和整理所需要的内容。

三、教育观察的总结

(一)分析记录资料

教育观察活动结束后，需要对搜集的资料进行整理和分析，主要包括以下几方面的内容。①检查资料是否完整，对缺漏的部分进行补充，适当延长观察时间或增加观察次数，直到材料齐全为止。②对资料进行分类和登记，笔录资料要分类存放，录音、录像等要做好标签，以免事后因记忆模糊而造成资料混乱。③详细分析资料内容，对资料进行量化处理，并进行定量分析或定性分析。

在整理和分析观察资料时，要注意以下几个问题。①要检查观察资料是不是严格遵循科学方法的程序而获得的，保证观察资料的客观真实性。②如果资料是用多种方法搜集的，需要把通过观察获得的资料与用其他方法获得的资料进行比较，发现问题后及时核实。③当观察资料是由不同小组搜集时，可以将资料进行比较。④对于较重要的问题应保持较长时间的观察，避免偶发性因素的影响，这样搜集的资料会更可靠。

(二)撰写观察报告

观察报告是对教育观察结果的书面呈现。观察报告不仅要体现观察的过程，还要写清楚观察过程中产生的现象，以及对观察资料的分析结果和结论，最后还应该从中总结出经验和教训。因此，观察报告的内容要详细，能为其他的研究者提供丰富的资料。观察报告的基本结构包括题目、前言、主体和结尾等。教育研究的成果表述具体内容详见第十章。

【知识链接5-1】

任何一种教育现象，都有丰富的内涵，而每一项对教育现象的研究都是从某个方面去进行观察和思考，寻找某种解决问题的办法和规律性认识。有研究经历的教师都有体会，没有具体研究目标的观察(如一般的听课)也能积累丰富的材料，但是这种浏览式的观察对于特定的论文写作来说用处不大。道理很简单，因为只有针对研究选题进行观察，才有可能搜集到足够的符合选题需要的材料。

没有一个相对集中的观察目标，观察范围过大过宽泛，研究者就不可能集中注意力去记录有关的教育教学现象。以一堂课的观察为例，一般学校的教研活动往往要求听课教师作比较全面的观察，并且从整体课程设计、重点难点讲解到语言教态角度，对执教教师的优劣得失作出评价，有时候还要进行分项评分。于是听课教师的观察和记录也相应地比较全面，虽然各人观察的侧重点会有所不同，但基本上是一种整体、格式化的观察和记录方式。这种全面的观察方式可能有助于对执教教师的教学状态进行考察评价，但是对于一项专题研究(如培养学生的质疑能力、教师提问的艺术、师生互动的有效性研究等)，这样的观察方式显然是不合适的。对于一项专题研究来说，即使是研究如何全面评价教师的业务水平，具体到一个观察者、一堂课，也需要有一个相对集中的观察目标。

(资料来源：张肇丰. 从实践到文本：中小学教师科研写作方法导论[M]. 上海：华东师范大学出版社，2011.)

第三节　教育观察法的记录

研究者通过教育观察获得的信息，包括观察对象的言语行为、教育现象的事实描述、研究者个人的意见等都需要客观地记录下来。从某种意义上说，教育观察方法实际上就是记录信息的方法。总的来说，教育观察记录方式可分为定性和定量两种。定量的记录方式是预先对所要观察的要素进行解构、分类，然后对在特定时间段内出现的类目中的行为进行记录，包括编码体系、记号体系和等级量表等记录方式。定性的记录方式是以非数字的形式呈现观察内容，包括描述体系、叙述体系、图示记录、工艺学记录等记录方式。

一、定量观察中常用的记录方式

定量观察是指研究者制作严密规范的结构化观察记录表，对观察对象进行观察，将搜集到的资料以数字化的形式呈现。在进行观察前研究者要准备结构化量表，确定要观察的行为或事件、观察的对象以及观察的时间。定量观察通过搜集客观的数据说明问题，常用的记录方式有以下几种。

(一)编码体系

编码体系是研究者在进行教育观察时常用的一种观察工具。编码体系需要确定观察的现象或行为，然后对准备观察的具体项目进行编码。编码体系通常采取时间取样法，观察者在指定的一段时间内对现象或行为进行观察，并记录行为对应的编码。根据不同的研究目的和条件，研究者可以设计出各种不同的、适合项目研究需要的观察编码体系。编码体系一般可以分为数字型代码系统和符号型代码系统两大类。

数字型代码系统是用不同的数字代表各观察单位，观察单位可以是观察对象的行为，也可以是各种环境类别。数字型代码系统的优点是数据整理花费时间少，适合用计算机进行处理；缺点在于观察者需要熟练掌握数字代码所代表的各观察单位的内涵，当观察行为出现时可以及时进行记录，以防遗漏信息。

最著名的编码体系是弗兰德斯互动分析系统,它属于典型的数字型代码系统。该系统记录的是师生的言语互动行为,由教师语言、学生语言和无效语言3部分组成,共有10个分类,每个分类行为都由一个数字代码来表示。1~7记录教师对学生说话的情况,8~9记录学生对教师说话的情况,在课堂上除了师生对话,还存在第10个类别,即课堂上出现的沉寂现象(见表5-2)。

表5-2 弗兰德斯互动分析系统(FIAC)

分类		编码	内容
教师说话	间接影响	1	接纳学生的感受(接受感情)
		2	表扬或鼓励
		3	接受或使用学生的观点
		4	提问
	直接影响	5	讲解
		6	给予指导或指令
		7	批评或维护权威性
学生说话		8	学生被动说话
		9	学生主动说话
无效语言		10	沉默

弗兰德斯对10个分类进行了具体描述,如编码2"表扬或鼓励"是指表扬或鼓励学生的行为,也包括点头或说"嗯嗯""继续"。编码8"学生被动说话"是指学生应答教师而说话,教师主动联系或引发学生陈述。弗兰德斯互动分类系统中的10种行为基本涵盖了课堂上师生言语互动的情况,简单易懂,便于记录。在运用弗兰德斯互动分类系统进行观察前,需要对观察者进行培训,使观察者充分理解各类言语互动行为,并熟记各类行为的编码,以在观察中能快速、准确地将课堂言语行为与编码进行匹配。如在课堂教学中,教师对回答问题的学生说:"你对这句古诗的理解非常正确,谢谢,请坐。"对于这一行为,观察者应知道对应的是编码2"表扬或鼓励",并进行记录。

弗兰德斯互动分类系统主要采用时间抽样的方法,在指定的一段时间内,每隔3秒钟观察者根据10种具体分类将最能描述教师和学生语言行为种类的相应编码,记在数据表中(见表5-3)。表中横向的"1~20"代表的是一分钟内记录1~20个行为编码,纵向表示一段15分钟内的连续观察。按每节课40分钟计算,一节课就需要记录800个行为编码,这些数字代表课堂上按时间顺序发生的一系列行为,研究者可以通过对这些编码的分析,对课堂中的教学结构、行为模式、互动质量等做出评价。弗兰德斯互动分析系统也有许多不足,一些非语言方面的信息被遗漏,而且一些分类过于笼统。比如"10"代表的是沉默,但仅通过统计"10"出现频率来判断课堂师生语言互动情况并不一定准确,因为在教师播放课程相关视频的时候,学生一般是保持沉默的。该系统比较适合观察在教师领导下进行的群体讨论,即一种比较常规的课堂教学。如果一节课加入了一些非常规的内容(如放录像),就比较难以在记录中体现。但不论怎样,弗兰德斯互动分析系统确实是一个简单而且典型的编码体系,使用起来并不复杂,通过该编码体系能够较充分地搜集课堂师生言语互动信息,可以在整理分析的基础上对教师特定教学行为提出建议。

表 5-3　弗兰德斯的师生言语互动数据表

	1	2	3	4	5	6	7	8	9	10	11	12	13	14	15	16	17	18	19	20
1																				
2																				
3																				
4																				
5																				
6																				
7																				
8																				
9																				
10																				
11																				
12																				
13																				
14																				
15																				

符号型代码系统是用一定符号分别代表各观察单位。符号可以是抽象的，也可以是形象的。比如为了观察、记录观察者对象的面部表情，观察者用图形"——"代表两眉平行(愉快情绪)；"—⌒"代表一眉飞扬(愉快情绪)；"⌒⌒"代表两眉均飞扬(愉快情绪)；"⌣⌣"代表双眉缩起(不愉快情绪)等。符号型代码系统的优点是生动形象，便于记忆；缺点是需要花费较多的时间整理记录，不能直接输入计算机进行统计分析。

(二)记号体系

记号体系又称项目清单，是指预先列出一些需要观察并且有可能发生的行为。观察者在每一种要观察的事件或行为发生时做个记号，其作用就是核查所要观察的行为是否发生。记号体系与编码体系都是运用定量的办法记录事实信息。但与编码体系不同的是，记号体系只记录特定时间内发生了多少种需要观察的行为，而编码体系则要记下单位时间内发生的每一个需要观察的行为。记号体系通过对要观察行为的频率记数让观察者体会到每一个时间段内课堂活动或学生表现的特点。在运用记号体系前需要拟定观察的现象或行为，而且观察行为的操作性定义也应该是清晰、互不交叉的。

设计记号体系观察表格时可以按照现象(行为)与时间两个维度进行设计。如表 5-4 是对一名学生课堂行为的记录，纵向维度表示的是拟观察的学生的各类学习行为，横向维度表示观察的时间。这个表格观察的单位时间是 1 分钟，观察者对学生的主要学习行为一共进行了 15 分钟的记录，每隔 1 分钟在表格里标记学生的行为。通过 15 分钟的行为记录，可以直观地看到学生各类学习行为的频次分布，进而总结该学生的学习行为特点。

表 5-4　记号体系：对一名学生每分钟具体活动的观察

	1	2	3	4	5	6	7	8	9	10	11	12	13	14	15
学习准备	✓														
无关活动								✓	✓	✓	✓	✓	✓	✓	
听	✓		✓		✓										
发言				✓											
阅读		✓													
思考					✓										
做练习						✓	✓								
写			✓											✓	
观察					✓										

注：无关活动指走神、打瞌睡、捣乱等。

还有一种比较简单的记号体系，只列出需要观察的现象与行为，现象与行为出现就必须在表格中做个标记，如表 5-5 所示。

表 5-5　课堂教学行为观察表(节选)

教师行为	观察到符合要求的行为时打钩
上课期间与学生保持眼神的交流	
每一个学习步骤完成后，给学生一些时间进行练习	
给学生时间自由活动	
给学生思考的时间	
问许多问题	
把学生创造的成果归功于学生	
把学生的成功归因于他们自身的努力	
不讲题外话或模棱两可的话	
直呼学生的姓名	
检查学生是否了解学习内容	
在学习任务的表述中充满热情	
制止学生讲粗话	

　　记号体系明确规定了需要观察的现象或行为，对现象或行为的记录也比较简单，运用较为方便。记号体系对数据的统计和分析也比较简便，数据直接明了，观察者结合自身的经验，比较容易从数据中发现问题。但记号体系记录的现象或行为是有限的，尤其对于刚接触记号体系方法的观察者来说，经验比较少，观察的事件不宜过多。记号体系只记录行为是否发生，搜集到的资料不能提供具体的人际互动及事件的本质，观察者通过数据无法了解事件的实际情况，可能会对某些研究的深入开展产生影响。

(三)等级量表

等级量表也称为评价观察法，指观察者根据预定标准，不仅要观察行为，同时要对观察的行为全面客观地给予评定，评为相应等级并进行记录的方法。等级量表搜集的信息虽然也是数字形式，但与编码体系、记号体系不同的是，它不是按时间记录现象或行为发生的频率，它关注每一行为项目是否出现，而且要评价行为符合各项目的程度，记录观察者的评价信息，具有高度的推论性。等级量表是课堂研究中经常使用的一种观察工具，比如学校对教师课堂教学质量进行等级评估、教师给学生思想表现的评价等。等级量表的记录方式可以是等级(优、良、中、差)、字母(A、B、C、D)、数字(1、2、3、4)，也可以是用词语进行描述(完全达到、基本达到、不合格)。表5-6是课堂观察中对教师教学情况的评定量表。

表 5-6　教师教学情况评定量表

姓名_____　性别_____　年龄_____　任教班级_____

评定内容	评定等级				
	1	2	3	4	5
能较好地组织学生学习					
对学生态度和蔼					
注意学生的需求和问题					
对学生表扬和鼓励					
对工作表现出喜爱与热情					
认真备课					
安排班级活动具有灵活性					
允许学生根据自己的特点选择学习方法					

等级量表记录简单，使用范围广，便捷、省时。但其最大的问题是主观性较强，观察者在对观察对象的行为进行等级评定时难免受到个人偏好的影响，出现"仁者见仁，智者见智"的现象，不同的观察者对同一教学现象或行为给予的等级可能是不同的，其可靠性常受到怀疑。为提高等级量表的可靠性，首先量表上每个等级的属性要有明确的操作性定义。其次是防止研究者的主观偏见，一般应组织数人共同观察，几人共同进行评定等级。

编码体系、记号体系、等级量表，这3种记录方法的特征和区别详见表5-7所示。

表 5-7　等级量表、编码体系和记号体系的区别

等级量表	编码体系	记号体系
1.预先设置行为事件的观察类目。记录等级时要进行主观判断	1.预先设置行为事件的观察类目。特定时间内发生的分类中任何行为都予以记录	1.预先设置行为事件的观察类目。记录特定时间内发生的分类中的行为的种类，重复的不予记录

续表

等级量表	编码体系	记号体系
2.通常在一段观察结束后使用，对先前的观察进行总结。使用时观察者不一定在观察现场	2.通常在事件进行的同时做记录，可与录音录像设备一起使用	2.通常在事件进行的同时做记录，可与录音、录像设备一起使用
3.要求对总体情况做出较多的价值判断	3.行为的单位比较小，要求做出较少的价值判断	3.行为的单位较小，要求做出较少的价值判断
4.事件抽样(时间与记录的关系不大，但应注意观察与评价之间的时间间隔不宜过长，否则会产生信息遗失)	4.以时间抽样为主	4.可以是时间抽样也可以是事件抽样

二、定性观察中常用的记录方式

定性观察要求对事件和行为进行详尽而真实的描述，以非数字的形式呈现观察内容，并在观察后进行必要的、追溯性的补充和完善。定性观察中常用的记录方式有以下几种。

(一)描述体系

描述体系其实是一种中间过渡类型的记录方式，它继承了定量观察记录方式的特点，但是又属于定性的记录方式。它是在一定分类框架下对观察目标进行除数字之外的各种形式的描述。例如，用文字、个人化的速记符号、录音、录像等对观察对象的口头语言进行记录等。描述体系往往抽取较大的事件片段，从多方面、多角度对行为进行记录，在具体的情境和条件下考虑行为的意义。描述体系也可以说是一种准结构的定性课堂观察的记录方式。如表5-8对教学技能的观察就使用了描述体系，表格左列是根据观察目标预先设置的观察内容，右列是观察者具体的观察记录。

表5-8 讨论式教学技能的观察

选择讨论的内容	讨论题目是教师给的，不是学生提出的，忽视了学生的兴趣和需要
合理分组	4人同座和前后座一组，分组不科学，忽略了学生的差异和讨论的方式
讨论形式	只围绕一个讨论主题，限制了学生的思维
交流反馈	提问3个学生，各有一个答案，未明确是否代表小组，课堂教学失控
概括总结	只有教师总结，限制了学生的思维能力

描述体系还可以用于研究者进入研究场所的初期，研究者可以依照这样几个一般性的问题来观察描述一个社会场所。

空间：物理位置或场所。

时间：观察的时间及事件发展的时间顺序。

环境：现场呈现的物质环境。

行动者：介入的人们。

事件、活动：人们所做的系列相关行动。

行动：人们所做的单一行动。

目标：人们正在完成的事情。

感情：观察者的感受和观察对象所表达的情绪。

(二)叙述体系

叙述体系没有预先设置的分类，直接对观察到的事件和行为进行真实详细的文字记录，同时加入观察者的主观评价，属于开放体系。美国著名的教育心理学家威特罗克(Wittrock)认为，叙述体系主要包含4种记录方式：日记/流水账、轶事记录/重要事件记录、样本描述、田野笔记(field notes，也叫实地笔记)。

1. 日记/流水账

日记用于对某一个体的各方面或某些方面进行长期记录，以了解个体行为态度的变化过程及原因。日记可以分为综合日记和主题日记。综合日记主要是如实地记录观察对象各个方面的行为表现，而主题日记则侧重记录观察对象某个或某几方面的行为表现，如认知、语言等。

日记法是一种传统的观察方法，国内外有很多教育家和心理学家都采用日记法研究幼儿的心理与行为发展。最早使用的是瑞士教育家裴斯泰洛齐，他对他的儿子进行了三年的跟踪研究，用日记记录儿子身心发展的过程并进行了分析，于1774年出版《一个父亲的日记》。我国幼儿教育家陈鹤琴以自己孩子为观察对象研究儿童的一般发展，他运用的也是此方法。用日记法在日常生活中边观察边记录下来的材料比较翔实可靠。但日记法往往只针对个体进行观察，缺乏代表性，而且需要进行较长时间的观察，比较费时、费力。

2. 轶事记录/重要事件记录

轶事记录是一种着重记录某种有价值的行为或者独特事件的观察记录方式。与日记不同的是，它并不需要连续记录个体的行为及其发展，而是要着重记录有研究价值的事件或信息，可以是观察对象的典型行为表现，也可以是关于观察对象身心发展某一方面的行为或事件。轶事记录强调在真实的活动场域中对观察对象进行全方位的观察，试图自然真实地揭示观察对象行为的方式、意义、价值和动机。做好轶事记录要注意以下几点。①要将行为或事件发生的过程准确、完整地记录下来，不仅要记录观察对象的行为、言语，还要记录行为发生的背景。②记录要客观、真实，记录者要避免主观偏见，要将观察到的事实与自己的推论区分开。轶事记录通常只能针对小样本，研究结论的广泛推论性不强，需要花费研究者较长的时间。

轶事记录可以是对整个事件进行观察和记录，也可以是设定好观察目标、框架或纲要，做一个简单的轶事记录，表5-9就是一个简单的师生互动轶事记录表。

表 5-9　师生互动轶事记录表

观察者：卡伦·苏珊·里奇

观察日期：12月2日10:30

观察时长：约35分钟

教师：梅诺蒂夫人

学生：乔伊

年级水平/科目：二年级

观察目标：梅夫人怎样与单个学生进行交流

注意：尽可能全面、准确地描述个人行为或事件。可以直接描述或引用原话，尽量避免做出主观判断

时间	学生(乔伊)	教师(梅诺蒂夫人)
10:30	乔伊说："梅夫人，我找不到我的书了，我想看看它在不在图书角里。" 乔伊大声地向梅夫人说："是的。" 乔伊也对着梅夫人微笑并小声说："好。" 乔伊静悄悄地走向梅夫人摇椅后的图书角，开始寻找	梅夫人冲乔伊笑笑，并做出了个"嘘"的手势，"是在图书角吗？" "好的，你可以去找，乔伊。但请不要打扰其他人。"

3. 样本描述

样本描述用于在一段特定的、有代表性的时间内按顺序对发生的行为进行详尽的记录。比如记录某班每天上午10~11点的情况，或者学校的一日生活，或者班主任的一周工作。这种持续一天或一周的记录有助于形成个案研究的材料。随着资料的不断积累，从这样的样本记录中就可能总结出行为的模式和意义。

4. 田野笔记

田野笔记是来自人类学学科的研究方法，主要是用书面语言的形式记录观察者在观察某个较大主题的过程中所看到、听到、经验到和想到的信息，也称作实地笔记。田野笔记是定性课堂观察最基本的记录方式。田野笔记不但要求观察者记录在现场观察到的人、行为、事件过程和对话，还要求观察者记录个人的主观想法、推断、情感等，并对行为背后的意义进行解释。田野笔记内容主要包括两类：一是事实的描述，记录观察者听到、看到的事实过程，用引号标示出观察对象说的原话；二是观察者个人对观察内容的感受和解释，体现的是观察者的个人思考。客观的描述和主观的印象或评价要清楚地区别开来，便于后期的资料分析。具体形式见表5-10。

表 5-10　实地观察记录(一)

时间	观察到的事件	观察者的解释和疑问
10:10	教师阅读课文，眼睛始终盯着课本，没有看学生一眼	教师似乎对课本内容不太熟悉
10:20	教师问了一个课本上有答案的问题(问题略)，学生用课本上的答案齐声回答	教师似乎不鼓励学生用自己的语言回答问题

续表

时间	观察到的事件	观察者的解释和疑问
10:30	教师问问题的时候,用自己的手示意学生举手发言。左边第一排的一位男生没有举手就发出了声音,教师用责备的眼光看了他一眼,他赶紧举起了左手。所有学生举手都用左手,将手肘放在桌子上	教师似乎对课堂纪律管理得很严;绝大多数学生对课堂规则都比较熟悉
10:40	教师自己范读课文,学生眼睛盯着书本,静听教师范读	教师为什么不让学生自己先读呢是否可以要一位学生来范读

【案例5-3】

美国学者叙兹曼和斯特劳斯提出了更细致的现场记录格式。他们将现场观察笔录分成了4个部分。①实地笔记,记录观察者看到和听到的事实性内容。②个人笔记,记录观察者个人观察时的感受和想法。③方法笔记,记录观察者使用的具体方法及其作用。④理论笔记,记录观察者对观察资料进行的初步的理论分析。具体形式如表5-11所示。

表5-11 实地观察记录(二)

实地笔记	个人笔记	方法笔记	理论笔记
12:00——食堂里大约有300人,10个窗口前队伍平均有4米长	我感觉很拥挤	这个数字是我的估计,不一定准确	中午12点似乎是学生就餐的高峰期
12:05——卖馅饼的窗口前排了一个足有两米长的队,而且排队的大部分(大约四分之三)是男生	我想是不是今天的馅饼特别好吃?是不是男生特别喜欢吃馅饼	我站在离卖馅饼的窗口有5米远的地方,看不清楚馅饼的质量,不知道这些人买馅饼是不是因为馅饼好吃	也许买某一样食物的人数与该实物的质量之间有正相关关系
12:10——食堂里有5对男女坐在一起吃饭,两个人坐得很靠近,都是男的坐在女的左手边	也许他们是恋人	我只是根据他们坐在一起的亲密样子判断他们是恋人,这个猜想需要进一步检验	也许在食堂里就餐时,男生习惯于坐在女生的左手边
12:20——一位女生将一勺菜送到旁边男生的嘴边,望着对方的眼睛说:"想不想吃这个菜"	为什么这些"恋人"在公共食堂里如此"放肆"?我对此有反感	我现在与他们坐在同一张桌子上,可以听到他们的对话	似乎女生喜欢主动向男生"献殷勤",这一点与我平时的印象不一样,需要进一步观察和检验

在日常教学中,教师在课堂教学观摩中常运用田野笔记进行课堂观察实录,学习别人的长处,吸取经验教训,有助于提高教师组织教学、实施教学、管理教学、处理突发事件等能力。在课堂观察中田野笔记可以采用表格形式进行记录,也可以采用纯文字直接叙述,而此时事件具体描述与解释不一定是严格分开的,常常交织在一起。

田野笔记在对事实进行描述时要尽可能详细具体,避免使用抽象、笼统和有偏见的文字,如表5-12所示。

表 5-12 含混记录与具体记录比较

含混记录	具体记录
男孩在陌生人面前很不安	在这些陌生人面前，男孩显得很不安，他一直变换双脚的姿势，结结巴巴地说话，他的声音低得很难听到，还一直摸着左臂上的伤疤；当陌生人开始走出屋子时，他跑到屋后不见了
那孩子很生气，因为邻居的孩子们不肯和他玩	那孩子告诉我他很生气，因为邻居的孩子们不肯和他一起玩，他说他曾带着他的弓与箭到明华(邻居)的家，但成生和章翔(邻居的孩子)把他赶出去了，还辱骂他

通过对上面表格中含混记录和具体记录的比较，我们发现只记录"不安"和"生气"两个词是远远不够的，"不安"的表现、"生气"的原因如果丢失，这两个词就没有多少意义了，无助于了解事件发生的原因和表现。再如，在进行课堂观察时，观察者记录的"课堂气氛活跃"就过于概括，如果换作"教师问题刚提出，全班有 2/3 以上的同学举起了手"这样的记录，就有效记录了课堂的学习氛围。因此田野笔记的记录不能止步于形容词的堆砌，要尽可能描述详细，要对当时的情景、观察对象的外显行为进行准确记录。

长期的田野笔记能够记录观察对象连续而真实的"画面"，为研究提供第一手资料，即使时隔很久，也能够根据详细的记录使观察者回忆起当时的细节。因此，教师如果能够坚持记录田野笔记，就会有助于解决教育问题、探索教育规律。由于观察者本身即是观察工具，因此观察结果受观察者个人素质的影响较大，作为观察者需要提高个人的理论素养、理解水平及文字水平等。

需要注意的是，把叙述体系划分为以上类别的目的在于帮助我们清晰地了解叙述体系适合于记录哪些情况，在具体观察中，应当根据研究的需要综合地加以运用，不进行机械区别。综上所述，叙述体系的记录方式有很多优点，可以丰富地描述观察的背景、事件发生的顺序、事先未预测到的新情况，使资料更加生动、完整，这些都是定量观察无法实现的。正是因为叙述体系记录的内容丰富与完整，使观察后对资料处理的工作量较大，费时又费力。

拓展 5-2：上海市第三女子中学课堂观察田野笔记

(三)图示记录

图示记录是指用位置图、环境图等形式直接呈现相关信息，是定性观察中一种直观的记录方式，比如教室布置图、教师提问记录图等形式。当观察者进入教室现场进行定性观察时，在使用文字描述教室环境的同时，可以用图示对教室环境进行记录，使描述更加清楚明了，如图 5-1 所示。

图示记录也可作为定量观察的辅助手段。如在教师针对个体学生的提问进行观察时，可以画出回答问题的学生的位置，这样可以考察教师在提问时对学生的位置有没有较为固定的倾向，也可以结合回答问题的学生的背景情况来考察教师在提问时对与学生本身的特点有无相关等问题，如图 5-2 所示。图中每个方框代表一个学生，方框里的字母"V"表示学生是自愿回答问题的，字母"A"则表示学生是被要求回答问题的。观察者对学生回答问题的具体情况进行记录,将问题序号及代表问题回答方式的字母写进代表该同学的方框内。如第2排第3列的学生回答了两个问题,其中第2个问题是被要求回答,第4个问题是自愿回答。空白的方框说明这些学生在这节课上没有回答过一个问题。从该图中可以发现这节课教师一共提了10个问题,其中5个是教师要求学生回答,5个是学生自愿回答,而且回答问题的学生多集中于班级座位的中间部位。

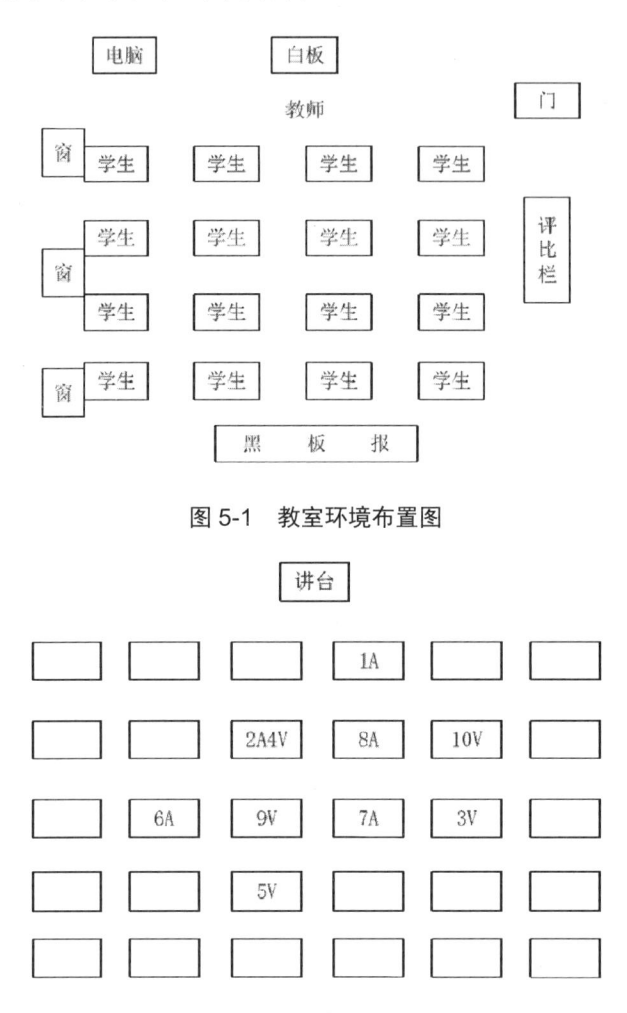

图 5-1　教室环境布置图

图 5-2　教师提问记录图

(四)工艺学记录

工艺学记录是指使用录音、录像、照片等形式对所需研究的行为或事件做现场的永久性记录。这种方式便于研究者在反复地观看、分析后更深入、更细致地研究微观的问题,还能够作为检验其他记录方式可靠性的依据。但工艺学记录方式的使用可能会对观察对象产生干扰,影响其行为的自然表现,且记录资料丰富,从中找到有价值的信息比较费时。为克服其不足,观察者应掌握一些进入现场并取得信任的技巧,保证记录的可靠性。另外,观察者要掌握设备的操作技术,有效进行录制。工艺学记录与图示记录一样,往往是作为辅助手段使用的,这两种记录方式所产生的信息,既可以转化为量化资料,也可以转化为质化资料。

以上分析了定量观察和定性观察中使用的一些记录方式,每一种方式都各有优势,也存在局限,有各自的适用范围。教育现象是复杂的,单用一种记录方式很难展现出教育现象的全貌,达到研究目的。我们要用最合适的方式记录研究现象,综合使用多种方法,提供全方位的研究资料,反映教育的真实面貌,从而揭示教育的本质,有效指导教育实践。

本章小结

教育观察属于科学观察。教育观察法具有客观性、目的性、直接性、能动性的特征。教育观察法可以划分为自然观察法和实验观察法、直接观察法和间接观察法、结构式观察法和非结构式观察法、参与观察法和非参与观察法、定量观察法和定性观察法等不同类型。一次完整的观察,一般应包括以下几个主要阶段。一是前期准备阶段,包括确定观察目的、制订观察计划、培训观察人员。二是实际观察阶段,是观察者搜集资料的重要阶段,观察者需要选择最佳的观察位置,与观察对象建立良好的关系,抓住引起各种现象的原因,坚持观察的目的性、计划性及客观性,认真做好观察记录。三是整理分析阶段,整理观察结果,分析资料并撰写观察报告。

教育观察的记录方式有很多种,观察者应该根据具体的观察内容、观察类型,选择适合的记录方式来进行观察记录。总的来说,观察记录方式可分为定性和定量两种。定量的记录方式是预先对所要观察的要素进行解构、分类,然后对在特定时间段内出现的类目中的行为进行记录,它主要包括编码体系、记号体系和等级量表等记录方式。定性的记录方式是以非数字的形式呈现观察内容,包括描述体系、叙述体系、图示记录、工艺学记录等。

思考练习

一、单项选择题

1. 根据观察是否借助仪器,可以将教育观察法分为(   )。
　　A. 参与观察与非参与观察　　　　　　B. 直接观察与间接观察
　　C. 自然观察与实验观察　　　　　　　D. 定量观察与定性观察
2. 能够突破人的生理局限,弥补观察者主观能力局限的观察类型是(   )。
　　A. 参与观察　　　B. 直接观察　　　C. 间接观察　　　D. 实验观察
3. 随堂听课属于(   )。
　　A. 自然观察　　　B. 实验观察　　　C. 参与观察　　　D. 间接观察
4. 我国著名的幼儿教育家陈鹤琴以自己的孩子为观察对象研究儿童的一般发展,主要采用的观察记录方式是(   )。
　　A. 描述记录　　　B. 日记/流水账　　C. 轶事记录　　　D. 等级量表

二、简答题

1. 简述教育观察法的基本特征。
2. 简述教育观察法的基本类型。

三、论述题

论述教育观察法的实施步骤。

没有调查，就没有发言权。

——毛泽东

第六章 教育调查法

学习目标

知识目标： 了解教育调查法的含义、特征、分类等。
能力目标： 掌握问卷的结构、设计原则及设计步骤，掌握访谈调查的实施过程和技巧。
情感目标： 培养调查兴趣，提高运用教育调查法研究教育问题的意识。

重点难点

教学重点： 掌握问卷的设计原则、设计步骤。
教学难点： 掌握访谈调查法的实施过程和技巧。

引导案例

关于压岁钱的调查

小李是一名刚入职一年的新教师，工作以来他在教学的同时，始终坚持着研究反思，将观察到的学生的学习表现和行为表现进行记录。本学期开学后，他发现很多学生聚在一起讨论着过年期间收到的压岁钱，一些学生甚至还比较谁的压岁钱多，讨论用压岁钱买游戏装备或其他东西，在学生中间产生了一些不良影响。对此他想开展关于学生们一般收到多少压岁钱，他们如何看待压岁钱，又是如何利用压岁钱的等问题的调查，他邀请感兴趣的老师组成一个研究小组，将研究的题目定为"某市小学生压岁钱现状调查"。但接下来研究组对于如何开展调查产生了疑惑，大家的疑问在于调查本校的学生是不是就行了？本校的学生能否代表全市的学生？如果不能，又该选择哪些学校的学生来进行调查？如果要进行调查，应该怎样设计问卷问题？

(资料来源：陈向明. 教育研究方法[M]. 北京：教育科学出版社，2013.)

案例分析： 小李老师有着良好的教育观察习惯，在平时的教育观察中小李老师发现了学生们攀比压岁钱的现象，经过思考将之确立为研究选题。教育调查法是研究该研究选题比较适宜的研究方法，但在教育调查前需要明确教育调查对象、设计问卷问题、确定问卷发放方式等，这些同样是我们运用教育调查法之前需要掌握的基本理论。

第一节 教育调查法的概述

过去走在街上，会有人递来一张纸，让你驻足停留完成某项内容的调查问卷；现今打开手机，微信群中会弹出一个链接，请你配合参与某项内容的调查。调查法在人们日常的生活、工作、学习中被广泛使用，研究者通过调查法能够搜集到更多人的观点和态度，有助于相应问题的改进和解决。调查法是历史最为悠久的一种研究方法，也是现在使用得最广泛的一种研究方法。

一、教育调查法的含义

"调"，具有计算、算度的意思。"查"，指查究、查核、考察。因此，"调查"就是对客观事物进行考察、查核和计算。调查是人们自觉的认识活动，早在奴隶社会初期，奴隶主阶级专政的国家就开始使用调查的方法。据史书记载，古巴比伦、古印度、古希腊、古罗马、古埃及以及古代中国都做过关于人口、土地、财产的调查。例如，古埃及早在第一、第二王朝时期，法老每两年就派人清查一次全国的人口、土地、牲畜等财富，以确定租税数额。据《后汉书》记载，在大禹治水划九州时，就开展了人口和土地的调查。

人们很早就将调查法运用于教育研究中。教育调查法是在科学方法论和教育理论的指导下，通过运用问卷、访谈、测量等科学方式，有目的、有计划、系统地搜集有关教育问题或教育现状的资料，从而获得教育现象的科学事实，并形成关于教育现象的科学认识的一种研究方法。

随着我国教育事业的发展和改革的不断深入，教育调查法在教育科学研究中发挥着重要的作用。通过教育调查法可以搜集到第一手数据和资料，可以为各级教育行政部门制定教育法规、教育政策和教育发展规划提供重要的事实依据，还有利于教育实践工作者掌握教育现状，总结先进的教育经验或发现教育过程中存在的问题，进而提出解决问题的新见解，更好地改进工作，提高教育质量。

二、教育调查法的特征

教育调查法作为一种重要的搜集资料的研究方法，具有调查对象广泛、调查手段多样、调查方法可操作性和实用性强的特点。

(一) 调查对象广泛

在教育研究过程中，研究者不可能直接观察到教育活动的全貌，也不可能对全部教育问题都用实验法进行研究。教育调查法不受样本大小所限，也没有地理空间的限制，它可以对某个人、某个班级、某个学校，也可以对某市、某省乃至全国范围内的教育情况进行调查，甚至可以进行跨国的调查研究。调查对象的广泛性还表现在教育调查的研究内容比较广泛，教育调查以教育现状、教育问题为研究内容，而它们广泛地存在于教育的各个领域，从理论上讲，一切教育现象都可以作为教育调查的对象，如师生关系、家校合作形式、教学方法、教学手段等。

(二)调查手段多样

教育调查手段是多样的，如问卷、访谈等，每种调查手段还可以具体划分为不同的类型，在教育调查研究中研究者可以根据研究目的、研究者自身情况等选择合适的调查手段。如对于规模小的样本，可以采用座谈或个别访谈的方式进行；对于规模较大的样本，可以采用邮寄问卷、电子问卷等方式进行。如果想调查某单位的各方面情况，可以采用问卷和深入访谈相结合的方式进行。

(三)调查方法的可操作性和实用性强

教育调查研究实施前，需要设计详细、具体的调查方案。在方案中，明确各种研究变量的操作指标，有根据调查目的设计的调查工具，如问卷、访谈提纲、测验量表等，也有供整理资料使用的信息和统计的方法等。在开展调查研究的时候，研究者可以依照调查方案进行，可操作性较强。另外，教育调查研究对设备条件没有太高的要求，不像教育实验法那样需要控制实验因素，而且可以在较短的时间内搜集到大量的数据资料，具有较强的实用性。

当然教育调查法也有其局限性，它只能揭示事物之间的某种关联(即相关关系)，而不能可靠地揭示事物之间的因果关系。同时，调查对象的合作态度在很大程度上影响了调查结果的可靠性。

三、教育调查法的类型

根据不同的分类标准，可以把教育调查法分为不同的类型。

(一)根据调查对象的取样范围分类

根据调查对象的取样范围，调查法可以分为普遍调查法、典型调查法、抽样调查法、个案调查法、专家调查法。

1. 普遍调查法

普遍调查法又称全面调查法，简称普查，是指对某一范围内的所有对象进行的调查。普遍调查可以对一个单位、一个地区，也可以对全国进行某方面的调查。如"某某市小学生的身体素质状况调查""某某省小学教师队伍基本情况调查""全国儿童心理健康状况调查"等。普查的优点主要是可以较好地克服因为抽样导致的误差，全面地了解教育的状况。但调查对象数量大，调查所需时间长，导致工作量大、费时、费力、组织工作复杂等。

2. 典型调查法

典型调查法是在调查范围内有意识地选取具有代表性的对象进行的调查，属于非全面调查。典型调查法的主要优点是调查对象相对比较少，比较节省人力、财力和物力，能够在较短时间内对某一教育现象进行深入了解。但在实际使用过程中，准确地选择出具有代表性的调查对象比较难，容易受人为因素的影响，可能会导致调查的结论有一定的倾向性，而且典型调查法的结果如果轻率地推论到总体上去，有时难免会犯以偏概全的错误。

3. 抽样调查法

抽样调查法是从调查对象的全体范围(总体)中，抽取一部分单位(样本)进行调查，并由样本特征值推算总体特征值的一种调查方法。由于抽样方法不同，抽样调查法可以分为概率抽样(或称随机抽样)调查法和非概率抽样(或称非随机抽样)调查法。从狭义上讲，抽样调查法仅指随机抽样调查法，即完全依照机会均等的原则进行抽样，也就是说在调查对象的总体中每个个体都有同等被抽中的可能，而不是按调查者的主观意见或判断来决定抽取与否。如"某市小学生的身体素质状况调查"可以采用抽样调查法进行研究，研究者可以在该市所有小学生中抽出一部分进行调查，研究这部分样本的身体素质状况，再推论该市小学生的整体情况。抽样调查法经济高效，缩短了调查周期。但抽样调查法得到的结论是要根据样本推断总体，因此抽取的样本要有代表性，如果样本的代表性较低，会导致调查结果的可靠性不如普遍调查法。即使如此，抽样调查法仍是教育研究者经常采用的一种调查方法。

4. 个案调查法

个案调查法是对一个人、一个群体、一个社会集团或一个社区所进行的深入而全面的调查。如"某个学校素质教育经验的调查""某市优秀小学教师专业成长历程的个案调查"等。个案调查法可以采用多种调查方式，可以运用问卷、访谈、观察等，也可以通过作品分析法进行研究。研究者通过调查可以清晰地认识个案发展的来龙去脉，从而掌握其发展规律，全面、具体、深入地把握其全貌。但通过个案调查法得到的结果代表性不强，要求调研人员具有较高的调查能力和研究水平。

5. 专家调查法

专家调查法又称德尔菲法，是以专家作为调查对象，依靠专家的知识和经验，由专家通过调查研究对问题做出判断、评估和预测的一种方法。它是在专家个人判断和专家会议方法的基础上发展起来的一种直观预测方法，特别适用于客观资料或数据缺乏情况下的长期预测，或其他方法难以进行的技术预测。专家调查法的步骤包括：把咨询内容写成若干条含义明确的问题，分发给不同的专家；专家们在互不交流的情况下对问题做出书面回答，送交组织者；对回收的专家意见进行定量的统计归纳；将结果反馈给专家们，每个专家根据结果修订自己的意见，再送交给组织者；如此反复进行直到得到比较统一的意见。

(二)根据资料搜集方式分类

根据调查过程中搜集资料方式的不同，调查法可以分为问卷调查法、访谈调查法。

1. 问卷调查法

问卷调查法是研究者用统一严格设计的问卷，通过书面语言与调查对象进行交流，来搜集调查对象关于教育问题或教育现象的看法和认识的方法。问卷调查法的操作比较简单，省时省力，在短时间内可以搜集较多的信息，调查的过程比较规范，不易受调查者主观因素的影响。但问卷调查法很难保证100%的回收率，难以对问题进行深入研究。

2. 访谈调查法

访谈调查法是指研究者根据研究目的选择调查对象，通过口头交谈的方式了解和搜集研究所涉及的问题相关情况和资料的方法。访谈调查法包括个别访谈、召开座谈会等形式。访谈的手段可以是直接访谈研究对象，也可以是借助现代信息手段进行访谈。访谈调查法能够比较直接地获得信息，较好地发挥调查者的能动性，对教育问题能够进行深入研究。但访谈调查法不太适合范围广的研究选题，比较费时费力。

四、教育调查法的功能

教育调查法在教育研究中运用广泛，对了解教育现状、发现教育问题、探索教育规律、为教育管理和教育决策提供依据等具有十分重要的作用。

(一)了解教育现状，获得感性认知

教育调查法是社会调查法的一种。社会调查法的目的和作用在于通过调查反映社会现状，发现社会问题，探索社会规律。教育调查法则是通过调查的方式，掌握教育对象的第一手材料，这可以作为了解教育现状、分析教育问题的依据。

(二)发现教育问题，探索教育规律

教育研究要揭示教育的内在规律，必须从教育实际出发，对教育现象、教育行为方式或者教育过程中突发的教育事件进行深入调查，从而发现并提出教育理论问题和实践问题。从这个意义上说，开展教育调查研究是发现理论问题和实践问题的一个重要途径。教育调查中，研究者在分析和整理研究资料时，能够敏锐地发现教育中存在的问题，同时还可以发现先进的教育思想或教育经验，概括出教育教学中的规律性问题，提炼出教育教学领域的新理论。

(三)为教育管理和教育决策提供依据

教育调查法搜集到的资料能够真实地反映教育工作的状况，让教育行政部门、学校等及时掌握教育工作中普遍存在的问题，为改革教育管理和制定教育决策提供现实依据。如关于基础教育阶段学生学业压力的调查、素质教育实施现状的调查、农村教师队伍现状的调查、家校合作现状的调查等，都能从不同的角度展现教育实际进展情况，为各级教育行政部门制定政策、法规和教育发展计划提供现实依据。此外，教育调查法也可以对各地市先进的教育教学经验进行调查并总结，通过在全国进行思想和经验的推广，更好地改进教育教学工作，推进教育事业的发展。

五、教育调查法的实施过程

教育调查法是一种有目的、有计划的研究活动，虽然不同类型在程序设计上各有侧重，但在具体实施中一般遵循以下步骤。

(一)确定调查研究选题

教育调查研究选题来源于教育理论和教育实践，研究选题的确立应遵循科学性、价值性、可行性、创新性、兴趣性和实用性原则。研究选题确定后需要对研究选题中的基本概念和有关变量加以界定，并对这些概念和变量下操作性的定义，下操作性的定义是指对概念用可感知的、可度量的事物、事件、现象和行为表现加以界定和说明。如教师试图研究"小学生课业负担现状调查"时，就需要对"小学生""课业负担"进行具体的界定，"小学生"是指低年级的还是高年级的，是男生还是女生，是城市的还是农村的？"课业负担"具体指什么？只有明确基本概念，确定调查的变量，才能最终把它们变成数据型资料。

(二)选择调查对象

调查对象是指被调查的单位或者个人。调查对象的选择是否恰当，直接影响到调查结果。在调查研究中，除非研究选题的调查对象非常明确，如"某教师教学思想研究"，否则一般采取抽样调查，抽取样本时应当注意样本的代表性。

(三)确定调查内容

当变量和操作性定义明确之后，就可以开始确定具体的调查内容。确定调查内容的步骤如下。第一，编写调查提纲。即进一步将研究的问题具体化，划分为不同的方面(维度)，在每个方面下划分出具体调查项目。如调查小学生主体性素质的发展状况，首先需要把小学生主体性素质分解为主体性人格和主体性能力两个方面，其中主体性能力又分解为自主性、独立性、创造性三个方面，然后再把自主性、独立性、创造性素质具体分解为一系列可观测的习惯行为和表现，这就构成了此研究选题的调查内容提纲。第二，在调查提纲的基础上，选用适合的问卷或自行编制问卷、调查表格、访谈提纲等调查工具。

(四)制订调查计划

制订调查计划是调查研究准备阶段的中心环节，目的是对调查工作进行全盘考虑，以使调查研究有计划、系统地进行。调查计划具体包括以下内容：研究目的和意义；调查范围及对象；调查方法、手段及工具；调查步骤及日程安排；调查的组织、人员分工及培训；资料整理和分析的方法；调查报告完成日期等。

(五)实施调查活动

实施调查活动是调查研究的重要环节，包括预调查和正式调查两个阶段。预调查是抽取一个小样本进行调查，目的是查验题目是否恰当、题量是否合适、题目表述是否清晰等，或者将研究工具寄给有关专家、研究人员，征求他们的意见和修改建议。研究者根据通过预调查得到的反馈信息，对研究工具初稿进行修改后，就可以进行正式调查。调查过程中调查者应保持科学、客观的态度，根据调查计划循序进行，并及时、准确地记录资料。

(六)整理分析资料

调查中搜集到的原始资料，必须经过归类、整理、分析，使其系统化、条理化。整理资料时需要筛选出无效问卷，如信息填写不完整、理解错误的问卷，或者是不认真细写的问卷等。整理资料的方法通常分为两大类：叙述性的材料进行文本归纳；数量性的材料用统计法、表列法和图示法等加以整理。在进行资料整理的过程中，还需要本着实事求是的原则，对调查所获得的资料进行客观的分析，研究结论必须是在客观数据的基础上分析得出的，不能是根据研究者个人的主观臆断做出的。案例6-1中的《小学生受美情趣的现状调查报告》研究选题组做出不符合研究数据的结论的做法是错误的，教育研究一定要实事求是。

【案例6-1】

完整的调查报告都要有结论部分，结论要从调查的资料数据中获得，而不是主观臆断或照搬社会普遍认可的共识。如有一份《小学生爱美情趣的现状调查报告》指出，学科领域为学生爱美情趣的培养提供了丰富的资源。但是调查数据显示，小学生对美的感受主要分布在自然美方面，175位被调查学生中，有158位学生所举的美的例子是属于自然美领域的，占总调查人数的90%，那么何以得出"学科领域为学生爱美情趣的培养提供了丰富的资源"这个结论呢？不客气地说，是教师不愿意看到学科教学在这方面作用的缺失而硬凑上去的吧。我们看到很多调查报告的结论似乎都是预设好的，研究者都要把这些结论安插上去，这样的调查结论不符合实际情况，至少部分地失去了它的价值和作用。

(资料来源：郑慧琦，胡兴宏. 教师成为研究者[M]. 上海：上海教育出版社，2004.)

(七)撰写调查研究报告

调查报告是在教育调查活动的基础上，对调查所获资料进行分析和整理之后，用文字的形式将调查结果呈现出来的表达方式。调查报告最终体现的是研究成果，因此在教育研究过程中，认真撰写调查报告非常重要。调查报告的写作总体上需要回答为什么进行调查、怎么进行调查的、调查的结果是什么、调查的结论有哪些等问题。从调查报告的结构上看，一般包括调查目的、调查方法、调查结果、调查结论等几个部分。调查目的旨在回答为什么开展调查，调查活动开展的意义和价值是什么，调查活动能解决什么问题等内容。调查方法旨在回答怎么进行调查的，调查对象、调查程序都有哪些等基本问题。调查结果需要将调查获得的数据和信息，按照特定的逻辑呈现给读者，让读者了解通过调查获得了怎样的数据和信息。这里的呈现需要遵循客观性原则，实事求是地将调查的结果呈现出来。调查结论是回答根据结果中呈现出的数据，能够推理出哪些研究结论。这一结论是以调查问题的解决为目的的，是在分析调查数据的基础上形成的问题解决方案。调查结论是调查报告的重点，也是调查报告产生实际价值的关键因素。

拓展6-1：调查报告的写作技巧

第二节　问卷调查法

美国社会学家艾尔·巴比称"问卷是社会调查的支柱"。英国社会学家莫泽则说"十项社会调查中就有九项是采用问卷进行的"。在教育调查研究中人们常使用问卷调查法搜集资料，对于教育研究者来说，了解教育问卷调查法的特点和种类、掌握问卷编制和实施的技术十分重要。

一、问卷调查法的含义及特点

在教育研究中，问卷调查法越来越受到人们重视。有人把问卷调查法看作一种操作方便、收效快、既省时又省力的一种研究方法。

(一)问卷调查法的含义

问卷是社会调查中用来搜集资料的一种工具，用来测量人们的行为、态度和社会特征等。问卷调查是调查者用统一严格设计的问卷，通过书面语言与调查对象进行交流，来搜集调查对象关于教育问题或教育现象的看法和认识的方法。问卷调查能面向群体进行，能用较短的时间搜集到大量的资料，调查者根据问卷的答案进行统计分析，得出结论。

(二)问卷调查法的优点与局限

问卷调查法能够在较短的时间内获得大量的信息和资料，从而提高教育研究的效率。其优点与局限体现在以下几方面。

1. 问卷调查法的优点

1) 标准化程度高

第一，调查工具的标准化。问卷调查中所使用的问卷是调查者经过科学的思考设计出并发放给所有调查对象的，不论调查对象的性别、文化背景等有多大差异，他们所回答的问卷是完全相同的。问卷的一致性，为资料的统计分析奠定了良好的基础。

第二，调查过程的标准化。问卷调查实施过程中，调查者只对调查目的、填写要求等进行简单说明，调查对象需要自行填答问卷，这样可以避免来自调查者主观意识的暗示影响，从而能更真实地反映出调查对象的内心想法。

第三，调查结果的标准化。调查问卷对绝大部分问题的答案进行了等级或层次划分，调查对象只能根据个人实际情况在给定的答案中作选择，因而问卷调查所获得的直接结果一般是确定的，便于进行统计和分析。

2) 匿名性较强

问卷调查法一般是匿名填答，好处在于当调查对象填写某些可能触及个人利益或者可能具有威胁性的问题时，能够让其消除顾虑，客观地进行回答。比如，要调查教师对本校管理制度的看法，或者调查家长对班主任教学情况的看法，调查对象在答题时会担心学校领导或者班主任对自己的观点有想法。隐去真实姓名会让他们更安心，能较真实、全面地表明个人的观点和看法。

3) 调查效率高

问卷调查法简单易行,可以采取团体集中填答方式进行,也可以采取邮寄问卷方式进行,现在更有便捷的网络问卷,可以在同一时间内向大量调查对象投放问卷,使调查者在短时间内搜集到大量信息,节约人力、物力,减少经费消耗,可谓是一种效率较高的研究方法。

2. 问卷调查法的局限性

1) 难以检验真实性

问卷调查能否获得真实的信息,完全取决于调查对象是否具有合作的态度。当调查对象不理解参与调查的重要意义时,可能会采取敷衍的态度填答,或有意隐瞒事实而提供虚假的信息,这会降低问卷调查结果的真实性。通过邮寄问卷或者网络问卷进行调查时,调查者无法控制调查对象填写问卷的环境,无法确定调查对象是否受其他人员的干扰甚至诱导,又或者是否由他人代替填答,这些不确定因素都会影响问卷结果的真实性。

2) 难以对文化水平低的对象进行调查

问卷调查法需要调查对象填写问卷以搜集信息,当调查对象文化水平不高时,就难以准确理解问卷内容,导致调查结果不准确。因此,问卷调查法的适用范围常常受到限制,对文化程度不高的调查对象应选择其他更为合适的调查方法,如访谈法等。

3) 难以对复杂问题进行深度调查

调查问卷的答案是经过严格划分的程度、等级或相关事实选项,这在便于调查对象回答的同时也使调查对象的作答受到限制,调查对象只能简单地回答"是"或"否"、"喜欢"或"不喜欢",无法对动机、观念、价值等进行深层次的调查,难以获得研究所需要的丰富材料。

二、问卷的种类

问卷是问卷调查法的核心。根据调查问卷中问题的表述形式、所采用的问卷的标准化程度,可把问卷分为以下几种类型。

(一)封闭式问卷和开放式问卷

1. 封闭式问卷

封闭式问卷也称为结构型问卷,是指把问题的答案事先加以限制,只允许调查对象在问卷所限制的范围内进行挑选的问卷。

例如:

(1) 目前你对老师布置的语文家庭作业的满意程度是?

  A. 非常满意 B. 比较满意 C. 一般满意

  D. 比较不满意 E. 非常不满意

(2) 你每天做语文家庭作业的时间是?

  A. 半小时以内(含半小时) B. 半小时至一小时

  C. 一小时至两小时 D. 两小时以上

封闭式问卷的优点是填答方便，调查对象只能在限制的范围内选择答案，有利于对答案进行统计和定量分析。另外，调查对象对于敏感问题一般不愿意写出来，将其设计成封闭式问题的形式，可供调查对象进行选择。封闭式问卷的缺点在于：问卷的设计比较困难，有一些问题比较复杂，答案较多，如果答案设计得不全面，就会使调查对象无法正确回答问题，导致搜集的资料不真实；回答方式比较机械，只能在有限的选择中填答，不能充分发挥调查对象的能动性；填写比较容易，只需进行选择，即使调查对象对某些问题不熟悉甚至不了解，也可以随意填写，导致回答的真实性和可靠性较低。

2. 开放式问卷

开放式问卷也称为非结构型问卷，是只提出问题，不限定答案，由调查对象根据自己的实际情况进行回答的问卷。

例如：

(1) 你认为班级学习氛围怎么样？

(2) 你和同学们之间的关系怎么样？

(3) 你喜欢读什么类型的书籍？

开放式问卷的最大优点在于可以让回答者充分自由地发表自己的意见，有利于了解有关动机、思想、价值等方面的问题，能够获得丰富生动的资料。开放式问卷的缺点是难以编码和统计分析，开放式问卷对回答者的知识水平和文字表达能力要求较高，需要花费更多的时间思考，还可能会产生一些无用资料。

封闭式问卷和开放式问卷各有利弊，为弥补各自的不足，保证搜集的资料全面与真实，调查问卷一般由多种不同类型的问题构成。一般来说，问卷以封闭式问题为主，将调查者比较了解、有把握的问题设成封闭式问题，对于不够明了或者答案较多、无法列举的问题设成开放式问题。

(二)标准化问卷和自编问卷

1. 标准化问卷

标准化问卷是指按照教育和心理测量的严格要求，由专家研制的、适用面广泛的、关于某些特殊问题测量的量表性问卷。如《中国比内测量表》《韦克斯勒儿童智力量表》《瑞文标准推理测验》等。标准化问卷一般在项目的编制、实施、评分和结果解释上都有一套系统的程序和规定。标准化问卷对于调查学生的某些基本素质状况具有价值，但在面对大量的、复杂的教育事件时，标准化问卷无法体现出细节的部分。

2. 自编问卷

自编问卷是调查者根据调查目的、调查内容和调查对象特征自行编制的问卷。自编问卷在问题设计、结果分析和解释方面的规范程度较低。研究者自行编制的问卷仅适合于特定的研究选题，适用范围比较狭窄。对于一般的教育调查研究而言，人们多选择自编问卷作为调查工具。

三、问卷的结构及内容

(一)问卷的结构

调查问卷一般由标题、前言、指导语、问题及选择答案、编码和结束语等部分组成。

1. 标题

标题的作用是表明调查目的及内容。为了使调查对象能够快速把握调查目的，问卷的标题应设置得简明扼要，也可以使标题含糊一些以降低某些研究内容的敏感性。

2. 前言

前言又称封面信、说明信，主要是进一步说明调查的目的、意义、内容，以便于调查对象进一步了解调查活动，引起其回答问题的热情。前言中应声明回答是保密的，答案没有对错之分，以消除调查对象的顾虑，对于学生来说这一点尤其重要，学生往往会担心自己的回答被他人知道，从而影响教师对自己的看法或者自己的成绩。另外说明文字要适合调查对象的理解水平，对于小学生要尽量避免使用术语，对于教师可以专业一些。前言的最后可以加上致谢和落款，对调查对象的合作和支持表示感谢，落款有两种方式，一种是以"集体"的身份，常用的是研究选题组，另一种是以"个人"的身份，需要写明单位，再加上签名。案例6-2中的问卷前言清晰地说明了调查的目的，明确声明回答的保密性，可以起到消除学生顾虑的作用。

【案例6-2】

中国教育追踪调查(初中阶段)2013—2014 学年调查七年级学生问卷

亲爱的同学：

你好！

中国教育追踪调查是我国第一个针对初中教育阶段群体的全国性、连续性的大型社会调查项目，目的是通过搜集翔实、可靠的基础信息，为研究我国基础教育的现状和发展趋势提供数据支持。

中国教育追踪调查(初中阶段)由中国人民大学中国调查与数据中心联合全国各省的学术机构共同执行。2013—2014 学年，我们将对全国各地共计两万多名学生及其家长、班主任、任课老师、学校领导进行调查。经过科学抽样，我们选中了你全班的同学作为调查对象。因此，请你根据自己平时的想法和实际情况，认真回答问卷中的问题。

问卷中问题的答案没有对错之分，也不会作为对你学习成绩的评判依据。我们郑重承诺，对于你所填写的所有信息，我们将按照《中华人民共和国统计法》予以严格保密，不会泄露给任何个人和机构。非常感谢你的支持！

回答选择时，请在选中的选项数字上面画圈圈"○"；回答填空题时，请在中括号内的横线处写上文字或数字。

中国人民大学中国调查与数据中心
2014 年 3 月

(资料来源：中国人民大学中国调查与数据中心. 中国教育追踪调查(初中阶段)2013—2014 学年调查七年级学生问卷)

3. 指导语

指导语一般是对填答的基本方法、相关的注意事项进行说明，还可以附有样例。指导语要简单明了、便于理解，以帮助调查对象较快地进入作答状态。指导语放在前言之后，如果问卷中题型比较单一，答题方式简单，指导语的内容可以与前言部分合在一起，案例6-2的前言中即包含填答的指导语。一般来说，指导语主要有以下几种类型。

第一，说明答案标记位置。请调查对象在适合自己情况的备选答案处做记号。如"请您在所选答案前面的(　)内打上√"。

第二，说明选择答案的数量，如"可以多选""有几项选几项"等。

第三，说明填写答案的要求。如：凡在回答中选择"其他"一项作为答案的，应要求调查对象在后面的"＿＿＿＿"中用简短的语句注明实际情况。

第四，说明答案适合于哪些调查对象。当问卷中的问题只适用于某一类人时，应说明该特定人群填写，其他的人则跳过这些问题。

4. 问题及选择答案

问题及选择答案是问卷的主体，主要分为开放式和封闭式两种。开放式问题只提供问题不提供答案，没有固定的回答格式与要求，调查对象可以根据题意自由回答。封闭式问题后必须附上答案，根据答案的形式将封闭式问题划分为以下几种形式。

(1) 是否式。调查对象在所提供的两种相反的答案中选择其中一种，如"是"与"否"、"同意"与"不同意"等。特点是回答简单明确，答案界限分明。

例如：

你认为小学开设劳动课程是否必要？(　　)

A. 是　　B. 否

(2) 选择式。调查对象根据个人的实际情况从列举的多个答案中选择最适合的，有的题目要求多选，需要在题后标明。

例如：

你喜欢看哪类书籍？(最多可选择三项答案)

A. 世界名著　　B. 科普读物　　C. 侦探小说　　D. 科幻小说　　E. 人物传记

F. 童话故事　　G. 其他

(3) 排列式。调查对象根据自己的实际情况将答案进行排列。排列式有两种方式：一是全排序，即将所有答案进行排列；二是选择排序，即把选出的答案进行排列。

例如：

请按照你对学科的喜爱程度依次排列下列学科，将最喜欢的排在第一位＿＿＿＿＿＿＿。

A. 语文　　B. 数学　　C. 英语　　D. 道德与法治　　E. 音乐　　F. 美术

G. 体育　　H. 科学

(4) 表格式。当问题具有相同答案时，可以将若干个问题呈现形式设计成表格，调查对象只需在相应的表格中打钩即可。表格式问题显得更加整齐、醒目。

例如：

你喜欢以下课程吗？请在符合你喜欢程度的空格内打钩。

	很喜欢	喜欢	无所谓	不喜欢	很不喜欢
语文					
数学					
英语					
体育					
音乐					

(5) 后续式。对之前选择某一种答案的人再次提出问题让其作答。

例如：

(题1选择A的同学请继续填写本题)目前，你最崇拜的偶像是？(多选)

A. 文艺体育明星(如影视明星、歌星、电视台主持人等)

B. 虚拟人物(如动画片、漫画、游戏、影视剧或书里的人物等)

C. 杰出人物(如政治领袖、军事英雄、历史伟人、文化名人、科学家等)

D. 父母、老师、同学

E. 游戏主播、网络红人

F. 其他

5. 编码

编码就是给问卷中的每个问题、每个答案编定一个唯一的代码，以此为依据对问卷进行数据处理。这样可以将调查对象的答案转化为数字，便于使用计算机进行处理和定量分析。一般来说编码放在问题的右边，编码的序号与问题的序号一致。如果是样本数量较小的调查，可以采用手工汇总方式，不用设置编码。

拓展 6-2：
题目的编制

6. 结束语

结束语是问卷的最后一部分。结束语的作用主要有两个：一是希望调查对象能够针对问卷中的某个问题进一步发表自己的观点，最好是以开放式问题的形式安排在问卷结尾；二是再次感谢调查对象的合作，同时提示调查对象可以检查问卷是否有漏答或错答的情况。

(二)问卷的内容

一般来说，问卷中的问题按内容分可分为两大类：事实性问题和态度性问题。

1. **事实性问题**

事实性问题包括两类。一类是个人的基本资料事实，比如性别、年龄、职业、教育程度、政治面貌等，一般不包括答卷者姓名。另一类是实际行为事实，主要询问调查对象的某些实际行为，如"语文老师上课是否经常向你提问？""你的数学作业是否能够按时完成？"等。这些问题中有的是关于调查对象本人的，也有的是关于调查他人的。总之要求调查对象实事求是地回答问题，以便了解事实。

2. **态度性问题**

态度性问题包括两个层面：一个是关于意见方面的，比如意见、看法、体会等，如"你认为小组合作学习是有效的学习方法吗？""意见"是人们对事物暂时性的看法；另一个是关于人生价值或人格方面的，比如信仰、道德观、世界观等。"价值"是属于深层而持久性的认识。

不论是事实性问题，还是态度性问题都要求调查者根据调查研究的目的和需要进行认真设计，供调查对象选择的答案要能比较全面地反映所要研究的问题，不交叉、不重叠，同时答案要包括所有可能的答案。

四、问卷设计的原则

(一)问卷问题设计的原则

问题和答案是问卷的主体，调查对象通过理解和回答问题为调查者提供调查数据，问题表述得是否清晰、准确，是否围绕研究主题就成为问卷设计的重点和难点。为了提高问卷的回答质量以及问卷的回收率和有效率，问卷问题的设计应遵循以下几个原则。

1. 必要性原则

必要性原则是指必须围绕研究选题和研究假设设计最必要的问题。问题的数量不宜过少，也不宜过多。问题过少、过于简略，无法搜集到研究所需要的资料；问题过多、过于繁杂，则不但增加工作量和调查成本，还会降低回答质量，影响问卷的回收率和有效率。因此，在问题设计时要认真研究，删去与研究目的无关的问题。但是如果需要调查的问题遗漏了，也会因为缺乏某方面的资料而影响研究结果。因此，问卷中问题的设计应根据已有的研究理论框架来设计。一般情况下，问卷的填写时长应控制在30~40分钟，问题的数量要根据研究内容、样本的性质、分析的方法、拥有的人力和财力等多种因素而定。

2. 具体性原则

具体性原则是指问题的内容要具体明确，不要空泛，要让调查对象直观地理解提问的内容。如对小学生进行的提问"你愿意承担社会责任吗？"中的社会责任包括很多，问卷设计者需要根据研究内容将社会责任进行细化归类后再进行提问，否则即使调查对象勉强回答，也无法进行科学分析。另外，在编制题目时，要设法将大而深的理念问题转化为具体的"代表性行为"或"代表性观点"，这样才能对调查对象的情况调查清楚。如我们想了解学生的语文课前预习习惯，最好不要笼统地问"语文课前你总是认真地进行预习吗？"而是将问题设计成"语文课前你会通读课文吗？""语文课前你会查找作者生平简介吗？"等。

3. 可能性原则

可能性原则是指问题要考虑调查对象的文化程度和生活背景，不能提出超越调查对象理解、计算等能力的问题。题目要通俗易懂，不要使用过于专业化的术语。小学教育科学研究的调查对象涉及小学生及其家长，如果问卷中涉及的专业术语较多，就会出现调查对象无法理解的情况，如问"你的失败归因是哪一种类型"，调查对象可能无法理解"失败归因"这类专业术语是什么意思。此外，调查者应慎用复杂疑问句、多重否定句，以避免调查对象理解不清。

4. 简明性原则

简明性原则是指尽可能简单地进行问题表述，问卷应避免双向问题，最好能让调查对象迅速阅读、理解题目含义。问题的内容应简单清晰，如果问卷题目冗长、啰唆，通常会使调查对象产生不耐烦的情绪，从而不会认真分析题目，最终导致敷衍作答。而且问题的内容要单一，题目中不要包含两个或两个以上的观念与事实，使调查对象不知如何选择。如"你喜欢数学和物理吗？""你总是对语文课有浓厚的兴趣并且成绩很好吗？""你的家长经常辅导你语文和数学作业吗？"这样的双向问题实际上出现了两个选项，使调查对象无从回答。对于这一类问题，最好用两个问题分别提问。

5. 自愿性原则

自愿性原则是指凡是涉及社会禁忌、宗教、个人隐私、爱好、道德、政治等问题时，都必须考虑调查对象是否自愿真实地回答问题。调查者应避免正面提出敏感性问题，如"考试时，你会偷看别人的试卷吗？"等，这类问题会让调查对象产生心理压力，一般不可能自愿作出真实回答，甚至干脆不予理睬，因此不宜正面提出。

6. 客观性原则

客观性原则是指要用客观的态度表述问题，避免使用诱导性或倾向性语言。如"教育专家呼吁避免幼儿园小学化，你同意吗？""人们都说教师是太阳底下最光辉的职业，你喜欢教师这一职业吗？""诚实守信是一种美德，如果你在同学不知道的情况下弄坏了他的物品，你会怎么办？"以上三个问题都明显带有倾向或诱导的词汇，导致调查对象在趋同心理的作用下会作出符合大众心理、社会要求的回答，而有可能掩盖了内心真实看法。所以，调查者要保持中立的态度，在设计问题时不要出现具有暗示作用的表述。

(二)问卷答案设计原则

由于大多数问卷往往由封闭式问题构成，因而除了问题的设计，答案的优劣也直接影响到调查的成功与否。一般而言，问题答案的设计应该考虑以下几个方面。

1. 相关性原则

相关性原则是指答案必须与问题相关。封闭式问题的答案是事先设计好的，调查对象只能在问卷提供的选项中进行选择，为了搜集到正确的资料，问卷中的答案一定要与问题相匹配，否则就可能张冠李戴、答非所问。如"教师应该具有哪些教育能力"这一问题的答案应该列举与教师相关的课程开发能力、语言表达能力、组织管理能力等，而不应该列举文艺写作能力、音乐欣赏能力等。

2. 完整性原则

完整性原则是指设计的答案应该包括一切可能的情况。例如："您是什么文化程度"，关于这一问题的答案需要包括"小学及以下""中等教育""大专及以上"，这样就符合完整性原则。当某些问题的答案过多，难以把所有的答案都列出来时，需要在已列出的答案最后加上一个"其他"选项，这样就达到了完整性的要求。

例如：

你选择小学教育专业的原因是(　　)。

A. 自己喜欢　　B. 父母决定　　C. 别人说好　　D. 考分限制　　E. 其他

如果在一项调查中，选择"其他"选项的调查对象较多的话，就说明设计的答案遗漏了较为普遍的选项内容，或者答案的分类不恰当。

3. 互斥性原则

互斥性原则是指设计的答案必须是互相排斥的，即答案与答案之间不能重叠。

例如：

你每天完成语文作业需要(　　)。

A. 半小时　　B. 半小时至一小时　　C. 一小时至两小时　　D. 两小时以上

以上所列的答案中，"A"与"B"、"B"与"C"都存在着交叉关系。对于完成作业需要半小时的学生来说，他可以选 A，也可以选 B，这样会造成数据统计不准确。如果要使答案不相互交叉，应该改为：

你每天完成语文作业需要(　　)。

A. 半小时以内(含半小时)　　B. 半小时以上至一小时

C. 一小时以上至两小时　　D. 两小时以上

(三)问题序列原则

问题的排列与组合是问卷设计中的一个重要问题。调查者需要将问题按照一定的逻辑关系进行排列，保证问题的自然过渡。一般来说，在编排问题时需要考虑以下原则。

1. 同类组合

调查者要把性质相同的问题安排在一起，这样调查对象就可以按照问题的类别进行作答，避免思路中断或来回跳动，同时便于调查者进行资料整理与分析。

2. 由易到难

调查者应将一些较容易回答的问题放在前面，把生疏、复杂的问题放在后面。简单的问题不需要调查对象花费太多时间思考，放置在前，不至于使调查对象产生畏惧之感。这样由易到难的安排是使调查对象较快进入角色的重要一环。

3. 由事实到态度

调查者应把调查对象依据客观事实可直接回答的问题放在前面，而把调查对象需要经过思考才能回答的态度性问题放在后面。

4. 由一般到特殊

调查对象感兴趣的、简单的、一般性问题放在前面，容易引起调查对象不良情绪反应的、特殊的、难以回答的问题放在后面，这样的安排能够更快速地吸引调查对象，引导其积极地投入答卷过程，从而保证问卷的填写质量。

5. 由封闭型到开放型

封闭型问题只需要调查对象在备选答案中进行选择，而开放型问题的综合性更强，需要调查对象进行一定时间的考虑。因而，要把封闭型问题安排在前，开放型问题不要过多，一般不超过三题，放在问卷最后。

五、问卷设计的步骤

问卷调查结论来自对真实反映教育现象的资料的科学分析，而问卷设计则是搜集"真实反映教育现象的资料"的关键环节。问卷质量的好坏，直接影响调查资料的真实性、适用性、问卷的回收率以及整个调查的结果。故问卷设计在整个问卷调查中极为重要。问卷设计大致分为以下几个步骤。

(一)明确调查研究选题和调查对象

调查研究都要有明确、具体的目的，以及能够反映该目的的研究选题，研究选题要具有可行性。问卷调查目的及研究选题一经确立，就要确定调查目标人群。如果不是全面调查，就需要从研究范围(即总体)内选择调查对象(即样本)。调查对象的选择是否合适，很大程度上决定着调查资料的可信性和可用性。调查的目标、任务、具体的类型都会影响调查对象的选择。对于随机抽样调查，则应根据总体的特点，用适当的抽样方法抽取样本；对于典型调查或重点调查，应选择代表性强的典型调查对象。

(二)初步拟定问题

问卷设计的关键是围绕调查目的设计问题。在对调查目的和研究选题有了比较清楚的认识后，就可以进行问卷初稿的编制。

调查研究选题往往是由抽象的概念构成，因而调查者第一步需要做的事情就是界定研究选题的基本概念，以清晰研究思路。以"小学生的课堂参与度"为例，在这个研究选题中"课堂参与度"就是需要界定的概念。但教育调查研究的目的是要精确地测量概念，如何才能测量出不同学生的课堂参与度呢？第二步需要将概念分解成不同的维度。"维度"是指概念的具体方面、层面，即对概念分解。根据学生在课堂学习中的主要活动可以将课堂参与度分成三个维度："听讲"的参与程度、"互动"的参与程度、"练习"的参与程度。第三步是明确各维度的指标。指标能够反映概念的具体特征，一组指标指向同一个概念或概念的一个维度，指标应当明确具体、可测量。如听讲维度的指标可以分解为做小动作的次数、讲话次数、走神时间；练习维度指标可以分解为正确率、完成时间等。第四步是根据确定的指标编制具体问题，并按照问题序列原则进行问题排列，草拟出问卷前言、指导语等内容，形成问卷初稿。

(三)问卷试用与修改

问卷初稿编制以后，必须进行试用。因为问卷调查一旦进行，一切潜在的缺陷和错误都将呈现在调查对象面前，此时调查者发现错误也无法弥补，因此问卷初稿编制后必须进行试用并修改。

试用是在调查的总体中抽取一个小样本进行调查，一般为30~50人，以验证问题的可行性和需要补充修改之处。如果问卷试用时回收率低于60%，说明问卷设计有较大的问题；

如果调查对象所填的内容错误较多或答非所问，说明问题用语不够明确具体；如果填写形式上有错误，有可能是因为问题形式过于复杂，或者提示语不清楚；如果有某几个问题普遍未作答，需要仔细分析原因，进行修改。问卷试用的另一种方式是将问卷初稿送给有关专家、研究人员和典型的调查对象，请他们对问卷进行检查和分析，提出存在的问题及修改意见。

总之，通过问卷试用主要搜集以下几方面信息：题目内容是否贴切，是否符合研究目的；问题表述是否清楚；提供的备选答案是否合适、全面、互斥等；题目数量是否足够多；问题的安排顺序是否合适；考察问卷的信度、效度等。根据问卷试用发现的问题或专家等提出的修改意见，对问卷进行修订，如果有必要，可再进行试用，再修改，直至完全符合要求。

(四)问卷发放与回收

1. 问卷的发放

问卷的发放有不同的方式，各有利弊。调查者可以根据研究目的、对象范围、条件等选择合适的问卷发放形式。问卷的发放具体有以下几种方式。

(1) 邮寄填答。当调查对象分布地域广泛，调查者通常会选择邮寄的方式发放问卷。将问卷邮寄给调查对象，请他们根据要求和时间填答后寄回给调查者。这样的方式简单易行，比较适合大面积调查使用，但问卷回收率不高。采用邮寄方法时要注意以下几点：信封内可附上一封感谢信或相关专家的推荐信；问卷指导语应更详细准确；应附上填好地址的回邮信封，并贴上邮票。这对提高回收率有一定帮助。

(2) 集中填答。调查者与调查对象所在单位联系，取得他们的理解与支持后，将调查对象集中在会议室，或者分批集中在教室，在调查对象所在单位对调查目的、意义、要求等进行简单说明后，由调查对象当场填答问卷，若调查对象有不明白的问题可以当面提问，填答结束后当时收取。这种方式比邮寄填答方式更能保证问卷填答质量和回收率，但取样范围数量有限。

(3) 网络发布。随着网络技术的发展和普及，越来越多研究单位或个人设计电子问卷，通过网络发放给调查对象，作答者在线答题，即时提交。这种发放方式方便快捷，回收率较高。现在问卷软件如"问卷星"等功能非常强大，是网络问卷常用到的软件之一。

2. 问卷回收

问卷回收是问卷调查的重要环节。为保证调查的有效性，首先需要对回收的问卷进行筛选，回答不完整、不按要求回答的无效问卷需要剔除，再用剩下的问卷计算有效回收率。问卷回收率即实际收回的问卷数与发出的问卷总数之间的比，问卷的有效回收率则是实际收回的问卷数减去无效问卷数后的数与实际发放的问卷总数之间的比率。一般来说，问卷有效率达到70%～75%方可作为研究结论的依据。因此，问卷的回收率一般不应少于70%。

拓展6-3：调查问卷设计中应把握的几个关键环节

第三节 访谈调查法

访谈调查法是教育调查研究中使用频率较高的方法之一。它既可以调查事实，也可以征询意见。访谈调查法既可以单独使用，也可以辅助其他研究方法进行资料搜集。

一、访谈调查法概述

(一)访谈调查法的含义

访谈调查法是指访谈者根据研究目的选择被访者，通过口头交谈的方式对研究所涉及的相关问题了解情况、搜集资料的方法。访谈与平时的聊天不同，聊天没有明确的目的，比较随意，属于非正式谈话。访谈是围绕调查研究主题展开的谈话，是有目的、有计划的，属于研究性交谈。

(二)访谈调查法的优点及局限

1. 访谈调查法的优点

1) 灵活性强

访谈者在设计访谈问题时，是根据一般情况和主观想法来设计的，考虑得不一定十分周全。在访谈过程中访谈者可以根据访谈双方交流、沟通的具体情况以及被访者的实时反应调整访谈问题的内容、表述和顺序。如果感到被访者对问题不理解或者误解时，访谈者可以进行详细的解说或引导。对于同样的问题也可以用不同的方式进行提问。

2) 能够进行深入调查

访谈者与被访者面对面或者通过电话等工具进行交流时，可以对复杂的问题进行补充询问和追问，进一步了解被访者的观点和意见，获得更深层次的信息；另外，面对面访谈过程中，访谈者还可以通过被访者的动作、表情等非言语行为了解被访者的心理状态。

3) 准确度高

首先，访谈调查法中访谈者与被访者进行直接的交流，访谈者可以通过真诚的态度、朴实的语言等消除被访者的顾虑，使其放松情绪；其次，访谈调查前需要确定访谈的地点和时间，可以适当地控制访谈环境，减少无关因素的干扰；再次，访谈者可以根据访谈的具体情况适当调整问题、提问的顺序，把握谈话节奏，掌握访谈主动权；最后，在面对面或电话的访谈过程中，可以减少被访者拒绝回答的概率，加上被访者无法进行长时间的思考，这种自发性的回答较真实、可靠。

4) 适用对象范围广

访谈法不受书面语言文字的限制，除有语言障碍的人外，无论受访者年龄大小，受教育程度如何，访谈者都能获得调查所需的信息。尤其是对儿童或文化程度低的人做调查时，访谈调查甚至是主要的手段。

2. 访谈调查法的局限

1) 样本小、效率低

访谈调查法在单位时间内所能调查的样本较小，需要较多的人力、物力、财力，花费时间较长。相对于问卷调查法而言，调查的效率较低。

2) 调查过程容易产生偏差

访谈过程离不开访谈者与被访者的交往和互动，访谈双方都有可能对访谈结果产生偏差。首先，双方的个人特征可能影响调查过程，如性别、年龄、社会地位及文化水平的差异，外貌、服饰、表情和语调等；其次，如果被访者不同意录音、录像，访谈者就需要有较高的记录速度，如果访谈者没有专门进行过速记训练，就难以很完整地记录谈话内容，进而导致访谈的偏差。

3) 缺乏隐秘性

由于大部分访谈调查是访谈者与被访者面对面进行的，被访者需要当面作答，当被问到一些敏感问题时，被访者常会回避或作出不真实的回答。

4) 资料处理难度大

访谈调查具有较大的灵活性，事先拟定的访谈提纲因为访谈情境的变化而进行一定程度的调整和修改；对相同问题被访者的回答不尽相同，答案不统一；记录方式也可能因被访者的情况而不同，有文字记录、录音录像等方式。这样，对访谈结果的处理和分析就比较复杂，标准化程度低。访谈资料的处理，对访谈者研究素养的要求较高

二、访谈调查法的类型

(一)根据访谈的控制程度

根据访谈的控制程度，访谈调查法分为结构性访谈调查法、非结构性访谈调查法和半结构性访谈调查法。

1. 结构性访谈调查法

结构性访谈调查法也称标准式访谈调查法、封闭式访谈调查法。结构性访谈是指访谈者按照事先设计好的访谈问卷向被访者提问，并要求被访者按规定标准进行回答的访谈。结构性访谈调查法要求访谈过程严格按照拟定计划进行，包括访谈的具体程序、问题、提问顺序、提问方式、记录方式等。高度标准化的结构性访谈调查法相当于面对面提问的问卷调查，信息指向明确，访谈结果便于量化。但结构性访谈调查法的问题是固定的，所以不利于充分发挥访谈者和被访者的主观能动性。

2. 非结构性访谈调查法

非结构性访谈调查法也称非标准化访谈调查法、自由访谈调查法、开放式访谈调查法。非结构性访谈调查法没有严格规定的访谈提纲，也不规定标准的访谈程序，而是访谈者按照一个粗略的访谈提纲或围绕某一个主题与被访者交谈的访谈方法。非结构性访谈调查法中访谈双方相对自由，可对有关问题进行广泛的交谈和讨论，有利于充分发挥双方的主动性、创造性。访谈者可以灵活变换提问方式，追问重要线索，搜集的资料丰富而深入。这种访谈对访谈者的要求较高，访谈者的素质、态度、经验等都会影响访谈结果。另外，这种访谈比较费时，标准化程度较低，资料零散，不利于量化统计。

3. 半结构性访谈调查法

半结构性访谈调查法是介于结构性访谈调查法和非结构性访谈调查法之间的一种访谈方法。访谈者对访谈的结构进行一定的控制，但在访谈过程中可以根据情况灵活调整访谈提纲，给被访者留有较大的表达个人观点和意见的空间。它兼有结构性访谈调查法和非结构性访谈调查法的优点。

(二)根据访谈对象的数量

根据访谈对象的数量，访谈调查法分为个别访谈调查法和集体访谈调查法。

1. 个别访谈调查法

个别访谈调查法是指访谈者对每一个被访者逐一进行的单独访谈。个别访谈调查法的优点在于访谈双方有更多的交流机会，一对一的访谈使被访者更感受到重视，安全感更强，在访谈中更乐于详细地、真实地表达看法，访谈内容更易深入。个别访谈调查法是访谈中最常见的形式。

2. 集体访谈调查法

集体访谈调查法也称团体访谈调查法，它是指访谈者邀请若干个被访者，就调查主题征求意见的调查方式。集体访谈之前，访谈者应准备好访谈提纲，并提前将访谈目的、内容等通知被访者，让他们事先有所准备。集体座谈的方式扩大了被访者的数量，同时在一定程度上减轻了被访者的心理压力；在访谈中，访谈者与被访者、被访者彼此之间能够相互启发、影响，可以在短时间内搜集到较广泛和全面的信息。但是集体的访谈方式难以充分征询每个被访者的意见，对于某些敏感性问题难以深入谈话。

(三)根据访谈接触的方式

根据访谈接触的方式，访谈调查法分为直接访谈调查法和间接访谈调查法。

1. 直接访谈调查法

直接访谈调查法也称面对面访谈调查法。它是指访谈双方进行面对面交流的访谈方式。在访谈中，访谈双方能够广泛、深入地探讨问题，访谈者能够直接观察到被访者的表情等非语言信息，从而加深对谈话内容的理解，有利于判断访谈结果的真实性。

2. 间接访谈调查法

间接访谈调查法是指访谈者借助一定的中介物来与被访者进行非面对面的交流。目前，访谈者主要可以凭借电话、网络等途径进行间接访谈。间接访谈调查法的优点在于节约人员往来的时间和费用，有效提高访谈效率。但它不如直接访谈调查法灵活，难以控制访问环境，无法观察被访者的非言语信息。

三、访谈调查法的实施过程

教育访谈调查法的实施过程一般分为三个阶段：准备阶段、访谈阶段、结束阶段。

(一)准备阶段

访谈前需要做的准备包括：确定访谈类型、拟定访谈问卷或提纲、选择被访者、培训访谈者、试谈与修改提纲、预约被访者等。

1. 确定访谈类型

访谈目的和内容是确定访谈类型的主要依据。结构性访谈调查法主要适用于对某一问题进行系统的调查；非结构性访谈调查法适合进行探索性研究；个别访谈调查法有助于对问题进行深入调查；集体访谈调查法能够同时了解更多人对某一问题的看法。当然，确定访谈类型时也要考虑研究选题组的人员、时间、经费等因素。

2. 拟定访谈问卷或提纲

结构性访谈是高度标准化的访谈方式，事先必须编制访谈问卷。访谈问卷与问卷调查法中使用的书面问卷形式大体相似，问题需要围绕研究目的而设定，可先将研究目的分解成若干个研究内容，再根据这些内容设计出具体的问题。访谈问卷的问题是由访谈者口头进行提问的，因而问题的表述需要注重口语化。访谈问卷中所设计的问题要基于一定的原则进行排列，这些问题也包括访谈的相关资料，如被访者基本资料、访谈日期、访谈地点等。非结构性访谈属于无控制或半控制访谈，访谈双方自由交谈，问题可能随着访谈深入而不断提出。尽管如此，在访谈前，访谈者也应该制定一个粗略的访谈提纲，列举一下访谈的大致范围和主要问题，但不必拘泥于此，可以根据访谈进程灵活调整。为有效记录访谈资料，访谈者还需要准备记录本和笔、录音机、摄像机等。

3. 选择被访者

访谈者选择被访者需要考虑研究目的，确定被访者的总体范围，选取有代表性的样本。访谈调查样本的大小多由调查目的和性质决定，同时也要考虑访谈者的时间、研究经费等条件。一般来说，探究性研究采用较小的样本，验证性研究需要较大样本；横向访谈样本可以多一些，纵向访谈的样本相对少一些。

4. 培训访谈者

访谈调查需要访谈者与被访者建立良好的沟通和有效的互动，访谈者本身的素质是影响调查效果的因素之一。访谈前，要对访谈者进行一定的培训，使其明确访谈的目的，掌握访谈调查的具体方法，访谈程序，访谈技巧和搜集、判断、分析访谈资料的技巧等。

5. 试谈与修改提纲

与问卷调查的试用相同，访谈提纲编写后，访谈者也需要进行试验性访谈，检查设计的问题、程序和提问的方式等是否合适，存在哪些问题，并在此基础上进行修订，形成正式的访谈问卷或提纲以及访谈程序。

6. 预约被访者

正式访谈前，访谈者要主动联系被访者，约定好访谈的时间、地点，尽量以对方方便的时间与地点为主，以表示对被访者的尊重，这有利于访谈过程的顺利进行。

(二)访谈阶段

1. 尽快接近被访者

初次访谈时，面对素未谋面的访谈者，被访者会产生内心的顾虑，对此访谈者可以通过自我介绍、出示证件表明身份，向被访者保证访谈的保密性等；为了快速引起被访者的注意，访谈者应向被访者说明访谈的目的和价值。

2. 建立融洽的访谈气氛

融洽的气氛是访谈成功的重要条件之一。访谈者要把握提问的技巧和节奏，访谈之初被访者难免会有紧张的情绪，提问可以先从对方熟悉的事情或热点的社会问题开始。访谈者要始终保持亲切的态度，争取被访者的配合，无论被访者的回答是否在意料之中，访谈者都不要表示出不满，更不能对被访者进行批评和指责，应始终保持礼貌和耐心。访谈者要注意个人非言语行为对被访者的影响，适时表现出同情、理解、高兴等情绪，让被访者感受到对方的重视。访谈者不宜一直目不转睛地看着对方，这样会让被访者感到局促不安；对方回答问题时，访谈者也不能不看对方，会让对方误以为他的谈话令人厌烦；被访者陈述时，访谈者可以通过点头、记录等方式鼓励对方谈下去。

3. 按计划进行访谈

在访谈过程中，访谈者要按照访谈计划中确定的访谈内容、访谈方式、问题顺序进行访谈，以保证访谈获得成效。如果被访者表现出某种不愿意合作的情绪，访谈者可以用一些与调查内容无关的话进行调节。为了使访谈顺利进行，不打断被访者的思路，访谈者要尽量熟练掌握问题的提问方式和先后顺序，尽量不要照着访谈问卷或提纲逐字逐句地念。

4. 认真做好访谈记录

访谈者要准确、完整地记录访谈的内容，要实事求是，不能加入个人的主观意见，保证资料的客观性。当被访者回答某个问题不明确时，访谈者可以进行追问，不曲解被访者的原意。除了记录被访者的回答，访谈者也可以记录被访者的神情、动作、访谈的环境等内容。如无法及时记录，事后要追记。事后记录的好处在于不破坏当时的交谈气氛，但可能因为记不住或记不准而损失了有价值的资料。为了获得更完整的访谈资料，在征得被访者同意的前提下，可以通过录音、录像等再现访谈过程，这便于资料的整理与分析。访谈记录表上要写明访谈者的姓名、访谈日期、时间、地点等资料，便于后续的分析查找。

(三)结束阶段

据研究，一般情况下，被访者保持注意力的时间为：电话访谈 20 分钟左右；结构性访谈 45 分钟左右；集体访谈和非结构性访谈不超过 2 小时。这些数据可作为访谈时的时间参考，具体结束时机还应根据访谈调查的实际情况灵活掌握。

在访谈进入尾声之时，如果被访者语调降低、语速变缓或不停地看时间，访谈者可以选择结束访谈；如果被访者仍然滔滔不绝地发表意见，只要和调查内容相关，访谈者就继续倾听；如果被访者回答与调查目的相关性不强，访谈者可以用委婉的方式暗示访谈可以结束。

访谈结束的时候，访谈者要对被访者的配合表示感谢，如"非常感谢您对我们访谈调查的支持，您今天的谈话对我们帮助很大"等。如果是重复性访谈，需要与被访者约定好下次再访的时间和地点，并告诉对方下次访谈的主要内容，让被访者有个思想准备。

接下来就是对访谈资料进行整理。结构性访谈通常可以得到便于统计整理的数据资料，非结构性访谈要做到条理清晰、主次分明、分类准确。最后对加工处理的资料进行深入分析和论证，得出研究结论，撰写访谈报告。

四、访谈调查法的技巧

提问、倾听、回应被认为是访谈中的三项主要工作。在访谈中，这三项工作相互依存，密不可分。有时候，回应的方式与提问的方式相同，或者说以提问的方式表达回应，当然，它不如提问那样多是出于访谈者事先的计划，而是对被访者所谈及问题的进一步探究。倾听虽然没有言语表达，但如果不会倾听就无法提问和回应，更无法深入被访者的内心。因此，在提问、倾听、回应时访谈者必须掌握相应的技巧。

(一)提问的技巧

访谈者在提问时，主要应掌握如下几点技巧。

1. 从简单问题入手

为了营造融洽的访谈气氛，访谈者应当把容易回答的、事实性的、了解自然情况的问题排在前面，而把复杂的、可能引起被访者反感或不好回答的问题放在后面，使被访者逐渐适应。

2. 提问要明确清晰

结构性访谈中访谈者统一使用事先制作的访谈问卷，访谈者需要按照问题的顺序进行提问，不能随意更改顺序或删减文字。非结构性访谈中要求访谈者所提问题具体明确，避免使用抽象的专业术语，语言尽量通俗易懂，用清晰简短的提问换取充分的回答。访谈者避免提问含混型问题，如"你今天上语文课和外语课了吗？上了几节数学课？老师布置的作业多不多？"等。这类问题不仅一下子问了几个问题，而且每个问题意义交叉重合，使被访者不容易理解，访谈过程中要尽可能避免这种问题的出现。

3. 保持客观中立

保持客观中立一方面是指访谈者对所提的问题要保持客观、中立的态度，提问时不带有倾向性，不能对被访者进行诱导，如询问被访者对教师工作负担的看法时提出"您认为教师的工作负担很重吗？"这样的问题，这样的说法带有一定的暗示性，如果改成"您认为现在教师的工作负担怎么样？"会更合适。另一方面是指无论被访者怎样回答，访谈者都不宜进行评价，只能做出中立的反应，如"好的，您的观点我记下了""你说的意思我明白了"等，并鼓励对方继续说下去。

4. 维持被访者的访谈动机

被访者的合作态度是有效搜集信息的关键因素之一，当访谈者感受到访谈气氛紧张时，可以通过转换话题或者倒水等行为缓解访谈气氛，转换被访者的心情，维持其访谈动机。

5. 注意非言语交流

访谈是通过语言交流传递信息的，但有时非言语行为比言语行为更能表现交谈双方的态度、关系及互动的状态。因此，访谈者要善于观察、分析和利用非言语交流。如，访谈过程中，被访者连连点头，意思是"赞成""同意"；匆匆记录问题，表示问题可能非常重要；与访谈者保持的交流距离较远，可能暗示对访谈不感兴趣或怀有敌意；东张西望，表明注意力已经转移；频频看钟表，意味着希望尽快结束访谈等。

(二)倾听的技巧

访谈者对被访者的倾听，除了表示尊重，更是访谈者真切了解被访者真实想法的必要方式。只有认真倾听，才能使访谈达到理想的效果。对于访谈中的倾听，有的专家认为有三个层面：行为层面的"听"、认知层面的"听"、情感层面的"听"。

1. 行为层面的"听"

行为层面的"听"分为"表面的听""消极的听"和"积极的听"三种。

"表面的听"指的是访谈者只是做出听的姿态，但并没有听清楚对方说的话。访谈者无法把握被访者的谈话内容。"消极的听"指的是访谈者被动地听到了一些被访者的陈述，但是没有听进去这些话的意义，更不能理解被访者的言外之意，使访谈流于表面形式。"积极的听"指的是访谈者集中注意力于被访者，真诚地关注对方。因此，访谈者在访谈过程中要尽量使自己处于积极关注的听的状态，及时地、深层次地理解被访者谈话中真实意义，获取有价值的资料。

2. 认知层面的"听"

认知层面的"听"分为"强加的听""接受的听"和"建构的听"。

"强加的听"指的是访谈者将被访者的话纳入自己的概念分类系统中，用自己的意义解释体系来理解被访者所说的话。这种听很容易曲解对方的意思。"接受的听"指的是访谈者主动接受和捕捉被访者的信息，注意他们谈话的实质和探询所说语言背后的含义，切实理解被访者的表达。"建构的听"是指访谈者在倾听时积极地与被访者沟通，在平等的交流中访谈双方共同建构新的"现实"。"建构的听"需要访谈者具有较高的素质，能够与对方共情，通过双方互动达到对"现实"的重构，"建构的听"是以"接受的听"为基础的。

3. 情感层面的"听"

情感层面的"听"分为"无感情的听""有感情的听"和"共情的听"。

"无感情的听"指的是访谈者在访谈过程中不仅不流露自己的感情，而且对被访者的感情表露也无动于衷。"有感情的听"指的是访谈者在访谈过程中能对被访者所说的话表露自己理解和认同的感情。"共情的听"指的是访谈者在倾听中与被访者在情感上达到了共鸣，双方同欢乐、共悲伤。这种听并不是访谈者居高临下的理解，而是从心底里确实体会到了对方的哀乐，产生了心灵的共鸣，这种听需要访谈者能有宽广的胸怀去接纳其他人的不同情感,理解其他人的苦痛。案例6-3即表明的访谈者要善于沟通,适时地表达出自己的真情实感,让被访者感受到积极的情绪反馈,进而使交谈更加融洽。

【案例6-3】

一般来讲,如果访谈者自己没有情感表露,被访者也不会表露情感。在与访谈者接触伊始,被访者的直觉就会告诉自己对方是一个什么样的人,对方喜欢还是不喜欢(或者允许还是不允许)情感表露,然后被访者自己的感觉器官会受到相应的调节。如果访谈者态度十分冷峻或冷淡,被访者会不由自主地压抑自己的情感,拒绝接触自己内心的情感反应。而被访者如果无法接触自己的情感,那就更没有意愿向别人表达自己的情感了。比如,当一位年满30岁的男性小学教师告诉访谈者,由于工资低、没有住房、受社会歧视,自己至今尚未结婚时,如果访谈者面部没有一点表情,也没有在言语上表示同情,对方便很可能对访谈者产生不满,停止向对方倾诉自己的苦衷。

(资料来源:陈向明. 质的研究方法与社会科学研究[M]. 北京:教育科学出版社,2000.)

访谈者在倾听的过程中还需要注意以下两点。一是不轻易打断被访者。在访谈过程中,不打断对方是基本的访谈礼仪。被访者的陈述有其个人的动机和逻辑,被打断的话,不仅可能导致被访者的思绪中断,也可能使被访者感到自己的谈话不受重视。当被访者谈话的内容与访谈者希望了解的问题有距离时,访谈者也要耐心倾听,等待适当的时机将话题巧妙地引导至访谈主题上。二是接受访谈中的沉默。被访者在谈话过程中有时会沉默,沉默的原因可能是无话可说、有意拒绝、羞于回答、思考等。当被访者沉默时,访谈者需要等待一段时间,然后可以试探性地询问对方正在想什么。如果访谈者明确知道是因为害羞或害怕导致的沉默,则需采取措施,让被访者放松下来后再继续访谈。

(三)回应的技巧

回应指的是在访谈过程中访谈者对被访者的言行所做出的反应,包括言语反应和非言语反应。回应能够让被访者及时地感受到访谈者的态度、意向和感觉,这有利于访谈双方积极地进行对话。常用的回应技巧有以下几种。

1. 认可

认可是指访谈者对被访者所说内容进行肯定,使访谈继续下去。具体体现在言语行为和非言语行为。前者如"嗯""对""是的""是吗";后者如点头、微笑、鼓励的目光。来自访谈者的认可可能使被访者感到被重视,自己的观点被接受、被欣赏,使被访者更乐于表达自己的观点。

2. 重复、重组和总结

重复是指访谈者复述被访者所说的内容;重组是指访谈者将被访者叙述的内容换一个方式说出来;总结是访谈者把被访者说的内容用一两句话概括出来。这三种回应技巧的功能类似:一是表明访谈者在认真地倾听,鼓励对方继续表达;二是帮助对方厘清所谈内容;三是用以检验自己的理解是否正确。案例6-4中访谈者对被访者的话进行适当的重复和重组,这对于双方的顺畅交流及被访者的持续表达都起到重要的作用。

【案例6-4】

访谈者访谈一位重点中学的女班主任，班主任谈到自己每天工作十分辛苦，常常干到夜里十一二点才睡觉。访谈者如果想进行重复的话，可以说："您每天工作都十分辛苦，常常干到十一二点才睡觉啊。"通常，被访的教师听到这句话，会马上接着说："是啊，我每天都……"，下面便会引出很多有关她深夜辛勤工作的细节。如果访谈者希望对这位班主任的话进行重组的话，可以说："您工作非常努力啊。"这时，对方多半会接着说："是啊，每天都是这样……"，接下来一定会有很多她辛苦工作的例子。

(资料来源：陈向明. 质的研究方法与社会科学研究[M]. 北京：教育科学出版社，2000.)

3. 追问

追问指的是访谈者就被访者前面所说的某一个观点、概念、事件进行下一步探询，继续向对方发问。一般在以下几种情况下需要追问：当需要进一步弄清问题的来龙去脉时；当被访者回答自相矛盾，不能自圆其说时；当被访者的回答不够完整时；当被访者的回答含糊不清、模棱两可时；当被访者的回答过于笼统、不具体时；当访谈者没有听清楚关键问题的回答时；当访谈者需要了解细节，使谈话深入时。

访谈者要把握追问的时机与度。追问的时机是指访谈者追问被访者的具体时刻。一般来说，访谈之初不宜追问，除非是个人的基本资料，否则会使被访者产生抵触的情绪。可以先将感兴趣的词语或观点记录下来，当双方交流比较成熟时再追问比较合适。追问的度是指访谈者向被访者追问问题的合适程度。追问时访谈者要基于被访者的立场，以不透露隐私、不影响双方合作关系为前提进行追问，语言表达要谨慎。

追问的前提是访谈者认真地倾听，访谈者要对语词保持高度的敏感，及时记录被访者所述中重要的词语、概念或事件，适时地进行追问。如访谈者发现被访者多次提到"情境教学"这个词，可以追问："您刚才用了'情境教学'这个词，请问这个词是什么意思？"被访者解释过后，还可以对具体做法进行追问："请问您在课堂教学中是如何应用'情境教学'的？"

4. 自我暴露

自我暴露指的是访谈者对被访者所谈的内容就自己的经历或经验做出回应，如"我本人也当过教师，我也有过这种经历"等。自我暴露使被访者了解到访谈者与自己有相同或相似的经历，能够拉近二者的心理距离，使访谈更轻松和谐，在访谈者与被访者之间建立相互理解、相互体谅的关系，使双方交谈得更加自由、互动性更强。

拓展6-4：浅析教育研究中的访谈法

【知识链接6-1】访问的六大类偏差

(1) 被访者的错误：忘记、尴尬、误解或因某人在附近而说谎。

(2) 无意的错误与访谈者的疏忽：不适当的被访者、读错问题、漏掉问题、按照错误的顺序提问、记录错误的答案、误解被访者。

(3) 访谈者有意的破坏：有意更改答案、删掉问题、用不同措辞来问问题、选择其他被访者。

(4) 访谈者因为被访者的外貌、生活状况或其他的答案，而对被访者的答案产生某种期待，从而影响了答案。

(5) 访谈者未能追问，或者追问不当。

(6) 由于访谈者的外表、预期、态度、对答案的反应，或是在访问之外所做的评论，影响被访者的答案。

(资料来源：纽曼. 社会研究方法：定性和定量的取向[M]. 5版. 郝大海，译. 北京：中国人民大学出版社，2007)

本 章 小 结

教育调查法有自身突出的特点，体现在调查对象广泛、调查手段多样、调查方法的可操作性和实用性强。教育调查对了解教育现状、发现教育问题、探索教育规律、提高教育决策水平等方面具有十分重要的作用。

在教育研究中，问卷调查法的作用越来越受到人们重视。问卷调查法的优点表现在标准化程度高、匿名性较强、高效。问卷可以分为以下类型：封闭式问卷和开放式问卷、标准化问卷和自编问卷。调查问卷一般有标题、前言、指导语、问题及选择答案、编码和结束语等部分。在设计问卷时，问题设计、答案设计及问题序列设计都必须遵循一些基本的原则。问卷设计大致分为以下几个步骤：明确调查研究选题和调查对象、初步拟定问题、问卷试用与修改、问卷发放与回收。

访谈调查法是教育调查研究中使用频率较高的方法。访谈调查法的优点表现在：灵活性强、能够进行深入调查、准确度高、适用对象范围广。访谈调查法的局限性：样本小、效率低、调查过程容易产生偏差、缺乏隐秘性、资料处理难度大。访谈调查法分为不同的类型：结构性访谈调查法、非结构性访谈调查法和半结构性访谈调查法，个别访谈调查法和集体访谈调查法，一次性访谈调查法和重复性访谈调查法，直接访谈调查法和间接访谈调查法。访谈调查过程一般分为三个阶段：准备阶段、访谈阶段、结束阶段。在访谈过程中要注意访谈技巧，主要包括提问、倾听、回应的技巧。

思 考 练 习

一、单项选择题

1. 访谈过程的标准化是(　　)访谈调查最显著的特点。
   A. 结构性　　　　B. 集体性　　　　C. 重复性　　　　D. 直接
2. 问卷的主体部分是(　　)。
   A. 前言　　　　B. 指导语　　　　C. 问题及选择答案　　　　D. 结束语
3. 在调查问卷中，对问题的表述应当(　　)。
   A. 具有启发性　　B. 具有幽默性　　C. 具有倾向性　　　D. 保持客观中立

二、简答题

1. 简述问卷设计的一般步骤。
2. 简述访谈调查法的优点和局限性。
3. 简述问卷问题设计的原则。

三、论述题

论述访谈调查过程中倾听的技巧。

中国教育有弊端，但怒目金刚式的斥责和鞭挞，虽痛快却无济于事。对于中国教育而言，最需要的是行动与建设，只有行动与建设，才是真正深刻而富有颠覆性的批判与重构。

——朱永新

第七章　教育行动研究法

学习目标

知识目标： 了解教育行动研究法的基本概念、分类、特点、模式、步骤。
能力目标： 掌握教育行动研究法的主要方法和技术，能独立使用教育行动研究法进行研究选题的设计、论证，撰写研究报告或学术论文。
情感目标： 培养科研意识，提高学习积极性和科研动力。

重点难点

教学重点： 教育行动研究法的含义、类型、特征及评价。
教学难点： 教育行动研究法的主要方法和技术。

引导案例

家校合作，共同纠正"多动"儿童行为问题

张老师是一年级三班的班主任，最近特别发愁，因为班级里有一名叫小浩的同学，在学校频频表现出"多动"的症状，在课堂中经常受到外界的干扰，总是走神，难以集中精力完成老师所布置的任务。还时不时在课堂中无目的地走动、跑跳，即使授课老师制止，让其回到座位，他也无法安静地听完一整堂课。在与同学的交往过程中，他经常强行加入或打断他人活动，小朋友们对其排斥、孤立。

张老师在细心观察小浩的日常行为后，主动与家长和授课老师联系，了解其家庭情况和在家中的表现，并根据观察和了解的情况，与家长协商调整家庭、学校对小浩的教育方式，通过一个学期的三轮行动研究循环，老师与家长边研究边行动，双方配合起来，从身心等多方面，共同纠正小浩"多动"行为问题。在家校合作共同的努力下，小浩的行为有了明显的改善，能坐下认真听讲，学习成绩也稳步提高。

张老师总结小浩的情况，认为"边研究边行动"的教育行动研究法能很好地解决学生行为问题，在遇到与研究设想不一致的情况时，应及时反思并修正，按照学生的实际需要来开展实际的教育行动。

(资料来源：本书作者整理编写)

案例分析：在教育教学过程中，很多老师都有"用什么方法来解决实践中的问题"的疑惑，此时可以考虑采取教育行动研究法，其目的是解决教育教学过程中遇到的问题。行动研究的过程就是解决问题的过程，教师需要发现问题并确定问题，这样才能进行行动研究的下一步。张老师使用教育行动研究法来解决小浩的问题，既融合了教育理论和教育实践，又达到了反思的目的。

第一节　行动研究的概述

随着我国新课程改革的不断推进，广大基层教师作为研究者的身份成为新时代教师的重要角色之一。教育行动研究作为融合教育理论和教育实践为一体的研究，以反思和实践为内容，以解决教育工作情景中特定的实际问题为目标导向，在中小学教师中形成了研究的热潮。

一、行动研究的起源与含义

(一)行动研究的起源

行动研究起源于20世纪三四十年代的美国，开始兴起于社会学和心理学领域。德裔美国心理学家勒温(Lewin)最早提出行动研究一词，并且建构了行动研究的基本理念。20世纪50年代，哥伦比亚大学师范学院院长科利(Corry)将行动研究引入教育领域。之后行动研究受到广泛关注，促成美国教育研究领域在20世纪50年代前期形成行动研究的第一个高潮。20世纪50年代后期，美国的行动研究江河日下。英国却接过了行动研究的衣钵，成为行动研究的后起之秀。

1967—1970年，英国著名课程理论家斯腾豪斯(Stenhouse)作为主要负责人，在伦敦南部的菲利普教育学院成立了"人文课程研究"中心小组，这个小组后来迁入东盎格里亚大学，并进一步成立了"教育应用研究中心"。该中心小组聚集了英国教育家埃利奥特(Elliott)和澳大利亚学者凯米斯(Kemmis)，使菲利普教育学院"人文课程研究"中心小组成为英国名副其实的教育行动研究中心。

早期行动研究坚持实践者参与的主张，到了斯腾豪斯时期，转变成"教师即研究者"。1982年，斯腾豪斯逝世后，凯米斯在澳大利亚的迪金大学，开创了行动研究的另一个重镇，并使迪金大学成为国际行动研究的中心。由于受到时代精神、社会经济变迁与教育政策改变等因素的影响，行动研究在不同年代、学术领域与国家中产生不同的发展方向与重点。20世纪70年代以来，教育行动研究在英国、美国、澳大利亚、日本等国家的教育界相继出现，20世纪80年代，教育行动研究传入中国并逐渐被中国的学者所关注。

(二)行动研究的含义

什么是行动研究？中外不同的学者给出了不同的定义。

勒温将行为研究定义为："科学研究者与实际工作者之智慧与能力结合起来以解决某一实际问题的一种方法。"

埃利奥特将"行动研究"作为教师教育的核心原则，认为"行动研究是对社会情境(包括教育情境)的研究,是从改善社会情境中行动质量的角度来进行研究的一种研究取向。"

《国际教育百科全书》中把行动研究定义为"由社会情景(教育情景)的参与者,为提高对所从事的社会或教育实践的理性认识,为加深对实践活动及其依赖的背景的理解,所进行的反思研究。"

我国台湾地区学者李祖寿提出:"行动研究法是现代教育研究的方法之一,也是任何领域谋求革新的方法之一。它是一种团体法。注重团体历程、团体活动特别重视行动。尤其注重实际工作人员一面行动,一面研究,从行动中解决问题,证验真理,谋求进步。它是教育行政、课程、教学各个方面谋求革新的重要方法。"

华东师范大学教授刘良华则认为教育行动研究是教育实践者(主要是教师群体)系统而公开地反思自己的教育实践,其特征是参与、改进、系统、公开。

我国台湾地区学者陈伯璋提出,"行动研究是指情境的参与者(如教师)基于实际问题解决的需要,与专家、学者或组织中的成员共同合作,将问题解决的一种研究方法。"

尽管诸种定义表述各异,但所强调的基本精神却是一致的,即强调行动研究以解决现实情况中的具体问题为目标。我国学者普遍认同:教育行动研究,亦称"教师行动研究",是指教师在现实教育教学情境中自主进行反思性探索,并以解决工作情境中特定的实际问题为主要探索目的的研究,强调研究与活动一体化,使教师从工作过程中学习、思考和尝试解决问题。简单来说就是以自身教学或所在学校教学中遇到的问题为研究对象,以解决实际问题为目标导向进行的研究。

二、行动研究的类型

行动研究内部有比较丰富的方法类型,可以从研究的侧重点、参与者对自己的行动所做的反思、参与行动研究的主体及主体间的关系几个角度对行动研究进行分类。

(一)按照研究内容的侧重分

(1) 参与者为解决自己实践中遇到的问题进行的研究。此类研究强调研究对于改善实践、解决实践问题的实用价值。

(2) 参与者对自己实践进行批判反思的研究。这种研究强调行动研究的批判性功能,强调以理论的批判与意识的启蒙来引起和改进行动。参与者在研究中通过自我反思追求自由、自主和解放。

(二)按照行动与反思的关系分

(1) 内隐式"行动中认识"。这类"行动研究"强调在研究过程中通过观察和反思参与者日常行为,了解参与者"内隐于身"的知识。强调参与者一边行动一边开启反思性研究的活动。

(2) "对行动进行反思"。研究参与者为了建构和形成知识,把自己"抽离出"行动情境,对自己的行动进行反思,以改善和提高行动的合理性。

(三)按照参与行动主体间的关系分

(1) 合作模式的研究。这类研究主要是指一般作为研究主体的中小学教师和专业研究者的合作研究。教师和专家就某一个来自实践情境的共同感兴趣的问题，展开合作，进行研究。

(2) 支持模式的研究。这类研究往往是作为研究主体的中小学老师首先发现问题，又深感自身解决这一问题的难度过大，寻求专业研究者帮助的研究。

(3) 独立模式的研究。这类研究是指中小学教师作为研究的主体，不需要专业研究者参与的行动研究。这类研究，对中小学教师的专业素养要求较高，要具有独立的研究能力。

三、行动研究的特征

(一)为行动而研究

就行动研究的目的而言，教育行动研究法的研究对象是教师的日常教育教学行为，目的是解决教育行动中遇到的具体问题，提高行动的效率、效果。所以行动研究者关注的并不是专业研究人员感兴趣的理论问题，而是学校管理者和教师在日常的教育教学行动中遇到的具体的实践问题。对这些实践问题的研究，首要目的不是为了验证理论或发现新知识，而是为了实践问题的直接解决。所以说，行动研究是为行动而研究。

(二)在行动中研究

就行动研究的过程和环境而言，行动研究不同于理论工作者经常从事的理论研究或实验室研究，它的研究环境是教育教学现场。更确切地说，它是与实际工作有机结合的现场研究。它不主张把研究和行动看作是两种相互独立的活动分别进行，而是把科学研究和日常行动合二为一，倡导在研究中行动和在行动中研究，使教学工作伴随研究，用研究工作提升教学，研究和行动相互验证、相辅相成，真正把教学工作变成充满激情的创造性的探索活动。

(三)是行动者的研究

就行动研究的主体而言，一线的学校管理者和教师他们是名副其实的教育实践的行动主体。其了解自己所处环境的背景和现状，有研究和解决教育教学问题的第一手资料，对实践问题的解决起着不可替代的关键作用，也对问题如何解决的研究拥有重要的参与权和发言权。然而，在以往关于学校问题的研究中，大多数教师较少有从事教学研究的机会，即使有机会参与，也多是处于辅助的地位，执行专家的研究方案，配合专家、学者进行实验。这样做的最大弊端是忽视和压抑了一线教育工作者的独立研究和创造智慧的机会。而行动研究明确主张教师不能放弃自己作为一个教育研究者和创造者的权利，教师对于教学内容、教学方法不应只是简单的执行，而应充分发挥自己的创造性。教师应成为、能成为，也必须成为自己行动的研究者，教师既是教育行动主体，也是教育行动研究的主体，即教育行动研究必须是行动者的研究。

随着教育行动研究在我国中小学教育科研领域的日益广泛的应用，越来越多的教师把开展教育行动研究作为自己从事教学研究和专业成长的主要途径，教育行动研究也在解决教育实际问题、提高教学质量和增加教师实践智慧方面发挥着越来越显著的作用，"教师成为研究者"的理想借助行动研究逐渐变为现实。

【案例7-1】

胡老师是一名小学数学老师，担任三年二班的班主任。在其教育生涯中，无论是教学活动，还是班主任活动，总是面临很多的问题，不过他都能够找到很好的解决方案加以解决。有一次他和一位教育专家在一起探讨的时候，教育专家告诉他说，他所做的就是行动研究，他还有些惊讶，因为他从来没有想过将自己的教育行为和研究活动结合起来。教育专家告诉他，他要是能够用文字的形式将自己发现问题、解决问题的过程记录出来，就是很好的行动研究的成果表达。在教育专家的激励下，他慢慢开始通过记日记的方式记录自己教育中的所思所想。几年之后，他记录了厚厚的几本，这些都是他对教育行动的很好的研究成果。后来这位教育专家看后说道，他的这些日记通过认真梳理和总结，可以作为个人的教育专著加以出版。

(资料来源：本书作者整理编写。)

四、行动研究的一般程序

(一)勒温的观点

行动研究的最早提出者是美国学者勒温，勒温和其学生进行合作研究，积极地对自己的境遇进行反思，力求改变现状。大约在1944年，勒温将这种结合了实践者智慧和能力的研究称为"行动研究"。勒温认为行动研究的核心是自我反思的螺旋式行进过程，包括计划、行动、观察及反思。反思又为下一阶段的计划提供基础，所以是一个螺旋式行进的过程。

勒温的行动研究的模式从实施步骤上看可以分为四步。

(1) 确定研究选题：发现教育工作中亟待解决的实际问题，选定研究选题，并对研究选题的成因进行分析、诊断与确定。研究选题一般由教师自己提出。

(2) 拟定研究计划：明确总研究目标，并围绕总目标设计相应的研究方法、程序、监控手段等。

(3) 实施行动研究：搜集资料，拟定并实施有效的教育措施。

(4) 进行总结评价：汇集资料、做好观察记录，根据各种信息反馈认真修正行动计划，再实施新一轮行动研究，直至实现研究总目标。

勒温的行动研究模式是一种前后循环的行动模式，研究活动从计划开始，通过反思进一步改进计划，进而形成第二轮的行动研究方案，该研究活动是一个不断循环的发展过程。勒温的行动研究模式初步具有了行动研究的基本特征，体现了教育行动和教育研究的有机结合和相互促进。

(二)凯米斯的观点

澳大利亚学者凯米斯在勒温的行动研究模式的基础上，将循环的行动研究进一步发展成为批判的行动研究。他认为行动研究的核心在于：由计划、行动、观察和反思等环节构成的螺旋式推进的循环过程。他提出了一个比较直观的"计划—行动—观察—反思"的活动模型，该活动模式的主要内容包括如下几个环节。

(1) "计划"。包括三个方面的内容和要求：计划始于解决问题的需要和设想；计划应包括"总体计划"和每一个具体行动步骤的计划方案；计划要不断调整。

(2) "行动"。即实施计划。

(3) "观察"。包括本人对自己的观察，别人对自己的观察。研究者通过观察，发现自己行动研究的问题。

(4) "反思"。它是一个螺旋圈的结束，又是过渡到另一个螺旋圈的中介。包括：整理和描述，即对观察到的，感受到的与制订计划、实施计划有关的各种现象加以归纳整理；评价解释，即对行动的过程和结果作出判断评价，对有关现象的原因作出分析解释。

五、行动研究的评价

(一)行动研究的优点

1. 较高的适应性和灵活性

行动研究简便易行，较适合于没有接受过严格教育测量和教育实验训练的中小学教师采用。行动研究容许边行动边调整方案，不断修改，经过实际诊断，增加或取消子目标。行动研究实验条件的控制比较宽松，注重实际真实的教育环境，较有利于在教育这样复杂的研究现象和领域内进行。

2. 评价的持续性和反馈的及时性

行动研究强调评价的持续性即诊断性评价、形成性评价、总结性评价贯穿整个研究过程。反馈的及时性表现在两个方面。一是及时反馈总结。使教育实践与科学研究处于一种动态结合与反馈中。二是及时反馈实践。一旦发现较为肯定的结果，便立即反馈到教育实践中去。

3. 较强的实践性与参与性

教育研究与教育实践紧密联系。教育研究紧紧围绕着学校的实际问题进行分析、研究和行动。参与性是指研究人员由专职研究人员、行政领导和第一线教师联合构成，一线教师是行动研究的参与者与实践者。研究人员通过与一线教师合作的方式，直接或间接参与方案的实施。

4. 多种研究方法的综合使用

在较成功的行动研究中，可汇集多种研究方法进行使用。理想的行动研究法应是多种科学研究方法的灵活和合理的并用。教师在开展行动研究过程中能综合运用观察法、调查法、文献法等多种研究方法。从这个意义上说行动研究不是简单的研究，而代表一种研究的范式。

(二)行动研究的局限性

行动研究的局限性主要表现：由于其非正规性而缺少科学的严密性，在实际研究中，不可能严格控制条件，研究者或教育实践工作者较强调行动研究的简单易行，而易忽视计划性、系统性和潜在的控制性，使得某些行动研究的结果显得缺乏起码的可靠性和说服力。

【知识链接7-1】

行动研究的实践导向特征

拓展7-1：行动研究：一种日益受到关注的研究方法

阿尔特里奇特等学者从六个方面描述了教师行动研究的实践导向特征。

★行动研究由教师发起，虽然长期的行动研究需要许多人共同合作以维持进行研究的动力，但外部专家的角色仅仅是提供支持，而不对实际进行的研究负起责任或掌握研究的方向。

★行动研究起源于每日教育工作中所产生的实际问题。

★行动研究必须和学校的教育价值及教师的工作条件具有相容性。

★行动研究提供进行研究与发展实务的一些简要的策略与方法。适合教师使用的研究方法必须在不过度打扰实务工作的情形下进行。

★行动研究是一种持续不断的努力。它协助教师进行反思性行动以便能发展个人知识，反省思考将开发出新的观点，也将在行动中被理解与检验。

★每一个行动研究都有自己的特点，所以行动研究不可能有非常细致明确的研究模式和学习步骤。

(资料来源：高耀明，李萍. 教师行动研究策略[M]. 上海：学林出版社，2008.)

第二节　行动研究的实施

行动研究的实施

一、确定研究选题

对于从事教育实践的教育者来说，在日常的工作中常会遇到各种各样的问题。怎样的问题可以进行研究？教师需要首先将研究问题确定下来。而确定行动研究选题的过程已经使教师迈出了行动研究的第一步。

(一)研究选题的来源

确定要研究的问题可能具有挑战性，这不是因为缺少可以研究的问题，而是由于提出一个具有学术意义和可研究性的问题确实对研究者来说是不小的挑战。因为问题必须是独一无二的，而不是简单地重复他人的工作。

研究选题从何而来？一般而言，研究选题的来源主要有三类，即个人经验、理论推演和相关文献。有时还有一些非教育资源也是可用的。

1. 个人经验

对于一线教师及教育行政人员来说，作为教育实践者的个人经验是最有成效的资源。教师通常对新的关系或为达成某一特定目标采用的不同方式有着敏锐的直觉或预感。比如，某位数学教师可能注意到使用某种教学方法后其教学效果要优于其他方法，那么针对这些方法就可以设计一项研究来进行系统的比较。案例7-2中的吴老师在选取研究选题开展研究时，就从自身工作和生活出发，结合教育教学中发现的问题，进行了深入的、系统的研究。

【案例7-2】

吴老师一年前在该班学生上一年级时就积极开展"小组合作学习",课堂教学组织形式得以丰富,课堂教学气氛得到很好营造,尝试初见成效。但随着时间的推移,吴老师发现了一些令人不满的现象:合作学习中遇到意见分歧时,小组成员你说你的思路,我说我的见解,缺乏必要的倾听、讨论等合作技能,没有实际效果;部分学生依赖他人,坐享其成或趁机偷懒,"游离"在课堂之外;很多学生易被他人同化,合作时"人云亦云",等等。吴老师认为其本质问题是小组合作学习仍停留在初步尝试运用阶段,因没有采取更细致的富有针对性的措施而依然流于形式,缺乏实效性。那么,应该如何加强指导,提高低年级数学小组合作学习的有效性?这是摆在吴老师面前的一个现实问题。至此,吴老师将研究选题确定为"小学低年级数学小组合作学习有效性的实践研究"。吴老师能敏锐抓住理念向课堂转化过程中的本质问题展开跟进式研究,找准了具有普适意义的研究选题。

(资料来源:《面对新理念下课堂教学实践问题,教师怎样选择研究选题》)

2. 理论推演

理论推演即从熟悉的领域中概括出所体现的社会哲学或推论,通过研究将这些来自人类行为的推论置于经验的参考框架内。从理论上讲,研究人员可以制定研究选题或假设,说明在某些经验情况下的预期发现。再通过设计并进行系统的调查,来评估经验数据是否证实了假设,进而证实理论。

3. 相关文献

研究选题的另一个宝贵来源是研究者所感兴趣的研究领域中的相关文献。在阅读已发表的研究文献时,研究者能够发现一些研究选题的样例以及相关研究具体实施的方法。在检索前人的研究时,有多种方法可以帮助研究者创建新的研究选题。案例7-3中孙老师就是在前人研究的基础上提出质疑,用质疑的眼光发现有价值的研究选题的。

【案例7-3】

孙老师是一位小学的语文老师,在假期学习期间,看到现有文献中对如何处理知识和智慧在教育目的中的地位有着不同的观点。如教育学理论中提及的形式教育论,认为知识不是教育的最终目的,教育的目的是培养学生的智慧和能力。而实质教育论的观点则认为,教育的目的在于帮助学生获得知识,知识本身就是教育的目的。看到形式教育论和实质教育论的相互争论,孙老师很感兴趣。他常常结合自己的教育实践思考,小学教育中,究竟培养学生的什么素养最重要;在教育实践中,应该如何处理知识和智慧之间的关系。在阅读文献和个人思考的基础上,孙老师认为在教育中知识的获得很重要,知识向智慧的转化更重要。于是他拟定了一个研究选题,题目是"小学语文教学中转识成智的实施策略研究"。

(资料来源:本书作者整理编写)

(二)确定研究选题的步骤

1. 思考

结合你自身已有的实际经验思考,如:
- 是否有些问题已经在你的头脑中存留了很久,但一直没有合适的机会加以研究?
- 是否有一些问题使你困惑不解,并且已成为你的思考焦点?
- 你觉得哪些方面工作效率较低?
- 你觉得什么情景使你的工作遇到困难?

2. 记录

记录下你的初步想法后,用一些未完成的句子来刺激自己对问题有更进一步的想法,如:
- 我想要去增进……
- 有一些同学(同事或家长)对……不感兴趣,我能做些什么来改变这种状况吗?
- 我对……感到困惑
- ……是引起波动的来源,对此我能做些什么来改变这种状况吗?
- 倘若我……,我会不堪重负。
- 我有一个想法想在我的班上试试。
- ……的经验(在读书时发现的或是同事说的)要如何应用到……

3. 分析

如果你使用下列问题去指认最重要的特征,可以充实你对研究选题的分析,比如:
- 在这种情景中发生了什么?
- 如学生 S 对家长和教师的态度差异谁做了什么?
- 为了更好地认识这一问题情景,哪一个背景因素是至关重要的?

4. 概括

试着对这些头脑风暴的成果进行概括,尽可能地将研究兴趣集中在一个特定问题上。从而最终确定一个研究的题目。

二、制订研究计划

在确定具体的问题领域之后,教师需要在搜集相关资料的基础上,审慎地制订行动研究计划。计划是一幅研究的"蓝图",它不仅为教师提供了比较详尽的研究步骤,有力地确保整个行动研究过程的有序开展,而且为行动研究过程和结果的评价提供了参考的框架。同时,制订计划的过程也是分析和论证问题解决可行性的过程。

在行动研究中,制订研究计划是指研究者以大量事实和调查研究为前提,形成对问题的认识,然后综合有关理论和方法,制订出研究计划。

具体而言,研究者从文献综述、现状调查、问题诊断入手,弄清楚现状如何,存在哪些问题,关键问题是什么?它的解决受到哪些问题的制约?制约因素中哪些可以改变但不重要，哪些可以但不能在短期内改变，哪些重要且可以创造条件来改变的？创造怎样的条件，采取怎样的方式才能有所改进？怎样的计划是切实可行的？一般而言，研究计划应该包括以下内容。

(1) 预期目标：预期目标包括总体目标和每一步具体行动目标，目标的陈述应该具有客观性、可操作性和可监测性。

(2) 拟改变的因素：拟改变的因素即为了解决问题而采取的一些方式方法，一次改变的因素不应太多。

(3) 行动的步骤与行动时间的安排：研究中具体行动措施实施的先后顺序及每一步骤所需的时间。如先做什么，需多长时间，再做什么，需多长时间。安排的时间和地点应该比较灵活。

(4) 研究人员及任务分配：研究人员应是能够代表研究情境中的所有人员。为了使研究顺利进行，任务分配非常重要。

(5) 资料分析的方法：准备用哪些方式方法来搜集资料，初步分析资料的方法。

(6) 行动者在计划环节应注意事项：任何行动必须是行动者能够做到的；行动研究不能干扰正常的教育活动；所采取的行动研究，必须在一段时间内能测量出结果；行动研究要考虑伦理问题。

三、实施行动研究

实施行动研究阶段既包括对已有计划的执行，也包括对行动的观察与调整。在具体的情境中，研究者常常是一边行动、一边观察、一边调整，将教育行动指向问题的解决。

在研究计划的指导下，实施行动研究应包括以下几个方面：对介入研究的人员进行培训，使他们掌握基本研究技术；按计划采取干预行动；应用有关的方法，如直接观察、问卷调查、个案研究、测试等，深入现场，搜集资料；对行动后的结果进行评价，通过结果反馈来验证设想和计划是否可行、是否有效、是否需要进一步修改或调整；在修改的基础上再进行第二步的具体计划和行动。总之，行动研究是一种不断扩展的螺旋式结构，最终目的在于求得实际问题的解决。

四、反思研究结论

没有行动，就没有行动研究。有了行动，就要对行动进行不断的追问和反思。可以通过对行动发生过程的记录、调整等过程的回顾、总结工作来实施对研究的监控和梳理。

(一)研究反思

反思既是一个研究的终结，又是过渡到另一个新研究的中介。在反思环节中，研究者要在对观察、感受到的与研究活动有关的各种现象加以归纳整理的基础上，对行动的全过程和结果作出判断和评价，并为下阶段的计划提供修正意见。

1. 反思的具体内容

反思的整个过程主要围绕两个方面来进行：一是对所研究的问题作出结论，即分析行动研究是否完成目标；二是对整个行动研究的计划、策略、步骤等进行分析、反思和批判，为下一个(循环)计划做准备。前者是有关行动研究目标成效的检讨；后者是对行动研究本身作评价，如弄清楚研究过程中所遇到的问题和限制等。两方面各有不同的目标和标准，两者之间互相影响，互为因果，不可分割。

2. 反思的基本要求

1) 以研究选题为基点

行动研究是始于问题解决这一目标的，因此，在反思的环节上，教师需要针对原初的问题具体地展开反思。通常的提问方式是：我是否解决了原初的问题？在多大程度上解决了原初的问题？还有哪些问题需要在下一步的计划中得到解决？

2) 以研究计划为参照

以研究计划为参照来反思行动或实践，具有两个方面的作用：一是有助于考察原有研究计划的合理性；二是有助于完善下一步的研究计划。

3) 以教师行动为对象

在行动研究中，反思是行动者的反思，是教师对自身行动或者实践的反观。这种反观有时是描述性的，如对行动或实践所处的教育情境的记述；有时是批判性的，如多角度对自身行动或实践合理性的综合剖析。

4) 以改进实践为归宿

行动研究从教育实践中的问题开始，最终走向教师实践的改进。即反思通过行为研究，教师个人的教育教学素养是否得到了提升？是否增进了教育教学实践的合理性？

(二)研究结论撰写

行动研究结论的撰写，就是在行动研究的过程中或行动研究告一段落后，对行动研究的过程进行记录、描写、阐释和反思。

行动研究结论的撰写，既是教师在行动研究过程中和过程后的自我总结，也是让他人了解自己研究的方式；既是一次行动研究过程的小结，也是一次新的行动研究的开端。行动研究结论的表达方式多样，如教育日志、教育案例、学术论文、教育调查等都可以作为其结论的表达方式。

拓展7-2：行动研究方案：农村小学文学启蒙教育行动研究计划

【知识链接7-2】

行动研究是西方在70年代后兴盛起来的一种教育研究方法，如今其所受到的关注日益普遍:从仅在专业教育研究者中引起的震动，到为广大教育实践工作特别是教育教学第一线的教师感兴趣和欢迎。它所倡导的"教师即研究者"运动，改变了教育研究为专业研究者所把持的局面，促使教育研究观念在一定程度上发生了根本性的变革，为解决教育研究中固有的教育理论与教育实践脱节问题，找到了一条有效的途径。

(资料来源：郑金洲. 行动研究：一种日益受到关注的研究方法[J]. 上海高教研究，1997(1).)

第三节　行动研究的方式

一、研究日志

(一)研究日志的含义

在行动研究中最常用到的记录方式之一就是研究日志。研究日志也称为"教学日志""工作日志"或"教师日志"，是一种教师对生活事件定期的记录，它有意识地生动地表达了教师自己。研究日志同时也是一种深度对话和反思的教学模式，它打破传统的灌输式课堂，倡导学生的探究性学习。它不是仅仅罗列生活事件的清单，而是通过聚焦这些事件，让我们更多了解和反思自己的教育实践。研究日志通常需要每天或几天记录一次，至少也要每周记录一次。

作为行动研究成果的研究日志，记录的是教师在行动研究过程中，所观察到的、所感受到的、所解释的和所反思的内容。研究日志的主体部分应该是教师对观察的记录和自描，其初稿主要是教师对所见所闻所感所思的自由写作。

研究日志常用的记录形式包括备忘录、描述性记录和解释性记录。这三种记录形式并不是在同一层面上划分出的，备忘录很多时候可等同于一篇日志，而描述性记录和解释性记录通常只能作为一篇日志的部分。而且，备忘录中也可以体现描述性记录和解释性记录的成分。但是，它们在记录上的侧重点、在文本的表现形式方面有一定差异。

研究日志具有隐私性，其中有些内容不宜直接公开。当要将研究日志出版时，对于其中涉及的隐私部分，必须征得研究对象的公开同意，或者做一些必要的技术处理才可出版。如将姓名更换为小 A、L 和 S 等英文字母，以保护作者的隐私。

(二)研究日志的分类

1. 主日志

主日志要求所有的研究事项在其中都有反映，包括废弃不用和作为备案的内容；对于篇幅较大的内容采用附件或专门报告的形式记录，但在主日志中必须有记载，如任务书、会议纪要、工作论文、专题报告等，凡是研究选题形成的内容，在主日志中都需要有所体现，有相应的条目。

2. 专题日志

如果在研究日志中，某一观点出现了多次，并存在差别，应当将这些相互关联的日志条目重新组合在一起，形成该问题的专题日志。专题日志的目标，就是将这些分散于多处的相同议题的内容集中于一处，设立一个专题，以便于了解问题的形成、发展过程、冲突各方的意见与解释，从而便于协调生成新方案。

3. 阶段日志

对于一些时间较长的项目，主日志的篇幅过大不便于使用，因此，出现了阶段日志。为了避免阶段日志之间的交叉引用，阶段的划分一般要选择在阶段成果比较固定、不易变化的节点上进行，即已经形成一个相对稳定的中间成果的时刻。后一阶段的日志，通常是以前一阶段相对稳定的中间成果为基础往后进行的。

4. 分组日志与个人日志

对于一些大型项目，通常需要分组研究。由于各组之间也存在一些约定与协调事项，故各分组也应当撰写相应的分组日志。在一些组员们交互较多的项目中，每一个人都应当有自己的日志，即个人日志。至于哪些具体的研究项目采用哪些日志，需要具体情况具体分析，但日志的复杂程度体现了项目本身的复杂程度。

二、教育叙事

(一)教育叙事的含义

作为行动研究成果表达形式的教育叙事，既指教师在行动研究过程中采用叙事的方法所做的某些简短的记录，也指教师在行动研究中采用叙事方法写成的研究成果。教师进行教育叙事的主要目的，是以自我叙述的方式来反思自己的教育教学活动，并通过反思来改进自己的行动，不断提高教育教学质量。

拓展 7-3：教育日志案例·一位教师的研究日志

以"叙事"(即讲故事)为特征的行动研究报告，既不同于一般的教育"实验"研究报告，也不同于一般的经验总结。它是叙述某个人或某件事的故事，这个故事必须具备一些基本特征，比如叙述的故事必须是教师自己亲身经历的，即教师"参与"其中并引起了某种"改进"。教育叙事研究实质上讲述教育故事，是质的研究方法在行动研究中的具体应用。

(二)教育叙事的特点

教育叙事的基本特点是研究者以叙事、讲故事的方式表达对教育的理解和解释。它不直接定义教育是什么，也不直接规定教育应该怎么做，它只是给读者讲一个或多个教育故事，让读者从故事中感悟教育是什么或应该怎么做。具体而言，教育叙事具有如下特点。

(1) 教育叙事所叙述的内容是已经或正在发生的教育事件，而不是对未来的展望。它所讲述的内容是实际发生的教育事件，而不是教育者的主观想象。教育叙事十分重视叙事者的处境和地位，尤其肯定叙事者的个人生活史和个人生活实践的重要意义。在教育叙事中，叙述者既是说故事的人，也是他们自己故事里或别人故事中的角色。

(2) 教育叙事所报告的内容具有一定的"情境性"。叙事讨论的是特别的人和特别的冲突、问题，或使生活变得复杂的任何东西，所以叙事研究不是记流水账，而是记述有情境、有意义、相对完整的故事。

(3) 通过教育叙事获得某种教育理论或教育信念的方式是归纳而不是演绎。也就是说，教育理论是从过去的具体教育事件及其情节中归纳出来的。

(三)教育叙事的分类

1. 从叙事的内容分：教育片段叙事、生活叙事、传记体叙事

教育片段叙事，即对个人教育教学实际中某个印象深刻的片段的叙述，这类叙事显示事件发生的细节，借以阐明教师对具有不同教育教学效果的教学行为的反思；生活叙事，

即对教师教育生活故事的叙述，这类叙事显明其中所蕴含的教师的生活体验，教师日常生活与教师成长、教育状态、教育经历密切相关，教师的成长不光发生在课堂，同样发生在日常生活之中；传记体叙事，即对教师成长过程乃至教师生涯的整体叙述，这类叙事显明了教师生命成长的历程，是对平凡教师人生中细微的个人生命颤动的揭示。

2. 从叙事的主题分：单主题叙事、多主题整体性叙事

单主题叙事，即就某一个主题展开个人教育生活的叙事。这种单主题一般主题较为鲜明，且有较强的针对性，如针对教育生活中的"师生关系""教学评价""学业负担"等某单一的主题的故事写作，这类故事往往是以小见大，通过深入挖掘故事背后的教育意义给人以启发。多主题整体性叙事，即就多个主题综合展开个人教育生活的叙事，整体性是指研究教师的整体生活，包括个人家庭生活、日常交往、教学、班主任工作、学习研究以及其他可能对教师个人成长产生重要影响的经历。通过多主题整体性叙事梳理出教师日常生活中所遭遇的各方面对教师的影响，整合起来构成一个完整立体的教师个体。

3. 从叙事的层次分：教育教学日志、研究性叙事

教育教学日志或日记直接记录日常真实教育生活情景，并在记录日常教育生活经验的基础上进行反思。这种叙事不局限于记录，在记录的基础上对于记录的故事要及时加以反思与评判。

研究性叙事，即通过对多种原始教育生活材料的搜集整理，对日常教育生活加以反复梳理的教育叙事，重心在研究而非记录。

4. 从叙事的主体分：他传体叙事、自传体叙事

他传体叙事，即以第三人称的视角记录教师与他人对话完成对教师教育生活故事的梳理、提炼的叙事。

自传体叙事，即教师自身对自我教育生活故事进行梳理与叙述的叙事，是通过对个人成长或成长的某一方面的梳理，然后去发现这一阶段对教师教育生活的重要性，或梳理某一时间段教师对个人教育观念的转折。自传体叙事的实质是"从'个人生活史''个人生命经历'中透视整个世界"，因此自传体叙事"充满生命的体验和生命的感动，容易牵动人心"。

三、教学反思

(一)教学反思的含义

拓展 7-4：教育叙事的案例·小豆包的故事

《论语·学而》中，子曰："吾日三省吾身"，孔子强调通过反思来促进自我的发展。1933年，杜威在其《我们如何思维》(第二版) 一书中就对反思性思维作过这样的界定："反思是解决问题的一种特殊形式，它不仅涉及一系列观念，也包含其结果。它是一个连贯的观念序列，其排列方式使每个观察将其后续的观念作为它决定下的恰当的结果，而且每一个结果又反过来依赖于或指涉它前面的观念。"反思就是对自己的思想、心理感受及行为的体验和思考，是提升人思维能力的重要因素。

教学反思为反思在教育领域中的一种主要形式。叶澜教授说，一个教师写一辈子教案不一定成为名师，如果一个教师写三年的反思，有可能成为名师。反思，在一个教师专业化成长的进程中具有决定性的作用。不会反思的教师，他的教学能力和水平至多只是经验的累积；能够不断反思的教师，他的教育智慧就会随之不断增长。

我国著名心理学者、北京师范大学教授林崇德先生提出：优秀教师＝教学过程＋反思。他说，一个教师一生工作时间也许会有30年，假如他从不进行反思，那么他也许只是一年工作的30次重复。美国学者波斯纳(Posner)提出没有反思的经验是狭隘的经验，至多只能成为肤浅的知识。教师成长公式：经验+反思=成长。

教学反思是指教师在教学过程中通过教学监控、教学体验等方式，辩证地否定(即扬弃)主体的教学观念、教学经验、教学行为的一种积极的认知加工过程。教学反思具有实践性、主体性和创新性。实践性是指教师职业成长是通过在教学实践中进行教学反思完成的；主体性是指教学方式、教学理念等是通过教师主体认知加工而形成的，既有主体的认知因素参与，也有非认知因素参与；创新性则是指教师通过不断地怀疑自己、否定自己来超越自己。

(二)教学反思的特点

教学反思是教师基于日常的教育教学实践进行思考和评判。

1. 教学反思以教师自身的真实性为基础

在日常教育教学工作中，教师遇到的大量教育教学事件，是教师进行教学反思的源源不断的素材。由于教学反思的对象是教师亲力亲为的事件，所以教师成为研究的主体，从自己的教育实践出发，从校园生活出发，从真实教育事实出发，进行一种事实性、情境性和过程性的研究。

2. 教学反思以探索教师行动意义为目的

教学反思是老师以自己的教育活动为思考对象，以自己为研究工具，进而对自己的行为、决策及其结果进行审视和分析的一种研究范式。它所追求的是对教师行动意义的探索，强调"在教育中，通过教育，为了教育"。在进行教学反思时，教师并不是以专业研究者的身份，而是以教师的职业角色和身份对自己遇到的问题进行研究，也就是说做的是自己的研究，研究的是自己的教育教学工作。

3. 教学反思架起教育理论转化实践的桥梁

提倡教师的教学反思，就是试图在教育理论与教育实践之间架起一座桥梁，让教师在教育实践中把教育理论内化为指导自己实践的思维方式。因为，教师的教学反思是一种为改进自己的教育行为，而进行的反省、思考和探索，是一种从实践到理论的研究。即从教育教学实践中发现的问题或自认为有研究价值的问题出发，不断地分析问题、解决问题，在学习间接经验的基础上，将普遍性的知识内化为自己的知识、经验和理论，从而实现对自身行为的改进和提高。

(三)教学反思的分类

1. 从反思的时间分：教学前反思、教学中反思、教学后反思

教学前反思：教师在课前思考如何组织教材、课堂中应重视的内容、具体教学方法、

学生的需要、满足这些需要的具体课堂目标，以及达到这些目标所需要的教学模式和教学策略等。在课前教师还要在对本学科、本册教材、本单元、本课的教学计划中的关键项目作出反思。

教学中反思：即课堂反思，也叫调控性反思，课堂教学是一个复杂、动态的过程，在课堂教学中总会遇到一些意想不到的突发问题，这就需要教师具备较强的应变能力，快速反应，及时对问题进行思考、分析，寻找问题的原因和解决方法，及时地反思自己的教学行为，调整自己的教学策略。

教学后反思：即在一堂课或一个阶段的课上完后，对自己上过的课进行回顾和评价。教学后反思是目前最广泛的反思形式。我们通常进行的教学反思，多是这类反思。教学后反思可以使教师直观、具体地总结教学中的长处，发现问题，找出原因和解决问题的办法，再次研究教材和学生、优化教学方法和手段，丰富自己的教学经验。

2. 从反思的主体分：自我反思、集体反思

自我反思：即通过自我反省的方式来进行的反思，自我反思源于反思主体的自我意识和自我教育，它是反思的最主要形式和最高境界。教师自我反思的内容包括对自身素质的反思与对教学过程和效果的反思。

集体反思：即与同事一起观察自己的、同事的教学实践，与他们就实践问题进行对话、讨论，它是一种互动式的活动，集体反思注重教师间成功的分享、合作学习和共同提高，有助于建立合作学习的共同体。最常见的集体反思形式是备课组、教研组的校本研修。

3. 从反思的对象分：纵向反思、横向反思

纵向反思：即把自己的教学实践作为一个认识对象并对不同时期的教学实践进行思考和梳理。纵向反思应贯穿于教师的教学生涯，而不是某一阶段的特殊任务。比如，同一个问题，从教与学两个角度思考会有不同的看法，把它们糅合在一起进行类比、归纳、总结、改进，可具有温故知新之效。

横向反思：反思者把反思对象与同时期、环境基本相同的情况中的其他对象进行对比而进行反思。横向反思需要跳出自我，所谓跳出自我就是经常开展听课交流，研究别人的教学长处，通过学习比较，找出理念上的差距，解析手段、方法上的差异，从而提升自己。

四、课例研究

(一)课例研究的含义

课例是教师经常面临和值得思考的一种教育案例，是教师学习和反思的主要内容，正如美国教育案例研究所所长舒尔曼所说："教师所写的，其他教师可能会面临的现实世界问题的案例是对实践反思的一种强有力的工具。它们有助于教师从他人的现实故事中学会预测和解释问题。"

拓展 7-5：教学反思的案例•北师大版小学数学四年级"图形的旋转"教学反思

课例研究是对课堂教学中含有典型问题和关键教学事件的教学过程的叙述及诠释。课

例研究的目的是让教师学会有计划、有目标地研究课堂教学的案例，以实现教学改进。

课例研究最基本的前提假设是：教师知识是情境的知识；教学智慧是群体的实践智慧，因此，它只能通过以课例为载体的伙伴互助、实践反思、专业引领、行为跟进才能得到整体的提升。课例研究是教师在校本研究中研究如何改进课堂教学的主要方式，是教师专业成长的重要途径，是教学相长的必经道路。

(二)课例研究的分类

1. 行动教育的模式

国际研究表明，将先进的教育理念转化为教师行为的有效方法是伙伴互助和案例教学。我们认为保持同事间的互助指导，还需注重纵向的先进理念、技术、经验和方法的专业引领；行动教育模式主张教师在专业引领下对自己的课堂教学进行历时性的研究，教师在不同的时间，反复研磨同一节课例是一种常见的研究方法。教师可通过多次执教一个课例，在研究中获得提升。

大量实践证明，行动教育模式可以有效地将先进的教育理念转化为教师的教学行为，"一人同课多轮"的实践反思改进过程有利于青年教师举一反三的实践智慧的积累和骨干教师典型经验的提炼。但由于是同一执教者数轮换班教同一节课，因此不宜在常态教研活动中经常使用，只适用于每学期一次的专题研究。它不仅耗时费力，且如果没有专业人员的引领，多次反复，亦容易陷于同水平的重复。

2. 互助式课例研修模式

互助式课例研修模式是指以勒温的螺旋循环性的研究模式为基础的互助式课例研修模式。它的主要特点是以备课组为单位，同头课教师集体备课，由一位教师先行试教，其他教师集体观课评课，修正教案后，再由另一位教师在自己的任课班级施教。它的好处是不用借班上课，方便在日常的教研活动中普遍采用。同时能发挥教师集体的智慧，通过互助共同实现提升。

3. 同课异构的多种变式

(1) 多人同课循环。多人同课循环是指由备课组的几位教师或中心校与周边校的同头课老师轮流上同一节课。这种模式的特点是在循环跟进的过程中，可以相互比较同一教材的不同教法，取长补短，还可以围绕一个核心问题深入研讨，持续反思。

(2) 师徒同教。师徒同教是指在新教师的实习期，由指导教师与实习教师同上一节课，可以师傅先上，徒弟跟进，也可以徒弟先上，师傅指导后再上示范课，有利于师徒互教互学。在有经验教师的示范引领下，培养职初教师的教学规范，有利于加快青年教师的专业成长。这种方法也同样适用于名师对中青年骨干教师的带教。

(3) 异地会课。异地会课是指不同地区、不同教学流派的优秀教师同上一节课。课前双方约定共同的研究选题，在各自导师团队的指导下分头备课，然后在约定的时间会课，之后一起说课评课，这有利于不同教学方法、不同教学流派的相互比较借鉴。在数字化时代，还可以借助网络平台异地会课，将双方的视频课例上传至网上，然后通过视频会议的形式，互相评课议课。

4. 以课例为载体的主题研修

以课例为载体的主题研修是指教研组或备课组选择一个大家共同关心的课改中的热点问题或难点问题，以一节课例为载体，来进行深入的研讨与分析。这是当前校本研修的一种主要形式和方法。它可以起到以例说法、举一反三的迁移作用，推进课程教学改革有效地实施。以课例为载体的主题研修操作的要素如下。

(1) 研究主题明确。有大家共同关注的有价值的研修主题，并选择相关的课例。

(2) 研究线索清楚。关于几轮课连续改进过程中，经历了几个阶段，遇到了哪些问题，是如何解决的，要理出一个清晰的线索。

(3) 过程资料翔实。从备课、说课到上课、观课再到课后评课、议课，整个研修过程中的所有教案、说课稿、观察记录、反思札记、多角度分析、讨论记录、参考文献、问卷访谈、学情分析、效果测试等所有资料都应做到翔实完整。

(4) 抓住关键性教学事件。课例分析不仅要围绕教学目标，对整个教学过程及效果做具体的分析，还要注意发现和抓住关键的教学事件作深入的剖析。关键的教学事件往往反映出教学中的核心问题，决定着一节课的成效，对教师特别有启发借鉴作用。

(5) 研究结论和反思。课例研究不仅要经过叙述教学过程，还要对其中的问题作深入的讨论和诠释，得出相关的结论，并提出有待进一步反思和研究的问题。

(三)课例研究的步骤

1. 组建研究小组

课例研究可从有条件、有基础、有积极性的学科做起，取得经验以后，再以点带面，推向全校。课例研究小组一般由校长牵头，邀集相关学科教研组老师、分管副校长、教务主任、区县教研员、大学或教师研修机构专家共同组成。研究小组要共同商定研究计划，包括主题与课例的选择，执教老师及研究人员的分工，研究进程，时间、经费、设备、人员的保障，成果形式。总项目组则负责对各项目学校计划实施进行协调、组织、分阶段指导与交流。

2. 精心选择主题

精心选择合适的研究主题，是成功的一半。例如，有的老师选择"小学语文初、中、高阶段朗读教学要求"，这种题目就不适合采用课例研究的方法。任何一种方法都有它的适用范围的局限。有的教师选择"《故宫博物院》课例研究"，这种选题有课例而无主题，很容易就课说课，流于空泛。有的教师选择"新课程背景下课堂教学的有效性"，这个选题固然重要，但作为一个选题显得有些大而无当。密歇根大学为了研究新数学课程的有效性，深入研究了初中6个学期，上百个正反面课例，而后梳理出高效学习的7个要素和认知水平下降的6个原因，这是一种系统组合式的课例研究，仅凭一节课来研究有效性的问题，很容易以偏概全。

3. 开展文献研究

课例研究既是一种实证研究，也离不开文献研究的基础。我们研究一节课，不能总是从头摸起，做重复劳动，我们一方面需要查阅别人的教学设计、课件、研究成果、反思札记，借鉴别人已有的研究成果和思路，同时从中寻找自身的创新点；另一方面我们需要围绕主题相关的研究成果，在此基础上再设计我们的研究策略和方法。创新一定要站在别人的肩膀上，而不能关起门来苦思冥想。针对小组成员分头查阅的文献，还需要加以筛选，寻找有价值的文献，可以在伙伴之间共享。

4. 资料搜集整理

实证研究要凭事实和数据说话，而不能只靠印象和感觉，这就要求研究小组全程搜集整理相关资料，包括每一轮教学设计、学情分析、说课稿、教学录像带、课堂教学实录、调查问卷、课后测试、查阅的文献、每次研究活动的记录、深度访谈的记录、现场观察的记录、每个成员的反思札记、专家的点评等，都应当搜集，分类整理。资料翔实是整个研究的基础。

5. 撰写课例报告

1) 前期准备

仔细研读几个别人的典型课例报告，对其内容、结构进行深度分析，重点了解课例作者是如何陈述事件的发展过程、如何突出重要问题、如何进行理性的诠释、如何处理各部分之间的关系、如何运用观察材料和数据、提炼的问题如何与主题相关联、在相互比较和借鉴学习中，就可以感悟出一些课例协作的门道。

2) 编制提纲

一般要从"课例背景、研究过程、关键教育事件分析，问题讨论与结论，多角度反思、参阅文献目录"这几方面来编制课例报告的提纲。对所有研究材料进行分类梳理，然后从一堆乱麻中理出头绪，这就是研究。提纲可以由执笔者先提出初步意见，然后再交研究小组讨论，在征求专家的指导后，即可确定报告的提纲，并计算一下总字数。

3) 撰写初稿

研究报告可以在集体讨论的基础上，由大家分头提供资料，再指定一人执笔撰写，也可以经过充分讨论，取得共识，然后研究小组每人负责一部分分头撰写，最后，由组长统稿。撰写初稿时，背景的交代要清楚，要重点说明研究主题的确定和价值；研究过程要完整，要重点说明前后几轮课大致经历了几个阶段，教学目标、教学过程、师生关系、教学理念、教学行为和教学效果前后发生了什么变化；关键教育事件要抓得住，要进行生动的描述和深度的分析，要围绕这节课的突出问题做深入的讨论和挖掘，问题讨论要深入，要通过这节课提出同类课中值得深入思考和讨论的问题，指出具体的解决方法，并进行理性的诠释，反思要多角度，执教者、教研组同伴、学校教学领导、研究指导者、兄弟学校工作坊的同伴以及所有的参与者可以从不同的角度反思课例研究的心得体会及收获感悟，还可以在此基础上，提出值得进一步深入研究改进的问题；要在最后感谢所有的参与者、指导者，要注明音乐文献的作者和出处，尊重他人的知识产权。

4) 修改定稿

初稿写好以后，一定要认真讨论，反复修改，要看看研究的主题是否突出，材料选择是否恰当，数据分析是否准确、真实，引用文献是否注明出处，文字叙述是否精练、生动，逻辑结构是否严谨。不仅组内要对初稿进行充分讨论，还可以请专家和其他参与研究的教师读后指出不明确的问题，提出修改补充的意见。经反复修改定稿的报告，既可以写成文本的报告发表或交流，也可以制作成视频课例，存入教师个人成长档案袋，还可以作为校本培训的重要课程资源，与全校分享。

【知识链接7-3】

　　"课例"是一个实际的教学例子，是对一个教学问题和教学决定的再现和描述，即"讲述教学背后的故事"。这里的"教学背后的故事"，其实是指为何这样进行教学的研究思路，也就是说课例不仅仅是最后的课堂教学实录，还要交代之所以这样教学的理由和认识，要有研究的成分在其中。

　　一个课例应该由以下四方面要素构成。①主题与背景。主题与背景是课例的第一要素。因为课堂教学是复杂的，通常的听课、评课往往对一节课从各个角度提出各种改进意见。课例研究并不追求通过一节课解决很多个问题，而是追求通过一个课例认识一个小的研究问题。②情境与描述。课例的载体是学科课堂教学，因此对课堂情境的描述是必不可少的。课例的描述不能杜撰，它来源于真实的课堂教学及其改进教学的研究过程，但其情节可以适当地调整与改编，因为只有这样才能紧紧环绕主题并凸显讨论的焦点。③问题与讨论。课例反映的是教学改进的过程，因此在课例描述中必然包含着提出的问题，以及由问题引发的后续讨论。④诠释与研究。要对课例本身加以解读，赋予它更高一层的普遍意义，就需要对课例作出诠释，给其增加一些研究的成分，这是课例的另一要素。

(资料来源：杨玉东.教师如何做课例研究[J]. 教育发展研究.2008(4))

拓展7-6：课题研究案例·《分数的再认识》课例研究方案

本 章 小 结

　　教育行动研究，亦称"教师行动研究"，是指教师在现实教育教学情境中自主进行反思性探索，并以解决工作情境中特定的实际问题为主要目的，强调研究与活动一体化，使教师在工作过程中学习、思考和尝试解决问题。简单来说就是以自身或所在学校在教学中遇到的问题为研究对象，以解决实际问题为目标导向的研究。

　　教育行动研究可以从研究的侧重点、参与者对自己的行动所作的反思、参与行动研究的主体及主体间的关系等角度进行分类。教育行动研究的特征是为行动而研究、在行动中研究、是行动者的研究。教育行动研究有其自身的特点和优缺点。教育行动研究的实施分为四个步骤：确定研究选题—制订研究计划—开展行动研究—反思研究结论。在小学教育科学研究中教育行动研究可以采取研究日志、教育叙事、教学反思、课例研究等形式进行。

思 考 练 习

一、单项选择题

1. 教育行动研究强调(　　)的参与。
　　A. 教师　　　　　　B. 专家　　　　　　C. 学生　　　　　　D. 家长

2. 以下叙述中不符合行动研究的特点的是(　　)。

　　A. 行动研究是一种以解决学校中某一实际问题为导向的现场研究方法

　　B. 行动研究是以实践经验为基础的研究方法

　　C. 行动研究是以小组成员间的互相合作方式来进行的研究方法

　　D. 行动研究强调研究过程中控制的严格性，不允许在实际工作中对研究方案加以不断的修改和完善。

3. 作为一名教师，要经常反思自己的知识面宽不宽、能力强不强、自己的个性如何以及自己应具备的教育教学能力有哪些。这些反思属于对(　　)的反思。

　　A. 教学过程　　　　B. 成长经历　　　　C. 自我发展　　　　D. 自身素质

二、简答题

1. 请简要回答教育行动研究要注意的问题。

2. 请简要回答教育行动研究的实施步骤。

三、研究设计题

四年级班主任王老师做了一项调查，发现班上多数学生在家几乎从来不干家务，过着衣来伸手，饭来张口的生活。有些家长对学生劳动也不支持，认为学习才是孩子的主要任务，劳动不仅浪费时间，而且没必要，家长完全可以代劳。在班级开展的一些劳动活动中，王老师也发现，学生不仅缺乏一般的劳动技能、习惯，而且缺乏劳动意识。王老师希望通过年级组讨论进行行动研究来帮助学生养成劳动习惯，请你帮忙设计一下研究方案。

科学的真理不应在古代圣人的蒙着灰尘的书上去找，而应该在实验中和以实验为基础的理论中去找。真正的哲学是写在那本经常在我们眼前打开着的最伟大的书里面的。这本书就是宇宙，就是自然本身，人们必须去读它。

——(意大利)伽利略

第八章　教育实验研究法

学习目标

知识目标：了解教育实验研究法的含义、类型、特征；能正确评价教育实验研究法。
能力目标：掌握教育实验研究法的主要方法和技术，独立实践教育实验研究法。
情感目标：培养学生科学的价值理念，树立教育研究的科学精神。

重点难点

教学重点：教育实验研究法的含义、类型、特征及评价。
教学难点：教育实验研究法的主要方法和技术。

引导案例

巴甫洛夫：狗进食摇铃实验

俄国生理学家巴甫洛夫为了验证行为刺激和反应的关系，设计了狗进食摇铃实验。实验过程如下：把食物展示给狗，并观察其唾液分泌的情况，在这个过程中，如果随同食物反复给一个中性刺激，即给一个并不自动引起唾液分泌的刺激，如铃响，这狗就会逐渐"学会"在只有铃响没有食物的情况下分泌唾液。巴普洛夫发现，每当狗进食的时候都会分泌唾液，此时狗分泌唾液是狗在吃到食物时的一种本能的反应。之后，每当狗进食的时候，巴甫洛夫就会摇铃，他发现，此时狗分泌唾液的反应仍然是狗吃到食物时的一种本能的反应。在多次进食伴随摇铃练习之后，当狗单独听到铃声的时候，也会分泌唾液，巴甫洛夫认为这种分泌唾液的反应是狗通过大量练习之后获得的，即通过学习获得的。

通过以上实验巴甫洛夫把人的反射分为两种，即无条件反射和条件反射。此外巴甫洛夫还把条件反射当中的条件刺激分为第一信号系统的刺激和第二信号系统的刺激。前者是指以客观实物为中介的刺激，如望梅生津，看到眼前的梅子之后流了口水。流口水的反应是建立在梅子这个实物基础上的。而后者则指以语言为中介的刺激，如谈虎色变，听到别人谈论老虎吓得脸色都变了。

(资料来源：本书作者整理编写)

案例分析：教育实验法是教育科学研究中常用的方法，也是最为严格的教育科研方法。许多先进的教育理论都是建立在长期的、反复的教育实验基础之上的。案例中巴甫洛夫在反复实验中得出了研究成果，最后提出著名的经典条件反射学说。

第一节　教育实验研究法的概述

近年来，为适应教育发展及教育改革形势的要求，教育实验研究法已经越来越为人们所重视。当前随着教育改革的深化和素质教育的实施，教育实验研究法在教育研究实践中发挥着越来越重要的作用。

一、教育实验研究法的起源与含义

(一)教育实验研究法的起源

17世纪初期，英国思想家培根(Francis Bacon)和意大利科学家伽利略(Galileo Galilei)分别从思想和行动上确立了实验法在近代科学发展中的主导地位，并不断地从自然科学领域向社会科学领域拓展。在社会科学领域中，心理学率先走上科学轨道，其标志性事件是德国心理学家冯特(Wilhelm Wundt)于1879年在莱比锡创建了世界上第一个心理学实验室。

德国教育家梅伊曼(Ernst Meumann)于1901年在《德意志学校》杂志上提出"实验教育学"的概念，他认为过去的教育学过于概念化，且与实际现实相抵触，为避免仅仅依据理论和偶然经验得出结论，梅伊曼提出必须将实验用于与儿童生活和学习有关的研究上。1907年，德国教育家拉伊(Wilhelm August Lay)出版了《实验教育学》一书，系统阐释了实验教育思想，拉伊是德国"实验教育学"的奠基人之一。随后，梅伊曼和拉伊形成了德国的实验教育流派，这一实验教育思潮也很快风行到了英、美等国，并掀起了一场世界性的教育实验运动。

之后，部分国家还建立了教育研究所和实验学校。在实验教育学派的影响下，一些国家还发展起了儿童学和智力测验等学科，如以法国的比内(A. Binet)和西蒙(T. Simon)作为代表人物发起智力测验运动，以及美国桑代克(E. L. Thorndike)等人创立了教育心理学等，还有一些实验教育学者则把实验方法推广应用于课程编制、教学方法改革和班级教学中。正是有了这种科学化潮流的引领，教育学领域根深蒂固的学究式研究风气才破除，对此英国著名科学史学家贝尔纳(J. D. Bernal)在回顾当时的教育研究巨变时曾感言道："过去的教育学只是哲学的教育学，而不是科学的教育学，教育学具有科学气质并成为一门真正的科学，是由于智力测量被引进到教育学中。"

(二)教育实验研究的含义

什么是教育实验研究，不同的学者对其有着不同的观点。教育实验研究的定义主要有以下几种。

《中国大百科全书》对教育实验研究的界定和阐释是："在人工控制教育现象的情况下，有目的有计划地观察教育现象的变化和结果。实验法可分为实验室实验法和自然实验法。前者基本上是在人工设置的条件下进行的，可采用各种复杂的仪器和现代技术。后者是在日常教育工作的正常条件下进行的。教育实验研究多数采用自然实验法进行，不论采用哪种实验法，都要保证受试者处于正常的状态。"

教育实验研究在《教育词典》中被界定为"教育实验"或"教育试验"，是指教育领域里进行的一种特殊形式的探索教育规律的科学研究活动。这是教育科学研究的基本方式之一，是根据研究选题的设想，在周密计划和专门设置的特定条件下所进行的一种特别组织起来的教育实践。

中国教育学者王汉澜认为"作为研究教育的一种科学方法，教育实验研究是实验者根据某种设想(假说)，有计划地进行教育实践活动，利用测量和统计的方法以权衡其实验所得的结果从而得出准确可靠的结论。"

深圳大学教育系靳玉乐教授认为"教育实验(的质)是一种研究性与教育性统一的实践活动。亦即，教育实验既是一种教育科学研究活动，又是一种更高形式的教育实践活动，二者的统一是经历了一个漫长的历史过程才逐步实现的。而教育实验的本质则是通过主动变革对象来探索教育规律并促进学生身心全面发展的有效手段。"

杭州大学教育系张定璋教授从教育实验本质角度进行考察，提出："从宏观层次看，教育实验既是科研性的教育实践活动，又是教育实践性的科研活动，这就规定了它的质；从中观层次看，教育实验是经验研究方法与理论研究方法的结合体，属于社会科学实验性质，应有其变通性的科学规范；从教育中的实验法微观层次看，当前我国教改实验类型形式的多样性，须有其三个本质特征(教育改革性、控制性、因果性)，既与变通的规范性相结合，才能确认其科学性。"

以上各种关于教育实验研究的概念虽表述不同，但仍存在着共同之处：第一，都承认教育实验是一种科学研究方法，因而它具有研究性；第二，教育实验主要在教育实践中进行，离不开教育实践，它具有教育性；第三，教育实验具有理论假设、控制变量等因素，它有着实验研究的一般特征。

总之，教育实验法是通过对某些影响实验结果的无关因素加以控制，有系统地操纵某些实验条件，然后观测伴随这些实验条件变化的现象，从而确定条件与现象间因果关系的一种研究方法。对变量的操纵和对因果关系的揭示是实验研究的基本含义。研究者需在理论假设的指导下，操纵自变量，控制无关变量，观测因变量，以揭示教育的因果关系。

二、教育实验研究法的类型

(一)按实验变量的控制程度分

按实验变量的控制程度分，教育实验研究法可分为前实验、准实验、真实验。

1. 前实验

前实验无法随机分配被试，不能有效地控制无关变量，误差高，效度低，往往不能说明因果关系，常被称为"非实验设计"，但它具有实验研究的最基本要素——实验因子和测量。如研究一种教学方法对提高教学质量的作用，先对一组进行教学方法实验，然后做后测，该研究既没有前测，也没有控制无关变量，很难说明后测教学效果的提高是这种教学方法所导致的。

2. 准实验

准实验无法对被试进行随机取样，一般只能利用现存班级进行实验，能对一部分无关变量进行控制，无法完全控制无关变量。这种方法非常适合现场实验，现场实验是在现实的教育情景中进行的，较为真实，外部效度好。但教育情景因素多，无关变量多，在这种情况下，如何最大限度地保证实验的内部效度，准实验能解决此问题，但在下结论时一定要谨慎。

3. 真实验

能够随机抽取与分配被试，被试具有同质性，能够系统操纵自变量，严格控制无关因素。内部效度高，能够准确地揭示自变量与因变量的因果关系，实验室实验一般属于真实验，但由于真实验控制因素过于严格，而教育活动的影响因素众多，所以教育研究中的真实验研究是很难开展的。

(二)按照实验研究的目的分

按照实验研究的目的分，教育实验研究法分为开创性实验、验证性实验和改革性实验。

1. 开创性实验

开创性实验是指前人从未做过的实验，具有开创性。开创性实验是知识生产的重要方式，是促进科学进步的重要方法。

2. 验证性实验

验证性实验是指前人已经做过的实验，研究者依照相同的办法重复进行，包含第一轮实验后的第二轮实验及对前人提出的研究结论通过实验方法加以验证。

3. 改革性实验

改革性实验是指在相关的理论基础上，将教育理论应用于教育实践，在实践中实施某项教育改革措施，以验证理论的科学性，同时提升教育实践的发展质量。改革性实验可以是全国范围的，也可以是小范围的。2001年实施的全国性课程改革，就可以说是一次全国范围的教育改革实验。由某个专家牵头负责组织实施的教育改革实验，就是区域性的或者小范围的教育改革实验。

(三)按照研究选题覆盖区域的大小分

按照研究选题覆盖区域的大小分，教育实验研究法可分为单科单项实验、多科实验和整体实验。

拓展 8-1：新教育实验的十大行动

1. 单科单项实验

单科单项实验是指一门学科或一项专门性的教育主题的实验。如小学语文注音识字与提前读写的实验、小学英语"三位一体"教学法变革实验、小学语文"四结合"的实验等。

2. 多科实验

多科实验是指包含两门及两门以上学科的一项或多项教育主题的实验。如计算机帮助教学的实验，涉及语文、数学等各学科；基础教育课程变革实验，涉及基础教育各门课程的学时、进度等。

3. 整体实验

整体实验也叫综合实验，是运用系统和整体的现代思维方法，研究整体内部各要素及其组成结构的变革，以求整体功效最优化的教育实验。整体实验往往涉及教育情况、学校办理体制、评价体系、教学办法、课程设置等各要素。如"中小学教育整体变革""小学生最优化成长综合实验"等。

(四)按照实验因素的多少分

按照实验因素的多少分，教育实验研究法可分为单因素实验、双因素实验和多因素实验。

1. 单因素实验

单因素实验是指在实验进程中，仅施加一个实验因素的实验。如"小学低年级学生书写生字遍数与识字稳固率关系的研究"，实验因素只有学生书写生字遍数一个，如"用录音带批改作文的实验"，实验因素就只有一个，即用录音带批改学生作文。

2. 双因素实验

双因素实验是指在实验进程中，施加两个实验因素的实验。如现代小学数学集中练习教学法及教材体系的改革实验，实验因素包含集中练习教学法和教材体系变革两个。案例8-1中心理学家罗森塔尔做的期望效应实验就是典型的双因素实验，该实验考察教师的期待与学生的表现之间的关系，得出教师的期待对学生发展具有积极作用，即教师对学生的殷切期望能戏剧性地得到预期效果。

3. 多因素实验

多因素实验是指在实验进程中施加了三个及以上实验因素的实验。前面提及的教育整体变革实验都属于多因素实验。如"小学语文能力整体成长的实验"就是涉及语文课程、教材、教法三个因素的多因素实验。

【案例8-1】

美国心理学家罗森塔尔为了研究教师的期待对学生表现的影响，在一所小学一至五年级的学生中进行了一项实验。他先对全体学生进行了语言能力和思维推理能力的测验，以了解学生的基础。然后，他随机地从每个年级的学生中抽出20%的学生作为教师期待的对象。他告诉教师说，这20%的学生有可能比其他学生学得更好(即更有发展潜力)。其实，这20%的学生的能力和发展潜力与其他80%的学生相当。当教师对全体学生进行了八个月的教学之后，研究者又对全体学生进行了一次测验。结果发现，被教师期待的这20%的学生，其成绩全都显著地提高，教师对他们的评语也比其他学生好。这一实验表明了教师的期待对学生发展具有积极的作用。这就是著名的期望效应实验，也称罗森塔尔效应。

(资料来源：本书作者整理编写)

三、教育实验研究法的特征

(一)揭示不同变量之间的因果关系

如果说教育调查研究法、教育观察研究法更侧重于对现有教育现象进行考察，从而归纳和推论出某些发展趋势的话，那么，教育实验研究法则更注重论证教育现象中变量之间的因果关系。教育现象中变量之间的因果关系不同于数学中变量的因果关系，数学中变量的因果关系可以用公式表达，而教育现象中变量的因果关系往往比较复杂，很难用某个关系式明确地表达出来。因此就需要通过专门设计的实验，将因果关系表现出来。如通过教育实验研究法验证某一教学方法在教学过程中的实际效果以及在不同幼儿园、不同年龄班中的可行性，实际上就是要揭示这一教学方法与教学质量之间的因果关系。

(二)对因果关系的预先设想以假说形式表现出来

教育实验研究源于假设也终于假设，实验研究首先要提出一个研究假设，研究的过程实际上就是对假设进行验证的过程。如在开展教育实验研究之前，研究者已经发现了某一较好的教学方法和伴随其出现的比较好的教学质量，并推测它们之间的因果关系。但是，在未经证实之前，对这种因果关系的推测只是一种猜想，而不是经过研究得出的结论。对这种教学方法与比较好的教学质量之间因果关系的推测，也就成为实验研究所要验证的假说。

(三)研究者需要操纵实验变量，人为地创设实验情境

开展教育实验研究是为了变革现实、探索和创新，而不是消极等待研究现象的自然发生。因此，开展教育实验研究必须要主动操纵和控制变量。操纵变量，即研究者人为地去干预、控制现象发生的条件和进程，有意识地改变研究对象某一方面的条件，排除无关因素的干扰，从而得到自己想要的结果。例如，我们用教育实验研究法研究两所小学小学生学习进步的快慢与学校校园环境的关系时，必须在不同的校园环境里对情况相同的两所小学的小学生实施相同的教学，才能研究出校园环境的优劣对于两所小学小学生学习进步速度的影响。

(四)具有一定的可重复性

教育实验研究具有很强的可操作性，每一项实验研究都必须明确地阐明自变量的性质和具体的操作方式、因变量的测量方法等。这样，不仅研究者本人清楚地知道如何进行实验，别人也可以在不同的时间、地点重复实验。通过重复进行实验研究，可以验证原始实验的真实性并得出确切的结论。

(五)教育实验是一种特殊的实验

教育实验研究，虽然起源于自然科学实验研究，但是由于教育现象的独特性，教育实

验研究具有与自然科学实验研究相区别的特征。

第一，在实验研究的对象上，自然科学实验研究以物为研究对象，着力探讨人与物之间的关系。教育实验研究则是以人和人所从事的教育活动为研究对象，揭示不断发展变化的学前儿童在教育影响下全面发展的过程和规律，着力研究社会中的人与人、人与社会的关系。

第二，在实验物质手段上，自然科学实验研究一般远离生产实践，主要是在实验室人为严格控制的条件下进行的，强调仪器手段工具的先进性。教育实验研究则主要在教育和教学的自然环境状态中进行的。因为，离开了具体、真实的教育实践的对象和环境，相应的教育现象就不可能出现。

第三，在实验研究方法上，自然科学实验研究更关注的是量的描述，是随机对比求其精确度。而教育实验研究由于教育现象变量的不确定性、教育概念范畴界限的模糊性，以及涉及价值判断导致的周期长和因素复杂，要想达到精确的量化分析是很困难的。因此，教育实验研究更强调定量研究与定性研究相结合。

四、教育实验研究法的评价

(一)教育实验研究法的优点

1. 是教育科学研究中建立因果关系的最好方法

实验研究法在建立因果关系方面，是优于其他方法的，因为文献法、调查法等研究方法，在多数情况下是横向进行的，并未对研究变量作出分析但实验研究方法一般都是纵向的，探讨的是实验自变量与因变量之间历时性的因果及相关关系。在严格控制无关因素对因变量影响方面，实验法是最好的。

2. 可获得自然条件下遇不到或难以遇到的情况或情境

实验研究法主张在人为的环境中开展实验活动可以使研究者获得自然条件下遇不到或难以遇到的情况或情境，可以扩大研究的范围，排除某些对研究有不利影响的内容。它使研究者可以在多种不同的情况下或情境中研究教育问题，从而验证实验变量之间的关系。

3. 可以重复验证

在实验中，通过人为地改变条件，可多次获得同一状态下的某些现象，因此教育实验研究法，比观察法、调查法等能更加确切地研究这些现象，实验的结果具有一定的可重复性。

4. 提高研究的准确性和精密度

实验使研究者有可能准确地、精细地研究事物的各方面或组成部分，比较容易观察某些特定因素的结果。进行实验时，可以有计划地控制现象和环境，以便于精确测量实验自变量和因变量之间的数量变化关系，得到相对精确的实验结果。

(二)教育实验研究法的不足

第一,教育实验需要花费较多的人力,实验时间一般比较长,实验的过程中不确定的因素较多。有时往往受到实验设备,以及其他实验条件的限制。第二,对实验所需要的现象和环境的控制难度大。教育实验的对象是活生生的人,要像自然科学实验那样实行严格的控制是不可能的。第三,教育实验对进行实验或参加实验的人员都有一定要求,有的实验要求实验者熟练地掌握实验法的有关技术,并要求其训练有素。有的实验还需要有关单位、学校的配合和协助才能进行。正是由于这些原因和限制,在教育研究中,实验研究法的应用不如其他研究方法广泛。

第二节　教育实验设计概述

教育实验研究法作为一种重要的研究方法,需要通过合理的研究设计才能实施。实验设计是实验研究成败的关键。因此,对于教师而言,在开展教育实验之前,首先需要对教育实验的实施程序做出精心的设计,唯有如此,才有可能取得预期的实验效果。

教育实验设计概述

一、教育实验设计的定义

教育实验设计的定义有广义和狭义之分。广义的实验设计是指运用实验法开展教育研究的全过程,涉及研究活动的各个环节,具体包括确定研究选题、提出研究假设、确定研究变量、选择研究样本、确定实验的设计模式、实验的具体实施步骤、研究资料的分析处理等,包含了研究活动从确定研究选题到得出研究结论的全过程。狭义的实验设计主要是指教育实验设计模式的选择和确定,其核心在于处理好教育实验中三个变量之间的关系。

教育实验设计在具体实施过程中具有如下特点。

(1) 实验者有主动权,不必浪费时间等待现象自发做偶然的观察,能够选择方便的地点与时间使现象发生,并事先做好观察记录的准备,比自然观察法更主动。实验法还能使现象在同样条件下重复发生,实验者反复观察验证。例如,在研究表扬对学生学习动机的影响实验中,就可以有意表扬一些学生,然后观察记录这些学生的反应。

(2) 实验者可以系统地变化条件,观察因这些条件的变化而引起的另一些教育现象的变化,从而发现这两类教育现象之间的关系,使人们能够更准确地了解每一种因素的作用。

(3) 通过控制实验过程中的无关因素,消除无关因素的影响,保证了因变量的变化是由自变量的变化而引起的,为因果判断提供了科学的依据,较观察法、调查法更为客观、准确。控制是实验法的本质特点。

(4) 实验者在实验之前就对自变量与因变量的关系有一个判断,并提出了一个假说,这一假说在实验中逐步完善,并逐步得到验证。

二、教育实验设计的基本要素

作为一种特定的研究方式,教育实验研究在设计的过程中,需要处理好三对基本要素及其相互关系。他们分别是:自变量与因变量、前测与后测、实验组与控制组。所有实验研究，一般都会涉及这些基本要素。教育实验设计，其实就是运用恰当的技术，处理好这三对基本要素及其相互关系。

1. 自变量与因变量

自变量是引起其他变量变化的变量，也称作原因变量，而因变量则称作结果变量。在实验研究中，自变量又称作实验刺激(experimental stimulus)，而因变量则往往是研究所测量的变量。实验研究的中心目标是探讨自变量和因变量之间的关系，其基本内容是考察自变量对因变量的影响，即考察实验刺激对因变量的影响。与一般意义上的自变量有所不同的是，实验中的自变量通常都是二分变量，即它通常只有两个取值：有和无，即给予实验刺激或不给予实验刺激。

2. 前测与后测

在一项实验设计中，通常需要对因变量(或结果变量)进行前后两次相同的测量以了解因变量的变化情况。第一次在给予实验刺激之前，称为前测(pretest)。第二次在给予实验刺激之后，称为后测(posttest)。研究者通过比较前测和后测的结果，来衡量因变量在给予实验刺激前后所发生的变化，反映实验刺激(自变量)对因变量所产生的影响。这种测量既可以是一次问卷调查，也可以是一项测验，具体根据实验的内容来确定。

3. 实验组与控制组

实验组(experimental group)是实验过程中接受实验刺激的一组对象。即使是在最简单的实验设计中，也至少会有一个实验组。控制组(control group)也称为对照组，它各方面都与实验组相同，但在实验过程中并不会对它给予实验刺激。控制组的作用是向人们展示，不接受实验刺激会导致的结果，与实验组形成比较。在实验研究过程中，研究者不仅观察接受刺激的实验组，同时也要观察没有接受实验刺激的控制组。并通过比较这两组对象的观察结果，来分析和说明实验刺激的作用和影响。

三、教育实验的逻辑和条件

(一)教育实验的逻辑

如果我们根据某种理论得到两个变量之间存在因果联系的假设，或者我们根据经验事实和主观判断，推测现象 X 是造成现象 Y 的原因，即 X→Y。那么为了证明这一假设，我们首先观察 Y 的变化情况，即先测量在受到 X 的影响之前 Y 的情况，然后，通过操纵某些条件，引入被看作自变量和原因的实验刺激，即引入 X，接着再对引入 X 以后 Y 的情况进行测量，并比较前后两次测量的结果。如果前后两次的情况发生变化，则可以初步认为 X 是导致 Y 变化的原因，即检验了 X→Y。

当然，这只是一种最简化的情形，同时，它也是一种最理想的情况。实际的教育科学实验的形式要复杂得多。一般情况下，任何两种事物或现象之间的关系，都会同时受到若干其他事物或现象的影响。要说明这两种事物或现象之间存在因果联系，人们就要排除其他相关事物或现象造成因变量发生变化的可能性，即要排除其他各种因素造成因变量 Y 在前后两次测量中所得的结果不同的可能性。

可能性最大的一个影响因素是前测的影响，即人们第一次对因变量 Y 进行测量的行为本身对因变量就已经产生了影响。它使人们在引入实验刺激(即引入自变量 X)和对因变量进行第二次测量(即后测)之前，因变量就已经发生了变化，因而人们带着前测情况的影响进行后测，从而使后测结果产生变化(或有所不同)。正是为了排除这种因素造成结果变化的可能性，需要有一个控制组。对这个控制组来说，它也接受前后两次对因变量 Y 的测量，但却不对其给予实验刺激，即不引入自变量 X。这样，在实验组和控制组这两组对象是相同的前提下，人们就可以从实验组前后两次测量之差中，减去控制组前后两次测量之差，从而得到仅由自变量 X 所产生的影响。案例 8-2 中小学教育专业的大四学生在研究"小学语文课堂教师教学方式与学生学业成绩的关系研究"时就充分考虑了教育实验的逻辑，引入 X(小学语文课堂教师教学方式)，接着再对引入 X(小学语文课堂教师教学方式)以后 Y(学生学业成绩)的情况进行测量，并比较前后两次测量的结果。

【案例 8-2】

某高校小学教育专业的同学，在大四毕业论文选题中，选择了"小学语文课堂教师教学方式与学生学业成绩的关系研究"为论文题目。该同学想在教育实习期间通过开展教育实验的方式进行研究。在研究中，"新的教学方式"是自变量，"学生学业成绩"是因变量，他想要探讨二者之间是否存在因果关系？他选择了两个各方面情况都差不多的班级，并在开学初对这两个班级的学生进行了相同科目、相同试卷的测验(前测)。然后，在其中一个班级(实验组)按一种新的教学方式进行教学(给予实验刺激)，而在另一个班级(控制组)中，仍按照原来的教学方式进行教学。学期末，他再对这两个班级的学生进行第二次相同科目、相同试卷的测验(后测)，并对测量结果进行比较。如果两班学生后来的学习成绩相差无几，则说明新的教学方式(实验刺激)并没有起作用；如果只有实验组的成绩提高了，而控制组的成绩没变化，或者虽然两班学生的成绩都提高了，但实验组学生的成绩提高得更多，则可以看作新的教学法所起的作用和产生的影响。

(资料来源：本书作者整理编写)

(二)教育实验的条件

1. 必须建立变量之间因果关系的假设

实验研究的目标就是检验和证明因果关系。因此，变量之间因果关系的假设是实验研究的逻辑起点。在进行一项具体实验时，研究者必须事先建立起两个变量之间因果关系的明确的假设。同时，研究者应了解所要引入的自变量是什么，所要测量的因变量是什么，特别是要清楚如何引入作为自变量的实验刺激。

2. 自变量必须能够很好地被"孤立"

孤立是指所要引入和观测其带来的效果的变量必须能够与其他变量隔离开，即实验环境能够很好地"封闭"起来。在许多实际研究中，这一点往往是最难做到的。比如，研究者希望研究电视节目对儿童行为的影响，他就必须从儿童所受到的家庭影响、学校影响、同龄群体影响和其他大众传媒影响中，严格地"孤立"出"电视的影响"这一因素，显然，这在实践上是相当困难的。

3. 自变量必须是可以改变的，同时也是容易操纵的

最简单的改变是"有"和"无"，对应的操纵则是"给予实验刺激"和"不给予实验刺激"；更为复杂的改变则是程度上的变化，比如刺激程度的"强""中""弱"以及刺激时间的长短等。

4. 实验程序和操作必须能够重复进行

教育实验研究法作为教育科学的一种研究方法，与自然科学最接近，而且也是程序和操作最严格的一种研究方法，可重复性是其必须具备的重要条件之一。从另一个角度说，实验的可重复性也是实验结果所具有的确定性(或信度)的重要基础。

5. 必须具有高度的控制条件和能力

对实验对象(包括实验组和控制组)的严格控制，以及对实验环境的高度把握，共同决定实验研究结论的准确程度。可以说，控制是实验研究的本质特征，没有控制就没有实验。根据实验的基本逻辑，如果研究者在实验中缺乏适当的、准确的控制，他就无法确定实验所得到的结果是由他所假设的因素(自变量)所导致的，还是由一些其他未能加以控制的因素所导致的。

拓展 8-2：著名的心理学实验举例

第三节 教育实验设计模式

教育实验设计最为重要的就是要处理好实验的自变量、因变量以及无关变量之间的关系，对于三种不同变量的处理方式不同，就会形成不同的教育实验设计模式。所谓实验设计模式是指实验研究中研究者对实验自变量、因变量、无关变量的不同处理方式的组合形式。在实验设计模式的介绍中，X 代表的是实验的自变量，O 代表的是实验的前后测，整个教育实验其实就是通过实验前后测 O 的变化情况，来判断实验变量 X 对研究对象作用的大小。根据实验的分组情况，可以将教育实验设计模式分为单组实验设计模式、等组实验设计模式和轮组实验设计模式三个类型进行介绍。

教育实验设计模式

一、单组实验的设计模式

单组实验设计是用单一实验组作为研究对象，施加某一种或数种实验处理的实验设计。单组实验设计模式根据其前后测的不同安排情况，又可以分为如下几种模式。

(一)单组后测实验设计模式

单组后测实验设计模式如下：X　O

这种设计的要求是，首先选择一些受试者作为研究对象，并给予一种实验处理，然后测量实验处理后的效果。例如，想试验一种新的教学方法对学习成绩的影响，于是选择一班学生实施这种教学方法，一个学期后，测验学生的学习成绩，并依据研究者的主观判断下结论说：这种教学方法有助于学习成绩的提高。这个结论可能是不正确的，因为，这种

设计的内在效度较差,如"历史""成熟""差异的选择"和"受试的流失"等无关变量可能干扰实验结果,我们将在后面对这些实验无关变量作出进一步的解释。总之,这种设计虽然简单易行,但因缺乏控制组和可比较的量数,许多因素会混淆实验结果,在一般的教育实验中,这种设计已甚少采用,不过,认识其优缺点,对于进行更适当的实验设计是必要的。案例8-3中班杜拉通过儿童模仿攻击充气波比娃娃实验得出儿童在实验过程中学会了模仿,在这个过程中需要考虑个体、环境和行为三个变量的影响,而不是只依据单一变量的变化,就得出结论。

【案例8-3】

著名心理学大师班杜拉曾经做过一个儿童模仿攻击充气波比娃娃的实验。在这项实验中,实验者先要求儿童观看成人攻打充气波比娃娃的视频。一组儿童看到的是这个成人得到了奖赏,即实验者称赞他是英雄。而另一组儿童则看到成人得到了惩罚,即实验者批评了他。之后,将儿童带到了有充气娃娃的房间,告诉儿童,可以自由玩耍,而实验者则出来躲在单向玻璃后面。

实验结果表明,儿童在实验过程中学会了模仿,即模仿成人的行为。在模仿的过程中,儿童也学会了对结果进行相应的评估。第二组儿童在进入房间后,攻打充气娃娃的倾向明显地少于第一组的儿童。由此得出:儿童社会行为的习得主要是通过观察、模仿现实生活中重要人物的行为来完成的。任何有机体观察学习的过程都是在个体、环境和行为三者相互作用下发生的,行为和环境是可以通过特定的组织而加以改变的,三者对于儿童行为塑造产生的影响取决于当时的环境和行为的性质。

(资料来源:本书作者整理编写)

(二)单组前后测实验设计模式

单组前后测实验设计模式如下: O_1 X O_2

这种设计的要求是,对受试者进行实验处理前的测验(O_1),然后给予受试者实验处理(X),再对受试者进行一次测验(O_2),最后比较前测和后测的分数,以检验前后两次测验平均数的差异显著性。这种设计模式的优点是:相同的受试者都接受前测和后测,"差异的选择"和"受试的流失"两因素可被控制。缺点则是:实验效果可能受到"历史""成熟"的干扰,可见其内在效度也很差,少用为宜。

(三)单组相等时间样本设计模式

单组相等时间样本设计模式是: X_1O_1 X_0O_2 X_1O_3 X_0O_4

这种设计是对一组受试者抽取两个相等的时间样本,对其中一个时间样本给予实验处理(X_1),对另一个时间样本不给予实验处理(X_0),然后,比较这两段时间测验的分数。例如,用新的教学方法与传统的教学方法对同一班学生进行相间实验,观察两段时间的学习成绩有无不同。统计检验可采用变异数分析法。这种设计能完全控制影响内在效度的因素。缺点主要是在外在效度方面,实验结果可能会受到"实验安排的反作用效果""选择的偏差与实验变量的交互作用""重复实验处理的干扰"等因素的影响。这一设计也可用于只有一个受试者的情况。

(四)单组纵贯时间系列设计模式

单组纵贯时间系列设计模式是：$O_1\ O_2\ O_3\ O_4\ X\ O_5\ O_6\ O_7\ O_8$

使用这种设计时，要对实验组做周期性的一系列测量，并在测量的这一时间系列中给予实验处理(X)，然后比较实验变量前后的一系列测量记录是否有显著差异。例如，研究者欲探究提高工人的教育水平是否会提高工厂的产量，于是1~6月，在每月月末记录准备参加教育培训的工人的生产量，然后，在 7~12 月对工人进行某一项专门技术的教育培训，接着继续记录第二年的1~6月的生产量，观察培训后的1~6月产量比培训之前1~6月产量是否有显著增加。这种设计比较理想的统计检验方法是趋向分析。缺点是："历史"的因素可能对实验结果产生干扰。要补救这一缺点，最好多增加一个控制组，成为"多重纵贯时间系列设计"。

(五)单组多因子实验设计模式

单组多因子实验设计基本模式是：$(O_1\ X_1\ O_2)(O_3\ X_2\ O_4)$

这一设计的要求是，以单组作为实验对象，施加两种或两种以上的实验处理。每一种实验处理均进行前测和后测。然后比较各种实验处理的效果。例如，要对一个班级进行两种教学方法的对比实验，则在实施甲种方法(X_1)前进行一次测验(O_1)，在实施甲种方法(X_1)后，再进行一次测验(O_2)，比较两次测验成绩，可得出甲种方法(X_1)所产生的效果。同样，用乙种方法(X_2)实验一次，得出乙种方法所产生的效果。最后，对这两种教学方法所产生的效果进行比较，明确哪一种方法的效果比较好。这种设计的统计分析方法，可采用相关样本平均数差异的显著性检验。在内在效度方面，这种设计的缺点是实验结果可能受到"历史"等因素的影响。在外在效度方面，这种设计的缺点是存在"多重实验处理的干扰"，即后一实验处理在实验对象中所产生的变化，可能受到前一实验处理的影响。

二、等组实验的设计模式

等组实验设计是以两个或两个以上的组作为实验组和控制组，然后比较各个组所发生的变化。

(一)静态等组后测实验设计模式

静态等组后测实验设计的基本模式是：

  X O_1

     O_2

静态等组后测设计模式是指利用两个组，对其中一组进行实验处理，另一个是不做处理，然后对两组进行比较。此设计模式不要求两组实验对象条件保持一致。统计分析方法可采用独立样本平均数差异的显著性检验。这种设计模式由于使用控制组来进行比较，所以"历史"因素可被控制，如果两组年龄相同，也可能控制"成熟"因素。因在设计中没有前测处理，"测验"和"工具"两个因素也容易控制。但由于两组实验对象条件不相同，

"差异的选择""成熟"的因素可能会影响结果。因为存在两个组,"受试的流失"因素也可能干扰实验效果。

(二)等组前后测实验设计模式

等组前后测实验设计模式是:

$$
\begin{array}{cccc}
R & O_1 & X & O_2 \\
\hline
R & O_3 & & O_4
\end{array}
$$

这个设计的主要步骤:

① 用随机方法选择受试者,并将其随机分配到实验组和控制组;
② 实验处理前,两组都接受前测(O_1、O_3);
③ 实验组接受实验处理(X),而控制组则否;
④ 实验处理后,两组都接受后测(O_2、O_4);
⑤ 比较两组实验结果(O_2与O_1、O_4与O_3)。

在实际研究中,有时可能有好几种不同的实验处理,这时,可根据比较的需要采用两组或超过两组的实验设计。

两种实验处理的等组前、后测设计模式是:

$$
\begin{array}{cccc}
R & O_1 & X_1 & O_2 \\
\hline
R & O_3 & X_2 & O_4
\end{array}
$$

实验结果=$(O_2-O_1)-(O_4-O_3)$

三种实验处理的等组前、后测设计模式是:

$$
\begin{array}{cccc}
R & O_1 & X_1 & O_2 \\
\hline
R & O_3 & X_2 & O_4 \\
\hline
R & O_5 & X_3 & O_6
\end{array}
$$

实验结果是把三种实验处理所产生的变化互相比较。如果实验因子增多,设计的组数也要相应增加。这种设计的统计分析方法是对两组调节后的平均数(实验的后测值减去前测值的平均数,即各增益数之平均数)作独立样本平均数差异的显著性检验。

这种实验设计的内在效度是很高的,由于采用相等的控制组,而且两组都有前、后测,故在前测到后测期间影响内在效度的"历史""成熟""测试程度""仪器精度""回归"等因素,两组完全一样。再者,由于采用随机方法,两组在各方面的特质相等,故可控制"差异的选择""受试的流失"和"成熟"等三个因素的干扰。可见,它是一种严谨控制的实验设计,在教育实验研究中常被采用。但在外在效度方面,由于采用前测,实验结果可能受到"测验的反作用或交互作用效果"因素的干扰,"实验安排的反作用效果"因素的干扰有时也可能存在。

(三)等组后测实验设计模式

这种设计的模式是：
```
R    X        O₁
-------------
R             O₂
```

这种设计与前述等组前后测设计不同之处是两组在进行实验处理前都没有测验，现以一例子来说明这种设计的使用方法。假定要探讨教师和学校领导交换意见的机会是否有助于提高教师的工作态度，于是从学校中随机抽取一些教师参加实验，其中一部分教师随机分派为实验组，另一部分为控制组。实验开始时，实验组的教师每日均有两次机会和校长交换意见，商谈校务和教学事宜，控制组则无此机会。经过一年后，实验组和控制组的教师，都接受一项测量"教师工作态度"的问卷调查。然后比较两组教师的工作态度是否有显著差异。统计分析方法可使用独立样本平均数差异的显著性检验。

这是一种十分理想的实验设计，因为它对影响内在效度的因素均可有效控制，而且，可避免因前测所产生的"测验的反作用效果"。

这种设计的局限性在于，它无法确定实验处理是否对不同层次的受试者有不同的效果。如果有前测时，则可据之形成不同组别，进行进一步的分析。例如，要比较利用归纳法和演绎法教数学的效果，在实验前，两组都没有进行数学成绩的测验(前测)，仅在实验后测量数学成绩，经比较结果，发现两组没有显著差异，据此而确定实验处理没有效果。但是，如果有数学成绩的前测，人们就可根据前测的数学成绩将学生分成高、中、低三个层次，进行 2(教学法)×3(数学成绩)的实验设计，通过比较实验结果可以发现两种教学方法的效果因学生数学前测成绩不同而异。案例 8-4 中赫洛克的"评价方式对学生学习的影响"的实验中就把学生分为四组相等组，进行实验研究，得出实验结果。

【案例 8-4】

赫洛克进行了一项实验研究"评价方式对学生学习的影响"。研究的问题是不同的评价方式对学生的学习会产生什么影响。研究先运用心理学和教育学的有关理论，提出假设：表扬和鼓励比批评和指责更能激发学生的学习动机。为验证这个假设，研究者选取了 106 名四、五年级的学生为被试，对这些被试先进行一次测验，根据测验成绩将被试分成四个相等的组，让四个组在四种不同的情况下进行难度相等的加法练习，每天 15 分钟，共进行 5 天。这四种情况如下。

第一组为受表扬组，每天练习后进行表扬。

第二组为受训斥组，每次练习后，不管实际做得如何老师总是点名批评和训斥这一组被试。

第三组为静听组。静听组既不受表扬也不受训斥，而是静听他人受表扬或受训斥。以上三个组都在一个屋子里进行练习。

第四组被试是单独练习，既不受表扬也不受批评，也听不到别人受表扬和批评。

然后再测验这四个组每次练习的平均成绩，并汇总整理，制成曲线图。实验结果表明，受表扬组成绩最好，受训斥组次之，静听组又差一些，而控制组 (单独练习组)最差。这样就验证了前面的假设：有批评比无批评效果要好，表扬比批评效果要好。

(资料来源：本书作者整理编写)

三、轮组实验的设计模式

轮组实验设计也叫对抗平衡设计或循环实验设计。它是把各种实验处理(不管是几个)，轮换施行于各组(各组不必均等)然后根据每种实验处理所发生变化的总和来决定实验的效果。

这种设计的模式分为甲、乙两种。甲模式：

```
              时间1            时间2
组   A   O₁  X₁  O₂      O₅  X₂  O₆
        ------------------------------
别   B   O₃  X₂  O₄      O₇  X₁  O₈
```

这种设计的实验步骤如下：

① 选取两个班作为实验组(两班人数不必均等)；
② 两组在第一个实验时间内进行前测并分别接受两种不同实验处理中的一种；
③ 两组在第一个实验时间内，进行实验处理以后的测验；
④ 在第二个实验时间内，将采用轮换方式，将实验处理分别呈现给各组受试者，使每组都有机会接受每一种实验处理。在每次实验处理前后，各组均接受前测和后测。

例如，研究者欲探索两种不同的强化方式对学习效果的影响。这两种不同的强化方式是：A. 在固定时间强化(X_1)即不管学生的学习成绩如何，只有在某一特定时间才"强化"，如教师固定在每个学期的中段考时，才对学生优者表扬，差者批评。B. 不定时强化(X_2)，即教师对学生的强化，没有固定的时间，如教师经常对学生优者表扬，差者批评。

根据上述设计模式，研究者选择两组学生(人数不必均等)，在第一学期，A 组接受固定时间的强化，而 B 组则接受不固定时间的强化；在第二学期，B 组接受固定时间的强化，而 A 组则接受不固定时间的强化。在每个学期的实验前后，都分别对各组学生的学习成绩进行前测和后测。最后，把这两种不同的强化方式各自在各学期内所发生的变化的总和进行比较，即可知两种不同的强化方式对学习效果影响的优劣。

如果实验处理有三种，则实验组也应增至三个，每组仍轮流接受所有实验处理一遍，各种实验处理的次序应像下面的方法进行排列：

```
              时间1              时间2              时间3
组   A   O₁  X₁  O₂       O₇  X₂  O₈       O₁₃ X₃  O₁₄
        ----------------------------------------------------
别   B   O₃  X₂  O₄       O₉  X₃  O₁₀      O₁₅ X₁  O₁₆
        ----------------------------------------------------
     C   O₅  X₃  O₆       O₁₁ X₁  O₁₂      O₁₇ X₂  O₁₈
```

这样的排列方法使每一种实验处理不但在各组中循环了一遍，还在每一个实验次序上也都循环了一遍。

上述设计若没有前测，则变为乙模式：

```
              时间1          时间2
组   A       X₁  O₂         X₂  O₄
            ----------------------
别   B       X₂  O₄         X₁  O₈
```

这种设计的统计分析方法，可采用拉丁方格实验的重复量数变异数分析法，其分析的模式依上面设计模式安排如下表 8-1 所示。

表 8-1 拉丁方格实验表

组别	实验处理	
	X_1	X_2
A	t_1	t_2
B	t_2	t_1

t 表示实验处理时间顺序。利用纵行的总和可检验"实验处理"之间的差异显著性；利用横行的总和可检验组别之间的差异显著性。

在内在效度方面，这种设计除了可能受"成熟"因素影响之外，其他影响内在效度的因素均可被控制。在外在效度方面，"多重实验处理的干扰"的因素可能影响外在效度。每种实验处理都有前测的这类设计，"测验的反作用效果"因素也能影响外在效度。在实际应用上，这种设计不必要求各组均等，因而避免了均等组别的麻烦。但随着实施各种实验处理的次数增加，整个实验过程变得更加复杂。

拓展 8-3：其他实验设计模式介绍

第四节 教育实验的过程与效度

一、教育实验的过程

一个完整的教育实验活动从程序上看分为四个阶段：确定实验研究选题、设计实验方案、实施实验方案、总结评价实验。

教育实验的过程与效度

(一)确定实验研究选题

1. 确定研究选题

研究活动从问题开始，教育实验研究，也是从确定研究选题开始。爱因斯坦曾说过提出问题比解决问题更重要，提出一个有意义的研究选题本身就具有重大的意义。发现和提出问题有很多途径，可以从教育实践中迫切需要解决的问题中提出；可以从教育实践的困惑中提出；可以在经验筛选、调查研究的基础上提出；也可以在教育理论研究的基础上提出；还可以在教育理论和教育实践的结合点上提出。

一般而言，有价值的问题应该是教育理论与实践中迫切需要解决的问题。问题的价值主要体现在三个方面：第一，基础性，即该问题的研究对教育科学有关领域的发展具有重要的意义，能为这一领域其他问题的解决奠定基础；第二，创新性，即该问题的研究对原有的理论框架将有所突破、更新和再创造，这种创新性绝不是单纯从事实中简单归纳或从理论中凭空思辨演绎出来的，而是改变原有理论的基本概念和原理，突破和超越原有理论并能够解释原有理论所不能解释的现象；第三，实用性，即该研究选题具有实用意义，有助于提升基础教育实践的发展和提升自身的教育实践能力。

2. 提出研究假设

在形成研究选题的基础上，可以进一步提出研究假设(hypothesis)。"假设"是研究者对于实验结果的一种尝试性猜测，它的正确与否还是未知的，大部分情形是在讨论两个或多个变量之间的一种特殊关系。研究假设一般有三个比较突出的特点。

(1) 预见性。所谓预见性是指在研究之前，对解决问题的策略、路径、方法等进行预测，反映研究结论与研究选题之间存在的因果关系或相关性关系。案例8-5中小张同学为了进行毕业论文《实践性作业提升小学生数学学科素养的研究》研究，首先提出了相关假设：实践性作业可以提升小学生数学学科素养。

(2) 科学性。所谓科学性是指给出的假设判断要有科学理论和实践经验的支撑，是合乎规律和逻辑的。虽然结论是推测和设想出来的，但绝不是胡乱捏造，凭空而来的。

(3) 检验性。所谓的检验性是指提出的假设是可以通过科学实验或具体实践来进行检验。研究的过程就是检验假设正确与否的过程。案例8-5中小张同学提出假设后，进行相关研究验证假设。

【案例8-5】

小张同学是某校小学教育专业的学生，在毕业论文选题时，他选择了"实践性作业提升小学生数学学科素养的研究"这个研究选题。他想通过实验研究的方法开展研究。在研究过程中，他提出的假设如下：实践性作业可以提升小学生数学学科素养。这个结论是预先设想的，是暂时性的，是研究者希望的。至于到底能不能提升小学生数学学科素养，那要通过研究与实验来验证。通过研究和实验后，可能会出现三类结果："可以提升""不能提升"或者"处于某个中间状态"。通过他的研究，他发现，实践性作业在提升小学生数学学科素养方面起到了重要的促进作用。小张同学通过实验研究证实了他提出的假设的正确性。

(资料来源：本书作者整理编写)

(二)设计实验方案

1. 分析实验变量

教育实验研究在实验过程中至少涉及三类变量关系的处理。首先是自变量，在一个实验中，实验者主动加以操纵、控制并对因变量变化产生影响的变量是自变量。自变量一般被看作因变量的原因。因变量是指实验中随自变量变化而变化的量。在教育实验中，一般来说，学生的学习成绩、学习能力等都属于因变量。无关变量是指实验中不属于研究者研究的变量，即自变量和因变量以外的变量。如在"自学辅导教学与学生学业成绩的关系"这一实验研究中，"自学辅导教学法"是自变量，"学生学业成绩"是因变量，而这二者之外的变量，如"学生的知识水平、性别""教师的教学经验、年龄"等都是无关变量。

分析了实验变量后，要对自变量做出准确界定。第一，实验自变量数量的确定。实验自变量的数量与实验研究选题紧密相关。不同的实验研究选题、不同的实验目的，其实验自变量的数量就不同。第二，各实验自变量水平的确定。实验自变量的水平是指实验因素所处的状态或等级，即实验自变量这个变量所取的"值"。如采用甲、乙、丙、丁四种教材做实验，则可说教材这个实验自变量有四种水平。一般来说，在一项实验中，每一个实验自变量至少应有两个水平(否则就是常量)。在实验方案中，要详细规定出自变量的操作要领，明确界定其出现的次数、程度、水平等各种状态，因变量的测量指标，测量的手段和方法也要有明确具体的规定，对主要的无关变量也要一一列出。这样才能便于实验者正确地操纵自变量，有效地测量因变量，合理地控制无关变量。

2. 选择实验对象

选择适当的实验对象并把他们分配到适当的实验组中是设计实验方案的重要内容，也是进行实验控制的重要范畴。实验对象主要通过抽样的方法进行选择，根据实验内容和研究条件的要求而定。抽样的方法很多，最常用的是随机抽样法和分层抽样法。无论采取随机抽样法还是分层抽样法，被抽取的学生必须满足三个条件：其一，代表性，被选学生应能代表学生的总体特征；其二，随机性，学生被选的概率均等，每人都有被选的可能；其三，适度性，样本容量适当，样本过小，不具代表性和随机性，样本过大，又不便统计、计算。当然，代表性、随机性、样本容量适中是进行抽样的依据，采用合理的随机抽样和分层抽样是使样本具有代表性、随机性、适度性的根本保障。实验对象选出后，按照"相等"原则进行分组。所谓相等原则是指每组实验被试在所要控制的因素上整体平均水平相等，以便保持实验组与对照组间的可比性。

(三)实施实验方案

1. 选择实验设计模式

教育实验设计模式非常多，每一种实验设计模式都有各自的优缺点和适用范围，研究者在开展教育实验的过程中，需要选择合适的实验设计模式，这是开展教育实验的前提。如前所述，根据实验分组情况，可以将实验设计模式分为单组实验、等组实验和轮组实验设计模式。每一种实验根据是否有实验的前后测又可以分为单组前(后)测实验设计模式，等组前(后)测实验设计模式和轮组前(后)测实验设计模式。研究者需要结合具体情况从中进行选择。

2. 制定实验实施方案

实验方案是怎么进行研究选题的具体设想，是进行研究选题的工作框架。制定研究选题的实验方案，是保证研究选题顺利进行的必要措施，是研究选题成果质量的重要保证，也有利于研究选题实施的科研管理。实验设计的所有内容均需反映在方案中，其中内容与项目包括以下几个方面。

(1) 问题的提出。简述研究选题产生的背景、名称、实验的意义(价值)和必要性。总研究选题包括哪些子研究选题，研究的大致范围和采用何种性质的实验(如探索性、验证性)。

(2) 实验的理论构想。从所面临的研究选题理论和实践问题出发，拟定实验假设并加以科学论证，制定实验原则，确定实验的指导思想和目的。

(3) 实验设计模式。从实验假设的要求出发，在条件控制上预先考虑采用何种模式的实验设计。

(4) 实验的组织管理。

3. 实施教育实验方案

制定好实验方案之后，教育实验就进入实施阶段。教育实验的实施是一项复杂的工程，需要先把众多的人员、思想统一起来，再进行合理的组织，才能保证实验的顺利开展。首先，需要建立实验的组织机构，明确参与的人员及其分工，这是保证实验研究顺利实施的基础。其次，要明确实验的物质保证，确立实验的时间、地点、范围、材料、人员等，保证实验活动在既定的时间内能够顺利开展。最后，需要详细记录实验对象的表现以及做好实验的数据整理工作，全面、客观地对实验的实施情况作出分析，为后续实验报告的撰写奠定基础。

拓展8-4：案例·小学生运算思维品质培养的实验研究

(四)总结评价实验

1. 资料的整理和统计处理

一项实验完成之后得到的资料和数据往往是既丰富又无序的，难以看出其中的规律，因此，必须对它们进行整理和统计处理。整理资料时要按类归档，做到清晰有序。统计处理数据时，要依据数据的特征采用合适的统计方法，注意它们的适用条件和范围。实验结论要在数据分析的基础上得出。得出结论就是要根据实验统计数据来说明实验结果。实验的结论可能有多种情况：证实假设、证伪假设、部分证实假设或部分证伪假设。无论出现哪种情况，无论是证实假设还是证伪假设，对于实验者来说都是收获，都达到了实验的认识目的。因为它帮助实验者弄清了某个问题，或者为实验者思考某个问题提供了新的思路或办法。

2. 撰写实验研究报告

撰写实验研究报告是教育实验的最后一项工作。它以研究报告的形式把实验的结果公布于众，供他人学习、借鉴和探讨，以期产生社会价值。实验研究报告是实验研究工作的总结，集中反映了实验研究的过程和结果，是实验研究的经验结晶。实验研究报告撰写的好坏，直接影响着实验成果的接受度。因此，撰写实验研究报告是教育实验研究的重要一环，应该对其予以足够的重视。从实验报告的构成看，包括如下内容：实验的背景和目的、实验的对象和假设、实验的内容和模式、实验的设计与过程、实验的数据和结论等。实验研究报告要陈述确凿的事实数据、材料，实验过程和结果的描述，既不能夸大其词，也不能弄虚作假，要实事求是地描述实验研究的过程和结论。

二、教育实验的效度

实验效度又称实验有效性，指的是实验中的可变因素以何种方式影响实验结论，以及影响结论推广到多大范围。通常可以分为内在效度和外在效度。

(一)内在效度

内在效度用于建立研究方案和实验结果之间的因果关系，通俗点说，就是为了说明你用于支撑研究结论的实验数据，不是碰运气或者其他因素的结果，而是确实是你研究方案的功劳。外在效度则通常和结论的泛化相关，也就是说，你的研究方案可以适用于更一般的环境或对象。

对实验环境中可变因素的控制水平决定了实验的内在效度在多大程度上可以让人信服。通常，影响内在效度的威胁因素可分为七类。

(1) 历史：实验周期中外部因素对实验对象的影响会发生变化。比如，实验目标是检查医院对医师进行开处方培训的效果，而实验对象是医师，若他在实验过程中接受了药厂的教育课程，就无法确定医院培训的效度如何了。

(2) 成熟：实验周期中实验对象内在的生理上和心理上的变化。比如，儿童哮喘的治疗方案的效果，可能受儿童发育的影响。

(3) 测试程度：重复测试会导致实验对象对测试的反应越来越好，但并不意味他们对测试的问题了解得更深刻。比如用同一套试卷反复测试同一组人，显然得分会越来越高但这并不代表他们对这套试卷更加了解。

(4) 仪器精度：实验过程中进行仪器校准，或者更换了读数/计量人员，都可能影响实验结果。

(5) 回归：当前实验结果可能位于结果分布的两端，即远离平均值，等重复测试或者读者重现实验结果时，可能会得到回归均值的结果。

(6) 差异的选择：当对比组和基准组的实验对象不具备可比性时，这是最有可能出现的威胁。比如对比组的孕妇接受了完整的孕前教育，而基准组只拿到了一本关于孕前注意事项的小册子，那么和生产过程相关的实验结果都有可能受到影响。

(7) 受试的流失：实验过程中有人员退出或死亡，尤其是那些治疗效果特别好或者不好的，会使实验结果看起来特别有效(或无效)。

(二)外在效度

外在效度又称外部效度，指实验结果能够适用的范围。外在效度反映了研究结果推广到同类事物和现象的程度和范围。外在效度是实验的重要价值指标。如果一个实验的研究结果仅适用于实验实施的自身范围，不能推广到总体范围中去，则表明其外在效度低；反之，当一个实验的研究结果不仅适用于实验实施的自身范围，还能推广到总体范围中去，那么这个实验的外在效度就高。影响实验外在效度的因素有很多。外在效度的获得取决于被试取样的代表性，实验过程的可靠性以及对各种无关变量的控制等。主要的影响因素是被试取样是否具有代表性。

(三)内在效度和外在效度的关系

实验效度是每一个实验设计者必须考虑的问题，研究者应从实际情况出发使实验具有较好的效度。一般来说，内在效度越充分，研究越真实和可靠；外在效度越大，结果推广度越大，研究越有价值。二者的关系是：内在效度是实验质量的根本保证，是外在效度的先决条件，没有内在效度便无所谓外在效度；外在效度是实现研究价值的基本途径，没有一定的外在效度，一个研究即使内在效度非常高，也无法体现其应用价值。

内在效度高的实验并不一定具有较高的外在效度，反之亦然。有时确保了一种效度，就会削弱另一种效度。例如，只选取男生或女生作为被试，这时实验的内在效度提高了，但实验的外在效度却受到损失,即实验结果难以推广到不同性别的群体中去,结论的普遍适用性降低了。因此,在实验设计中要综合考虑内在效度和外在效度,在保证实验结果可靠性的基础上,尽可能使研究获得更大的外在效度。

本 章 小 结

教育实验研究法是通过对某些影响实验结果的无关因素加以控制,有系统地操纵某些实验条件,然后观测伴随这些实验条件变化的现象,从而确定条件与现象间因果关系的一种研究方法。对变量的操纵和对因果关系的揭示是实验研究的基本特性。研究者需在理论假设的指导下,操纵自变量,控制无关变量,观测因变量,以揭示变量间的因果关系。广义的实验设计是指实验法贯穿教育研究的始终,涉及了研究活动的各个环节,具体包括确定研究选题、提出研究假设、确定研究变量、选择研究样本、确定实验的设计模式、实验的具体实施、研究资料的分析处理等,包含了研究活动从确定研究选题到得出研究结论的全过程。狭义的实验设计主要是指教育实验设计模式的选择和确定,其核心在于处理好教育实验中三个变量之间的关系。一个完整的教育实验活动从程序上看分为四个阶段:确定实验研究选题、设计实验方案、实施实验方案、总结评价实验。教育实验的设计需要综合考虑内在效度和外在效度两个方面。影响教育实验效度的因素有很多,需要在实验设计的过程中尽可能规避。

思 考 练 习

一、单项选择题

1. 按实验变量的控制程度来划分,可以将教育实验分为前实验、准实验和( )。
   A. 真实验   B. 伪实验   C. 自然实验   D. 实验室实验
2. 下列不属于教育实验法的优点的是( )。
   A. 可以重复验证   B. 实验结论准确
   C. 实验控制难度大   D. 便于探讨变量间因果关系
3. 教育实验设计的模式如下:"O_1 X O_2",该种模式属于( )。
   A. 单组后测实验设计模式   B. 等组后测实验设计模式
   C. 等组前后测实验设计模式   D. 单组前后测实验设计模式

二、简答题

教育实验法的优缺点都有哪些?

三、设计题

王老师有一个研究选题是"小学语文分散识字和集中识字的比较研究",他想用教育实验的方法对该研究选题进行研究,请你运用等组前后测实验设计模式对上述研究选题进行实验设计。写出实验设计的一般性过程。

发展独立思考和判断的能力，应当始终放在首位，而不应当把获得专业知识放在首位。如果一个人掌握了他的学科基础理论，并且学会了独立地思考和工作，他必定会找到他自己的道路，而且比起那种主要以获得细节知识为其培训内容的人来，他一定会更好地适应进步和变化。

——爱因斯坦

第九章 研究资料的分析和处理

学习目标

知识目标：掌握研究资料的类型、来源以及搜集步骤，掌握研究资料定性分析和定量分析的含义及要求。

能力目标：掌握研究资料分析的具体方法，能对定性和定量资料做出分析。

情感目标：在研究资料的分析中树立求真、务实的研究态度。

重点难点

教学重点：研究资料的类型、定性(定量)研究资料的分析方法。

教学难点：定性资料和定量资料的分析方法。

引导案例

调查之后，我该怎么办？

小张是某高校小学教育专业大四的学生，学校要求开展毕业论文写作工作。在和其论文指导教师商量后，小张决定将论文的选题定为"小学语文课堂提问的有效性研究——以XXX校为例"。指导教师建议他采用问卷调查、教师访谈和课堂观察等方法进行研究，按照老师的要求，小张制作了调查问卷、访谈提纲和课堂观察记录表，在经过一个多月的资料搜集后，小张获得了大量的研究资料。对于搜集上来的问卷、访谈记录和课堂观察记录表，小张有些犯难，不知道该如何分析与处理，不知道如何从这些资料中找到小学语文课堂提问背后的规律。

案例思考：小张同学的困惑也是很多刚踏入教育研究领域的同学们的困惑，辛苦地搜集了大量的研究资料，却不知道如何对研究资料进行分析、加工和处理。通过调查研究获得资料是开展教育研究的基本方式，调查之后，该如何分析研究资料呢，这是本章要和大家一起讨论的问题。

第一节 研究资料的概述

研究资料是指在研究过程中形成或使用的所有信息材料。研究资料不仅能让人们了解有关方面已有的研究成果、研究历史和当前研究动态，而且可以为论证研究选题提供理论依据和事实依据，进而帮助研究者选择和确定研究选题，启迪研究者思维，激发研究者灵感。可以说，研究资料的数量和质量是判断教育科学研究水平的重要因素。

一、研究资料的分类

研究资料的类型非常复杂，对研究资料的类型作出划分，有助于研究者从宏观上把握不同研究资料的属性和特征。根据以下标准，可以将研究资料进行类型划分。

(一)根据资料的获得途径

1. 一手资料

一手资料，又称原始资料，是指调研人员根据当前特定的需要，通过现场实地调查，直接向有关调研对象搜集的资料，是研究者直接通过搜集整理和个人直接经验所得的资料，包括文献资料(指原创的)、实物资料、口述资料和访谈资料。一手资料是持有资料的人最先接触资料，因此具有高度保密性。一手资料具有实证性、生动性和可读性，其特点是证据直接，准确性、科学性强。案例9-1中的访谈记录就属于一手资料。

【案例9-1】

小学老师的工作负担访谈记录(一手资料举例)

C老师：说实在的，我们的时间根本就不够用，我都恨不得一天多出几个小时来。每天备课、上课、听课、批改作业、处理学生的问题，忙得不可开交，要想自己学习学习，提高业务水平都得挤点时间出来。所以老师一般都是最早上班，最晚下班的，我们私下都把上班戏称为"包场"。尤其是年轻人、骨干、党员，那些加班加点的任务都得去做，基本上没有多少业余生活时间了。

W老师：许多不知情的人都羡慕老师有双休，有节假日，其实老师的绝大部分时间都给了学校，给了学生。打个最简单的比方来说吧，对于工人来说，每天完成旧的任务之后就会迎来新的一天，但是老师无时无刻不得惦记着学生，惦记着工作。说出来别人或许不相信，我们学校每次组织老师出去学习或者旅游，在路途中，在车上，有的老师都还得忙着备课，忙着批改学生的作业。

Z老师：其实我觉得老师的工作负荷重，压力大，其中一个很重要的原因就是工作事务过于随机，过于烦琐，缺乏系统性。尤其是班主任，教学工作量不减，其他的事务又多，而且别的科目的老师临时有事，还得去顶着。此外，就是很多工作都是机械、重复的劳动，长久下来，最初的新鲜感消失了，随之而来的就是厌倦和烦躁，这造成沉重的心理负担，产生职业倦怠。

(资料来源：本书作者整理编写)

2. 二手资料

二手资料是指他人搜集、记录、整理的各种数据和资料，是指不是自己亲自调查取得的，而是从公开出版、报道的材料以及别人调查的数据中取得的资料，是特定的调查者按照特定目的搜集、整理的各种现成的资料。二手资料又称次级资料，如年鉴、报告、文件、期刊、文集、数据库、报表等。它与通过实地调查法、观察法等搜集的一手资料是相互依存、相互补充的。二手资料有几个主要的优点：①通常情况下，它较容易获得；②比起搜集一手资料，它的成本要低许多；③它能被快速获得，而搜集一手资料，从开始到结束可能需要几个月的时间。总而言之，它省事、省钱和省时。所以在很多情况下研究者总是优先使用二手资料。

(二)根据资料的性质

1. 定性资料

定性资料是指对事物性质做出定性描述的资料。定性分析主要是一种价值判断，它建立在解释学、现象学和建构主义理论等人文主义方法论的基础上。其主要观点是：社会现象不像自然现象那样受因果关系的支配，社会现象与自然现象有着本质的不同。定性资料是指研究者运用历史回顾、文献分析、访问、观察、参与经验等方法获得的资料。如访谈中用到的访谈资料、调查中发现的书面资料等。这些资料往往难以量化，需要综合运用多种方法才能对其做出有效的分析，进而寻找到资料背后的逻辑关系。

2. 定量资料

定量资料是指对事物做出定量描述的资料。定量分析主要是一种事实判断，它建立在源于经验主义哲学的实证主义方法论的基础上，其主要观点是：社会现象是独立存在的客观现实，不以人的主观意志为转移。在评价过程中，主体与客体是相互孤立的实体，事物内部和事物之间必定存在内在的逻辑因果关系。基于上述对于事物的认识，定量分析更关注的是事物背后的量化关系，其结果通常是由大量的数据来表示的，研究设计是为了使研究者通过对这些数据的比较和分析作出有效的解释。

(三)根据资料的作用

1. 计划性资料

研究起始阶段所形成的各类资料，包括研究选题申报表、研究选题论证书、立项通知书、研究方案、研究计划、研究人员登记表等，均可作为计划性资料保存积累。

2. 基础性资料

研究选题前期及研究选题过程中开展的调查、测量、检索、研讨等工作所产生的各类资料，包括开题报告、调查问卷、观察记录表、个案记录表、测试量表、研究选题规章制度等，可作为基础性资料保存积累。

3. 过程性资料

过程性资料即研究实施阶段产生的各类完成性资料，包括教学设计、观课议课记录、检测记录、案例记录、教育叙事等，特别要注意积累研究过程中产生的文字、音像等类别的一手资料。

4. 专题性资料

专题性资料即围绕研究专题所形成的资料，如专题研究记录、专题讲座笔记、针对某项专题形成的论文和报告等。专题性资料对完成科学研究的各项任务具有重要意义。

5. 效果性资料

效果性资料是指对研究变量进行控制、检测，对研究进行阶段性、终结性评估等资料，如实验数据的统计资料，学生制作、设计的作品，学业水平检测成绩统计，家长和社会评价等，这是形成最终成果、证明研究有效性的主要资料。

6. 总结性资料

总结性资料即研究过程各阶段结束时，研究选题组与研究选题组成员总结的专题性或综合性的材料，可作为总结性资料搜集、保存。这些总结性资料对研究的持续、深入进行和最终成果的形成具有直接的矫正和深化价值。

拓展 9-1：研究资料的来源

二、研究资料的搜集

搜集资料是研究工作的第一步。研究者要根据研究任务和研究对象的性质，运用各种方法和手段，尽可能多地搜集有关翔实、可靠的材料。

(一)资料搜集的原则

搜集资料是科研工作的主体内容。资料搜集方法繁多、涉及范围广、内容庞杂、出处多、搜集时间长、观点不一、价值各异。这就要求研究人员在搜集材料时特别注意掌握一些原则，以做到事半功倍。

1. 时效性原则

搜集资料时首先要重视资料形成的时间顺序。越是近期的、现实的资料，信息就越新，适用性就越大。使用最新的教育文献就成了资料搜集的基本原则。因此，搜集资料要采用逆时性原则，即在时间上使用倒查法。这样能够使研究者在资料的浩瀚大海中沿着时间的航标，较容易地拿到需要的资料，而且还能使研究者获得最新的信息与最新的资料，这些信息与资料的可靠性较大。

2. 选择性原则

科研工作要求尽量多地搜集资料，但多搜集不等于多用，而要精选精用，即选择具有价值的研究资料使用。一般情况下建议选择权威学者发表的文章。这就要求研究人员在搜集资料时，必须对自己加以限制，把目光限定在研究所必需的范围内，把精力和时间投放在有用之处。

3. 直接性原则

搜集资料是为了应用这些资料，这就要求搜集到的资料有真实性和准确性。相较于二手资料，一手资料更具有使用价值。因此，研究人员应搜集一手资料，特别是自己亲自实践过的资料。

4. 比较性原则

搜集资料要重点搜集那些为自己研究所需的资料，但同时也要拓宽自己的思路，特别要了解和掌握那些观点不一致的或与自己构思相悖的资料。只有如此，才能进行全面的比较研究、对照分析，从而得出正确的或比自己构思更先进的结论。

(二)资料搜集的步骤

除了平时进行资料积累外，研究者应该根据教育科研的需要，有目的、有计划地按以下步骤去搜集各种有关资料。

1. 确定搜集范围

任何一项研究所涉及的资料面都是十分广泛的，如果无目的地去搜集，无疑将花费很大的精力、时间，甚至造成浪费。因此，一旦确定研究选题，就需要确定搜集资料的范围。确定搜集资料的范围，要从两方面考虑。一是资料的广度，即尽可能搜集涉及研究内容多角度的资料。二是资料的深度，即所搜集的资料不但要有一定的数量，而且要有一定的质量，具有典型意义。要争取以尽可能少的资料，涵盖尽可能多的内容，以提高资料的利用效率，为研究提供坚实的基础。

2. 选择搜集方法

资料的来源不一样，类别不一样，搜集的方法也就不一样。为了能更为经济而有效地搜集到所需要的资料，研究者应该选择适当的搜集方法。例如：通过阅读有关的书刊摘录所需要的资料；对有关教育现象有意识地进行观察、记录，以搜集所需要的资料；通过座谈、访问、问卷等手段搜集所需要的资料等。

3. 选择搜集途径

常见的资料搜集途径有如下几种。①订购。即通过订购有关的书刊，购买音像制品等，搜集所需的资料。②借阅。有些资料一时难以买到，有些资料价格较高，经济力量难以承受，这时可以通过借阅的方式搜集资料。但借阅的资料是要归还的，所以研究者要注意做好摘录工作。③制作。通过复印、翻录、翻拍等方式搜集所需的资料。④实践。直接在教育教学实践中搜集所需的一手资料。⑤检索。即在互联网上，通过搜索引擎或数据库检索获取资料。由于网络检索的便捷性，网络检索是目前最常用到的资料搜集途径。

4. 积累各类资料

资料的搜集不是一朝一夕可以完成的，搜集到的资料也不是使用一次后就失去了功效。因此，将搜集到的资料积累起来是十分重要的。"书到用时方恨少"，资料对于教育科学研究更是如此。平时可通过做读书笔记、书摘等方式进行资料积累。

(三)资料搜集的方法

在搜集资料时，一些人容易犯贪多求全的毛病，实际上这是不可能的。我们只能抓住一些最重要、关系最密切的资料，尽力抓住一些有典型意义的、主要的和有用的资料。

搜集资料，要尽可能搜集一手资料。教师处在教学第一线，所能搜集的一手资料是非常丰富的，关键是平时要做有心人。每讲完一节课，都应及时把这节课的成败得失和自己的感想记下来。在听课过程中或在研究某一问题的过程中或在报刊(第一次发表)中发现某一资料有价值时，亦应及时记录搜集起来。

资料的搜集方法有以下几种。

1. 做卡片

做卡片积累资料是一种行之有效的方法。使用卡片时要在一固定处注明作者、书名、卷次、页码及出版日期等，以便于后续查考。

2. 做读书笔记

做读书笔记有助于对所学知识理解、记忆和运用，这是积累资料的好办法，也是古今中外一些著名学者都采用过的方法。常见的读书笔记有以下几种。

(1) 摘要笔记。把书刊中的主要内容、主要观点做摘要记录，也可记录一些精彩的段落或典型例子。

(2) 心得笔记。记录读书、读报时的心得体会、批评、补充、质疑等。这种笔记难度较大，它要记下个人的创见，多用于学术研究。

(3) 索引笔记。把书名、文题、出版日期、作者、页码等写在一张卡片上，以便日后查找。

3. 剪报

我们订阅的报刊，不一定每一篇都适用，可将需要的部分剪下来，分门别类地贴在预制的本子上。这种方法省时、省力，但有局限性，所剪的必须是自己订阅的报刊。

4. 复印

当借来的报刊、书籍中有我们需要的内容时，可利用复印机复印下来。条件允许亦可利用计算机系统来检索资料。

5. 圈点批注法

圈点批注法主要适用于自己购买的图书、杂志。具体做法是将其精辟、有用之处用不同颜色的铅笔与各种符号圈出来。有时也可将自己的感受、看法直接写在书上。毛泽东主席生前读书时，就经常采用这种方法，他最长的批注达 13 000 字。

三、研究资料的整理

资料的整理就是对通过前文介绍的各种方法所搜集的资料的真实性、正确性、准确性进行审核，对不同类型、不同内容的资料进行分类，对资料的数据及其他方面的信息进行汇总统计。资料的整理在教育科学研究中占据比较重要的地位。英国科学家达尔文曾说过："科学就是整理事实以便从中得出普遍的规律或结论"。这是因为研究者通过观察、问询、搜集已有文献而获得的资料多半是片段的、分散零乱的，性质各异、内容各异、类型各异的材料错综复杂地交织在一起。研究者首先需要对其进行整理，才能为后续资料分析所用。因此，研究者应对资料的整理及其一般的方法有一定的了解。值得注意的是，由于研究者所搜集的资料量大、内容复杂，因此资料的审核、分类、汇总等需要在搜集资料的过程中不断地进行，也就是说，整理资料的工作不仅在搜集资料的任务基本完成后是必需的，而且在搜集资料的过程中也是必需的。资料整理是对资料进行"去伪存真、去粗取精"的加工过程，是资料搜集阶段到资料分析阶段的过渡环节。研究资料整理的目的是要确保研究资料有序化和典型化，以便为资料分析提供思路和依据。

由于研究方法的差异、资料搜集手段的不同而导致记载教育现象信息的形式有所差异，资料的整理方式也就表现出某些差异。资料的获得或是通过实地接触(即观察)，或是通过问询访谈，或是通过搜集已有的文献资料等。通过观察而获得的资料一般表现为现场所做的笔记。首先从内容上看，这种笔记既包括观察到的东西，也包括记录者当时理解的东西。也就是说，在笔记中，不仅有研究者"看到""听到"的，还有研究者"想到"的。其次，由于时空条件的限制，现场观察的记录可能是粗略的、不详细的。因此，就前者而言，研究者在观察后必须尽快整理笔记。整理笔记就是以现场记录为线索，通过回忆在笔记中尽量保持观察现场的原状，整理出详尽的笔记来，就后者而言，研究者需要就笔记中自己的"理解"建立分析档案。

【案例 9-2】

在昆虫中，跳蚤可能是最善跳的了，它可以跳到高自己几万倍的高度。为什么会这样呢？带着这个问题，一个大学教授开始了他的研究。可是他研究了一整天，都没有找到答案。

第一天下班的时候，教授用一个高一米的玻璃罩罩住了这只跳蚤，以防它逃跑。就在那天晚上，跳蚤为了能跳出玻璃罩，就跳啊跳啊，可是无论它怎么跳，都在跳到一米高的时候，就被玻璃罩挡了下来。第二天，教授上班取下玻璃罩，惊奇地发现，这只跳蚤只能跳一米高了。于是他来了兴趣。第二天下班时，教授用了一个 50 厘米高的玻璃罩罩住跳蚤。第三天，教授发现这只跳蚤只能跳 50 厘米的高度。晚上，教授用 20 厘米高的玻璃罩罩住跳蚤。第四天，跳蚤跳的高度又降为 20 厘米。到了第四天下班时，教授干脆用一块玻璃板压着跳蚤，只让跳蚤在玻璃板下爬行。果然，到了第五天，跳蚤再也不跳了，只能在桌面上爬行。

如果案例 9-2 中的故事只记录到这里就结束了，则存在断章取义的嫌疑。因为事实上，这个故事后面还有内容。故事的后续是：可就在这个时候，教授不小心打翻了桌上的酒精灯。酒精洒在了桌上，火也慢慢地向跳蚤爬的地方蔓延。奇迹出现了，就在火快烧着跳蚤的一瞬间，跳蚤又猛地一跳，跳到了它最开始的超过它身体一万倍的高度。因此，在资料分析和处理的过程中，要全面地分析资料，不能断章取义。

通过调查而获得的资料主要是问卷，调查表以及测验、评价用的试卷等。其特点就是量大，对这些大量的调查资料也需及时地整理，如果不及时地处理，到调查结束时，研究者将面对一大堆资料，犹如面对一团乱麻，难以下手。更重要的是，及时地整理资料，可以立即发现所掌握的资料之不足，以及尚缺少哪方面的资料。如果在资料搜集完成之后才整理发现资料之不足，再去做补充调查，就会造成时间、精力、财力的浪费。因此，调查过程中对资料进行及时的整理是非常必要的。通过调查而获得的资料往往是数据资料。对于数据资料的整理，一般采取列出总表的方式，即根据一定标准，将调查材料分成若干大类及若干小类，然后逐一统计汇总。各类数据的统计与汇总要做到精确，不能马虎、草率，更不能为了验证自己事先的假设而篡改数据。

对于已有的文献资料，研究者也需要整理。已有的文献资料，内容广泛，信息量大，时间和空间跨度较大。因此，研究者需要根据特定的概念框架，对资料承载的信息——无论是口头的、文字的还是其他形式的——做分类记录。

拓展9-2：研究资料整理的任务

第二节 教育研究资料的定性分析

教育研究资料是记录教育现象与问题的资料，教育科学研究的任务就在于对研究资料进行分析和研究，透过这些研究资料揭示教育活动的本质和规律，最终达到解决教育问题，改进教育实践的目的。资料分析是采用定性和定量分析相结合的方式，对分类整理的资料进行通盘分析，以揭示事物的本来面貌。定量分析主要是用数理统计分析法对整理的数量资料进行描述和推断，从中探究出有价值的东西。定性分析主要是用归纳、演绎等逻辑分析方法对整理的现象材料进行分析加工，以达到研究的目的。分析资料的方法随着对象的内容不同而不同。

教育研究资料的定性分析

一、定性分析的概述

定性分析是运用各种逻辑分析的方法，对经过归类整理的大量的数据、文献和事实材料进行去粗取精、去伪存真的处理，分析研究资料是否具有某种性质或某种现象变化的过程与原因，从而得出科学结论的过程。定性分析对象是定性描述资料，此类资料数量化水平比较低。定性分析对资料进行"由此及彼、由表及里"加工，分析研究对象性质、变化的过程和原因，揭示教育规律。其主要特点如下几点。

(一)定性分析注重对整体发展的分析

定性分析旨在把握事物的质，因此，必须通过对研究对象的整体分析，获得对于研究对象的整体概观。与定量分析不同，定性分析在内容上主要关注事物发展过程以及相互关系，进而从整体上综合地把握研究对象的质的特性。

(二)定性分析的对象是描述性资料

描述性资料通常是以书面文字或图片等形式表现，而不是以精确的数据方式呈现；是在自然场合以定性的方法获得的资料，带有较大的模糊性和不确定性；是来自小样本以及特殊的个案，而不是来自随机选择和大的样本的资料。

(三)定性分析的研究程序具有一定弹性

定性分析不像定量分析那样有严格的程序，相反因为教育过程的动态性和多样性，定性分析的研究程序需要不断进行调整，具有较大的灵活性。研究者需要结合具体的资料，以及自己对研究的熟练程度，对研究的活动程序加以调整和安排。

(四)定性分析主要采用综合的逻辑分析

在搜集的各种资料的基础上，研究者需要从不同的事物经验中找出共同性的联系，从许多不同的观察事例、典型中找出共同的特点，同时研究事物的特例，找出相异之处及其原因。这需要研究者综合运用归纳、演绎、推理等多种思维方式进行逻辑分析。

(五)定性分析中研究者要尽可能做到价值无涉

定性分析是一种价值研究，很容易受到研究者和研究对象主观因素影响。研究对象的行为表现又总是与特定的情境相关联，总是对特定情境保持一种背景的敏感性。因此在定性分析中，研究者一方面要保持价值中立，另一方面又要充分发挥自己的研究能力，与研究对象进行良好互动，让研究对象尽可能客观地回答所研究的问题，以此提升研究的科学性。

二、定性分析的方法

(一)因果分析法

在教育科学研究中，对那些具有因果关系的研究对象(问题)进行分析研究时，需要采用因果分析法。它分为两大类：一类是解释因果分析法，如一因一果分析法、一果多因分析法、多果共因分析法等；另一类是推理性因果分析法，如求同法、求异法、求同求异并用法、共变法、剩余法等。教育科学研究上的因果分析法，常常指的是一果多因分析法和多果共因分析法。

一果多因分析法是一种分析多种原因决定某一特殊行为(现象)的分析方法。它往往从一个结果出发，去发掘造成这个结果的多方面原因，或者通过列举大量的独特原因去解释某一行为(现象)。多果共因分析法是一种分析造成多种结果的共同原因的分析方法。它不是去列举某一特殊行为或事件的全部原因，而是有意识地去寻找能够解释行为或事件的一般类型的那些最为重要的原因，它旨在用最少的原因变量去最大限度地解释因果关系。在进行因果关系分析时，无论采用哪一种因果分析法，无论是一因多果、一果多因，还是多果多因，都需要弄清楚哪一个为果，哪一个为因；哪个是主要原因，哪个为次要原因；哪个为主观原因，哪个为客观原因；哪个为直接原因，哪个为间接原因。

【案例9-3】

有一位小学教师，曾在日常的教育教学活动中发现，整个三年级学生成绩比低年级大幅度下降，不及格率、留级率都比低年级显著增加(按常理，儿童升入三年级后无论是学习成绩、思想品德、兴趣水平还是个性品质等方面都应该向比低年级更好的方向发展)。为了弄清楚这个问题，他在全县展开了关于小学三年级学生成绩下降的调查研究。他通过对所搜集来的研究资料的分析研究，得出造成三年级学生成绩下降有多方面的复杂原因，既有学生本身生理(三年级学生的年龄正值第二次生长高峰的开始阶段，体内生长激素活跃，带来了生理机能的变化，这必然影响儿童心理的发展)、心理(三年级儿童自我评价的独立性有了发展及道德品质发展处于质变期，而有些教师和家长不懂得三年级学生心理发展的这些特点，造成师生关系、父母子女关系紧张，严重影响了儿童的身心发展)方面的原因。也有学校(因为片面追求升学率，学校重视起始班和毕业班，而忽视了对三年级的教学领导，造成三年级教学力量的薄弱)、家庭(升入中年级，有的家长认为孩子已经适合学校的学习，放松了家庭教育，把一切推给学校和老师)以及社会(不良社会现象、风气左右着小学生的进退)等方面的原因。针对这些原因，他又从学校、家庭、社会、教师、教学等方面提出了解决问题应对策。在研究过程中他使用的就是一果多因分析法。

因果关系分析法是指利用搜集和整理的资料，判明事物之间的因果关系的方法。因果关系是指先行现象及其引起的后续现象之间的一种必然联系。教育活动就包含着一系列的因果关系，教育科学研究的目的在于揭示教育活动之间的因果关系，具体而言，可以采用以下几种方法。

1. 求同法

求同法是在产生相同结果的不同现象中，寻找现象之间的共同性，从而确立共同性与相同结果之间存在的因果关系。比如研究某一现象 a 产生的原因时，如果该现象分别在不同场合出现。在每个场合的先行条件中只有一种共同情况(A)相同，其他情况都不同。那么这一相同的情况就可能是研究对象 a 的产生原因。具体表示为：

先行情况	研究对象
A B C	a
A D E	a
A F G	a

所以，A 可能是 a 的原因。

例如：

优秀生1：兴趣广泛 成绩优良 性格内向
优秀生2：兴趣广泛 身体强壮 反应灵活
优秀生3：兴趣广泛 知识面广 善于动手

所以，兴趣广泛可能是优秀的原因。

2. 求异法

如果研究的教育现象出现的条件与它不出现的条件之间，只有一点不同，即在这一个条件下有某个教育现象出现，而在另一个条件下这个教育现象没有出现，那么这个条件与所研究的教育现象之间就可能有因果关系。比如研究某一现象 a 的原因时，如果该现象在一种场合出现，在另一种场合不出现。在两种场合的先行情况中，只有一种情况 A 不同，其他情况都相同。那么这一不同情况 A 就可能是研究对象 a 的原因。表示为：

    先行情况   研究对象
    A B C   a
    B C   —
    所以，A 可能是 a 的原因。

例如：

    品德 基础知识 科技素养   竞赛成绩优异
    品德 基础知识   竞赛成绩平常

所以，科技素养可能是竞赛成绩优异的原因。

3. 求同求异并用法

某研究现象在都有一个共同条件的几个正面场合出现，且在此共同条件不出现的几个反面场合中都不出现时，可以确定这一共同条件就是研究现象的原因。比如研究对象 a 出现的场合中，只有一个共同先行情况 A。研究对象 a 不出现的场合中，没有这个共同先行情况 A，那么，A 可能是研究对象 a 的原因。表示为：

    先行情况   研究对象
    A B C   a
    A D E   a
    B M N   —
    C G P   —

所以，A 可能是 a 的原因。

例如：

    优秀生1：兴趣广泛 成绩优良 有理想
    优秀生2：兴趣广泛 反应灵活 身体好
    一般生1：性格内向 反应迟钝 有个性
    一般生2：性格外向 对人友善 品德好

所以，兴趣广泛可能是优秀的原因。

4. 共变法

如果每当某一教育现象发生一定程度的变化时，另一教育现象也随之发生一定程度的变化，那么，这两个教育现象之间就可能有因果关系。即在其他先行情况不变的条件下，某一现象发生一定程度的变化，另一现象也随之发生一定程度的变化，那么，前一现象就可能是另一现象的原因。

    先行情况   研究对象
    A_1 BC a_1
    A_2 BC a_2
    A_3 BC a_3

所以，A可能是a的原因。

例如：

学校科技教育没有	学生科技素养较差
学校科技教育强化德育	提高加快
学校科技教育减弱德育	降低

所以，学校科技教育可能是学生科技素养提高的原因

5. 剩余法

如果已经知道某一复杂的教育活动是另一复杂的教育行为的原因，同时，还知道前面一个教育活动中的某一部分是后面教育行为中的某一部分教育行为的原因，那么，前面教育活动的其余部分与后面教育行为的其余部分就可能有因果关系。例如某种复合现象 abcd 是由某一复合原因 A B C D 引起的。已知 B C D 是 bcd 的原因，剩余部分 A 和 a 也可能存在因果关系。

复合现象 abcd 的复合原因 A B C D

已知：B 是 b 的原因，C 是 c 的原因，D 是 d 的原因

所以，A 可能是 a 的原因

(二)归纳分析法

归纳就是从同类的若干个别事物或现象中概括出关于该类事物或现象的一般性结论。在资料分析中，归纳主要是指从经过整理的资料中提炼出一般性结论的过程。归纳分析是先列出事实材料，将这些事实材料加以归类，从中概括出概念和原理的一种自下而上的分析途径。归纳分析法是从相关研究对象(问题)的部分事物情况或全部事物情况的资料中概括出一般性结论的一种思维方法或推理形式。根据研究对象(问题)的特点和资料的性质，归纳法能够分为完全归纳法和不完全归纳法。

(1) 完全归纳法。完全归纳法是从相关研究对象(问题)的全部事物情况的资料中概括出一般性结论的归纳方法。例如，要研究教育过程的基本要素有哪些，我们通过使用研究资料对全部教育现象考察分析后，发现凡是教育都具有教育者、受教育者和教育中介三个要素，于是得出教育过程的基本要素是教育者、受教育者、教育中介，缺少其中任何一个要素都不能称其为教育过程这样一个结论。

(2) 不完全归纳法。因为教育研究对象的复杂性，有时我们使用研究资料不能考察相关研究对象的全部事物的情况，只能根据研究对象的部分事物所具有的某种属性进行概括，这种方法叫作不完全归纳法。不完全归纳法又可分为简单归纳法和科学归纳法。前者是随便根据相关研究对象的部分事物的情况，从研究资料中推出一般原理的方法，如要研究全国中小学实施普及九年义务教育的情况，我们能够随便通过对全国几所中小学实施普及九年义务教育情况的资料分析来概括出全国中小学实施普及九年义务教育情况的一般性结论。因为这种方法的推理依据是缺乏代表性的相关研究对象的部分事物，所以，结论缺乏绝对的可靠性。后者则是科学地根据具有典型意义或代表性的相关研究对象的部分事物的情况，从研究资料中推出一般性结论的方法。如要研究全国中小学实施普及九年义务教育的情况，就能够采用抽样法从全国中小学中选择部分具有代表性的中小学作为研究的直接

对象，然后通过对这些具有代表性的中小学实施普及九年义务教育情况的资料进行分析来概括出全国中小学实施普及九年义务教育情况的一般性结论。

(三)比较分析法

比较分析是将反映两个或多个人(事物)情境的不同或将反映相同人(事物)前后发生的变化的研究资料加以比较，从而了解人(事物)的共同特征、相互差异或变化规律。它是根据一定的标准，找出资料之间的差异点与共同点，以此来揭示不同资料所描述的教育现象之间的内在联系，在比较时应注意以下几个问题：一是两种资料的可比性；二是比较范围的广泛性与确定性；三是比较是在同一条件下进行的；四是比较的作用是有限的不能过于夸大。比较分析法从其类型上看有以下几种分类方式。

1. 横向比较与纵向比较

从时空上看，比较分为横向比较和纵向比较。横向比较是指使用研究资料对空间上同时并存的研究对象(问题)的不同形态或研究对象(问题)与其他事物之间的既定形态进行分析比较。它是按照空间结构的横断面展开的。纵向比较是指使用研究资料对研究对象(问题)在不同时期(时间)上所表现的形态进行分析比较。它是按照时间序列的纵断面展开的。

例如，某小学教师为了提升小学低年级学生的识字教学效果，自行设计编制了包含一至四册《汉字笔顺、笔画、汉字结构教学》内容的软件，用于辅助识字教学，并展开"优化小学语文课堂教学结构和多媒体使用"的实验研究。实验初期，他将自编软件在一、二年级实验班进行试用。每次实验后，随即对学生进行汉字笔顺、笔画识记水平、默写水平、书写规范水平、独立识记汉字水平和自学水平的测试。在应用计算机辅助识字教学的第一年，测试结果为：实验班识字的准确率为97%，对照班为81.2%。第二年他进一步利用计算机辅助识字教学，测试结果为：实验班识字的准确率为99.4%，对照班为96.6%。从整体看，实验班比对照班成绩优异。这种对实验班的识字教学效果与对照班的识字教学效果进行的比较属于横向比较。分析前后两年不同的实验数据可得出：利用计算机辅助识字教学，特别是让学生自学，第二年的实验结果要好于第一年，说明随着学生年龄的增长，利用计算机辅助课堂教学的效果会越来越好。这属于纵向比较。通过横向与纵向相结合的比较分析，最后得出：在低年级语文教学中利用计算机辅助识字教学的效果是明显的，做法也是可取的，能够推广使用。这种研究结论就有科学的基础。

2. 部分比较与全面比较

从数量上看，比较分为部分比较和全面比较。部分比较就是使用研究资料选择研究对象(问题)的部分具有代表性的属性与比较对象所进行的单项比较。全面比较就是使用研究资料按研究对象(问题)的多种属性与比较对象所进行的综合比较。部分比较是全面比较的基础，而只有进行全面比较，才能真正把握研究对象的本质。但在研究资料的实际分析中，部分比较使用得较多，而全面比较使用得较少，因为由于研究条件的限制，要对所要研究对象的所有属性都进行分析比较，往往是不可能的。例如，上述老师在"优化小学语文，课堂教学结构和多媒体使用"的实验研究中，选择在汉字笔顺笔画识记水平、默写水平、书写规范水平、独立识记汉字水平和自学水平等方面将实验班与对照班进行比较分析，得出实验班比对照班成绩优异的结论。这是使用了部分比较。

(四)系统分析法

系统是由若干个相互联系、相互作用的要素(或子系统)组成的,具有特定功能和运动规律的整体。任何一个系统都具有整体性、综合性、相关性、有序性、动态性等特点。教育是一个系统,系统中的每一个因素,都会对其他因素产生影响,同时,教育这个系统又要受到社会这个大系统的制约、影响,它们相互联系、相互作用。所以,研究者在对研究资料进行分析时,必须从系统论的观点出发,把研究对象(问题)作为一个系统,从系统的部分与部分、系统与环境的相互联系和相互作用中综合地考察研究对象(问题),并对研究对象(问题)进行系统分析。系统分析要求研究者必须对研究资料进行整体、综合的考察,只有这样,研究者才能全面把握研究对象的构成要素及其相互关系,才能对研究对象作出全面、客观的评价,从而形成科学化结论。

例如,针对当前我国关于中小学生学业成就归因的研究存在与西方相关研究求同多而求异少的情况,某研究者在调研与实验的基础上,参阅其他研究成果,比较全面地归纳出我国中小学生学业成就归因的特点。如有明显的年级差异、明显地意识到失败的结果是能够改变的、对学业成败的情感反应较敏锐等,系统地分析了我国中小学生成就归因特点的成因,如中国人的"自谦"人格、归因中的"自利性归因偏差"、对突显刺激的过度反应、在失败面前敢于承担责任、各年级归因倾向不同、个体对自己活动结果的预先性认知、在归因过程中把情感因素作为一种动力因素等,并科学地提出了相对应的教育建议,如了解学生的归因特点、给予学生适当的评价、把握好教材和考题难度、进行准确的归因训练等。(详见《现代教育论丛》2003年第2期)

拓展9-3:定性分析的信度与效度

【知识链接9-1】

定性研究方法于20世纪初发源于人类学、社会学、心理学、民俗学等学科,在其发展早期主要依赖于研究者个人的主观经验和理论思辨,缺乏统一的指导思想和系统的操作方法,在以后实证主义占主导的半个多世纪里,曾长期受到冷落。20世纪70年代以来,社会科学家们越来越意识到定量方法的局限性,开始重新对定性的方法进行发掘和充实,并寻找两者之间相互补充、相得益彰的结合点。社会科学研究的实践表明,定量的方法可以在宏观层面上进行大规模的社会调查和政策预测,但不用于在自然情境下对微观层面进行细致、深入、动态的描述和分析。定量研究者从自己事先做出发的假设入手,很难了解被研究者的心理状态和意义建构(特别是当被研究者的看法和研究者不一致时),也很难对研究者自己不熟悉的现象进行调查。此外,定量的方法不仅将复杂流动的社会现象简单地数量化、凝固化,而且忽略研究者以及研究者和被研究者的关系对研究过程和结果的影响。近几十年来,在对以实证主义为理论基础的定量研究提出质疑的同时,定性研究自身逐步发展壮大起来。定性研究者们从本体论和认识论的角度对一些重要的理论问题进行了探讨,并逐步发展出一套操作方法和检测手段。与20世纪初相比,学术界关于定性研究的认识在概念、术语、理论和方法论上都有了质的飞跃。

(资料来源:陈向明. 社会科学中的定性研究方法[J]. 北京:中国社会科学,1996(6).)

第三节　教育研究资料的定量分析

教育科学研究往往会涉及大量的数据资料，而这些数据资料之间的关系时常是错综复杂的，这使许多科学研究所要处理与分析的数字信息量十分庞大。定量分析就是一种帮助研究者提高控制数字的能力，透过这些庞大的数字信息量和复杂的关系去把握其内在规律的有力工具。定量分析是教育科学研究中的一个基本分析方法，就是对研究结果进行数量的分析。它赋予研究对象一种纯形式化的符号以反映事物的特征，分析的对象是具有数量关系的资料，包括数字、文字、图形和声音等。

一、定量分析的概述

(一)定量分析的概念

定量分析从理论上讲起源于实证主义哲学。随着孔德的实证主义哲学及其方法论、纽拉特和卡尔纳普等的逻辑实证主义以及美国的实用实证主义的发展，定量分析应运而生，并在 20 世纪中后期发展成熟。起初，定量分析作为主要研究方法之一，主要被运用于自然科学领域。后来，随着教育的不断发展，西方一大批自然科学家和教育研究者如高尔顿、桑代克等，开始把定量分析应用到教育领域中。我国的定量分析兴起于 20 世纪 30 年代左右，虽然经过几十年的发展，有了很大进展，但仍然不够成熟和完善。

定量分析主张采用数量形式将丰富的现象资料表示出来，并借助统计学方法进行处理，描述现象中散布的共同特征，以及对变量间的关系进行假设检验。定量分析法就是对教育调查搜集来的数据资料进行计算、统计检验、分析解释，并以此为依据，做出科学推断，揭示现象中所蕴含规律的方法。定量分析主要是对大量杂乱无章的数据进行算术或逻辑运算，抽取出对某些特定问题具有价值的数据，经过解释并赋予一定意义，进而推导出研究结论的过程。

(二)定量分析的运用

定量分析作为一种数据分析的研究方法，在教育研究中主要运用于以下三个方面。第一，数据描述。即将数据进行整理，用有意义的图表描述数据的分布情况，并利用一定的统计手段描述出数据的集中趋势、离散趋势和相关关系分布特征。第二，数据判断。这是利用概率及其分布的理论和方法，由样本特性推断出总体特征并估计出误差范围，从而得出科学的结论。第三，数据的综合分析。这是指利用系列数据相互之间的数量关系综合分析数据特征，并预测和解释变量之间的关系或从众多变量中提取出共同的因素，为分析研究结论提供数据支持。

在教育研究中，定量分析处理的对象是教育现象背后的数量关系，而教育活动本身非常复杂，因此在使用的过程中，定量分析有其自身的适用范围。

首先，定量分析适用于对教育中的物质现象进行研究。定量分析是对教育现象的量方面的内容进行分析，然而并非所有的教育现象都能量化。一般而言，教育现象中属于物质现象的方面，如各级各类教育事业发展的规模和速度、教材与教学质量、毕业生就业率等，能够量化，可以采用定量分析方法进行研究。而那些属于精神现象方面的，如学生的学习态度、教师的师德状况等则很难量化或难以量化到让人满意的程度，采用定量分析方法进行研究的效果可能不会很好。

其次，定量分析适用于对研究者不熟悉的或较大样本的教育对象进行研究，定量分析注重的是研究的条件和结果，而不是研究的中间过程。它不考虑研究者对研究过程和结果的影响，而且往往是通过大量的抽样统计来进行研究，进而从样本推断总体情况，研究结果具有普遍性，因此定量分析适合用来对研究者不熟悉的或较大样本的教育对象(如某区义务教育普及状况、某地流动人口子女就学状况、某大学毕业生就业状况等)进行研究。如学生个案研究、某个微观数据问题的研究等，则不适宜采用定量分析来进行。

二、定量分析的方法

(一)描述统计

描述统计主要是对所搜集的资料进行整理、分类和简化，描述数据的全貌以表明研究对象的某些特性。描述统计包括数据的初步整理、数据集中趋势和离散趋势以及相关系数的度量等方面。其目的在于使杂乱无章的数据更清晰直观地显示研究对象的特征，以利于进一步分析。这主要是通过计算集中量数、差异量数、地位量数、相关系数等来描述资料的分布特征，包括集中趋势、离散趋势及相互关系，把握数据所传递的关键教育信息。研究资料的描述统计中常用的统计量数有以下几种。

1. 集中量数

集中量数是用一个一般水平代表值来描述数据分布集中趋势的统计量。所谓的分布，是由一种变量的全部分数或观察值组成的一组或一批数据。描述数据集中情况的量数有算术平均数、中数、众数等，最常用的集中量数是平均数。

(1) 算术平均数：可简称为平均数。(最常用)

(2) 中数：即将数据按大小顺序排序，位于中间的那个数或两个数的平均数。代表数据的取值位置和平均水平。

(3) 众数：也叫密集数或范数，指的是出现次数最多的值，因而能够代表一组数据的集中趋势。

集中量数有以下几个作用。

(1) 根据集中量数对各个总体(或样本)进行比较。

(2) 根据集中量数来研究总体的一般水平在时间上的变化。

(3) 利用集中量数分析现象之间的依存关系。比如学习成绩与学习方法的关系，这种关系从个别学生的成绩中不容易发现，根据全班学生的平均成绩就可以做出比较可靠的评价。

2. 差异量数

差异量数是反映一组数据的差异情况或离散程度的统计量。集中量数的代表性如何，与差异量数是分不开的。差异量数越大，集中量数的代表性越小；差异量数越小，集中量数的代表性越大。在统计分析中，最常用的差异量数是全距、离差、平均差、方差、标准差、差异系数等。

全距(R)：一组数据中最大值与最小值的差，又叫极差。

离差(d)：变量与该组数据算术平均数的差。

平均差(MD)：每一组数据与该组数据的中位数(或算术平均数)的差，或离差绝对值的算术平均数。

方差($\sigma 2$)：指离差的平方的算术平均数。

标准差(σ)：方差的算术平方根，能够准确反映一个数据集的离散情况。

差异系数(CV)：标准差与算术平均数的百分比。(相对差异量数)能够比较不同单位的差异大小。

3. 相关分析

相关分析是以量化形式反映客观世界中事物间的普遍联系即两个或以上事物的变化是否具有相关性。两个变量之间的变化关系表现在变化方向和密切程度两个方面。从变化方向来看，两变量之间的变化关系有正相关、负相关和零相关三类。从密切程度来看，两个变量之间的变化关系有强相关与弱相关两类。

相关系数(r)：用来描述两个变量之间相互变化方向及密切程度的数字特征量，相关系数的数值范围在-1～+1之间，符号为正即表示正相关，符号为负表示负相关，且绝对值越接近于1说明相关性越高。相关系数的值，仅仅是个比值。它不是用相等单位度量出来的(即不等距)，因此不能进行加、减、乘、除法运算。此外，相关系数只能描述两个变量之间的变化方向和密切程度，并不能直接揭示两者之间的内在本质联系。相关分析主要通过积差相关、等级相关、质量相关等方式进行分析。

(1) 积差相关：当两个变量都是正态连续变量，而且两者之间呈线性关系时，表示两个变量之间的变化的量称为积差相关。例如初中升高中入学考试的生物成绩和化学成绩均以百分制表示，两者分别呈正态分布，它们之间呈线性关系，这时可用积差相关表示它们之间的变化。

(2) 等级相关：是指以等级次序排列和等级次序表示的变量之间的相关。主要包括斯皮尔曼二列等级相关和肯德尔和谐系数多列等级相关。斯皮尔曼等级相关是指当两个变量以等级次序排列或以等级次序表示时，两个相应总体并不一定呈正态分布，样本容量也不一定大于30，表示这两个变量之间的相关的量。肯德尔和谐系数是指当多个变量值以等级次序排列或以等级次序表示时，描述这几个变量之间的一致性程度的量。

(3) 质量相关：是指一个变量为质，另一个变量为量，这两个变量之间的相关。如智商、学科分数、身高、体重等是表现为量的变量，男与女、优与劣等是表现为质的变量，表示二者之间关系的量即为质量相关。质量相关主要有二列相关、点二列相关、多系列相关。

① 二列相关：当两个变量都是正态连续变量，其中一个变量被人为地划分为二分变量时(如按一定标准将属于正态连续变量的学科考试分数划分为及格与不及格、录取与未录取；把某一体育项目测验结果划分为通过与未通过，达标与未达标等)表示这两个变量之间的相关的量称为二列相关。

② 点二列相关：当两个变量其中一个是正态连续变量，另一个是真正的二分名义变量(例如，男与女，已婚和未婚，色盲与非色盲，生与死等)，这时这两个变量之间的相关称

为点二列相关。

③ 多系列相关：当两个变量都是正态连续变量，其中一个变量按不同质被人为地划分为多种类别(两个以上)的正态名义变量时，表示正态连续变量与多类正态名义变量之间的相关的量，称为多系列相关。例如学生的智商与努力程度之间的关系，智商与学习努力程度是正态连续变量，但努力学习程度被人为地划分为"努力""中等""不努力"三种类别，此时二者的相关称为三系列相关。

(二)推断统计

教育研究中，我们探寻的是关于研究对象(问题)总体的说明和解释。但实际研究中往往不可能对所要研究的对象的总体逐一进行观测，只能抽取一部分，即一个样本，然后根据从样本那里所获得并经过整理的数据资料，对研究对象(问题)总体的某性质、特征进行估计或作出推测性的判断，从而获得对未知的总体的特征或规律的理解。我们把这种分析方法称为推断统计分析方法。常用的推断统计分析方法包括参数估计、假设检验、统计分析等。假设检验是推断统计中最重要的内容。

1. 参数估计

参数估计是通过样本所提供的数据或信息，对总体特征进行估计的方法。主要包括点估计、区间估计等。

1) 点估计

直接用样本统计量的值来估计相对应总体参数的值叫参数的点估计。即将样本平均数作为总体平均数的估计量值，将样本标准差作为总体标准差的估量值，将样本相关系数作为总体相关系数的估计量值等。用某一样本统计量的值来估计相应总体参数的值叫总体参数的点估计。例如，从某市某年高三毕业会考语文成绩中，随机抽取 550 个考分，算出平均分是 62 分，则 62 分就是全市考生语文总体平均分数的估计值。

2) 区间估计

参数的区间估计就是根据样本统计量的值估计总体参数值的所在区间。它虽不具体指出总体参数等于什么，但能指出总体的未知参数落入某一区间的概率。即以样本统计量的抽样分布(概率分布)为理论依据，按一定概率要求，由样本统计量的值估计总体参数值的所在范围。参数的区间估计有很多种，如总体平均数的区间估计、总体标准差的区间估计、总体比率的区间估计、总体百分数的区间估计、总体相关系数的区间估计等。例如，某市小学五年级数学成绩的平均分数在 80～86 分，假定反复抽样估计 100 次，有 95 次的平均值落在这个区间，则一次估计准确的概率为95%(错误概率为5%)。这里的95%称为置信度或置信水平；对应的"80～86"称为置信区间；"80""86"称为置信界限。

2. 假设检验

利用参数估计，我们由样本的各种统计量对总体的参数作出推断，从而了解总体的各种特性，这是统计推断中的一类主要问题。不过，在教育研究中所获得的数据，总是有波动和差异的，这种差异，究竟是随机抽样误差，还是环境与条件的改变所造成的呢？除了明显的情况外，一般是难以直观分辨的，这就需要对所研究的总体作出假设，然后通过选择适当样本来对我们所作的假设实行检验，这种利用由样本统计量值得出的差异来判定总体参数值之间是否存有差异的检验就是假设检验。它是推断中的另一类重要问题。

1) 假设检验的几个常用概念

小概率事件："概率"在数学上有严格的定义，概率的大小用 P 表示，是表示某事件发生的可能水准的一个数值。如果在几次重复试验中，事件 A 出现了 m 次，只要试验次数 n 足够大，那么事件 A 的发生概率就可近似地看作 m/n，记作 $P(A)=m/n$。显然，对任一事件 A，发生的概率都在(0，1)之间。当事件发生的概率等于 1 时，叫做必然事件，事件发生的概率等于 0 时，叫作不可能事件。所谓小概率事件是指概率非常接近于 0 的事件。人们通常近似地把这种小概率事件看作实际不可能事件。本章所讨论的统计检验正是使用"小概率事件即为实际不可能"事件这个原理来作判断的。

统计假设：假设检验一般有两个相对立的统计假设，即研究假设(或称备择假设)和虚无假设(或称零假设)。所谓研究假设，就是在教育研究中，根据已有的理论和经验事先对研究结果作出一种预想的希望证实的假设，一般用符号 Hi 表示。所谓虚无假设就是否定研究假设的统计假设，它往往是研究者根据样本信息期待拒绝的假设。虚无假设一般用 Ho 表示。在假设检验中，若使用统计方法证明 Ho 为真，则 Hi 为假；反之，Ho 为假，则 Hi 为真。

显著性水平：在假设检验中，显著性水平是指在进行差异显著性检验时，虚无假设属真而被错误拒绝的概率，一般用 a 表示。有两种常用的显著性水平，即 $a=0.05$，$a=0.01$。前者称为差异显著，后者称为差异极其显著。

2) 假设检验的步骤

假设检验的基本思想是，对要检验的对象(例如总体的某个参数)作一假设，然后根据抽样结果，利用"小概率"(通常把概率不超过 0.05 或 0.01 作为界限)原理(即小概率事件在一项观察中几乎不可能发生)作出拒绝假设或接受假设的判断。如果抽样结果是小概率事件，则拒绝假设，否则接受假设。这种先认为假设成立，然后实行推断判定的方法，就是概率论的反证法。

根据假设检验的基本思想，假设检验的步骤如下。第一，建立假设。即建立虚无假设和研究假设。第二，计算统计量的值。根据研究选题的性质，选择实行假设检验的相对应统计量，并根据公式计算出统计量的实际大小。第三，确定显著性水平 a 和检验形式。根据研究选题的要求，确定显著性水平 a 和检验形式，并查表找出临界值，从而得到检验的临界区域。第四，实行统计推断。将计算得到的统计量与临界值作比较，作出拒绝还是接受虚无假设的判断，得出研究选题的结论。

3) 假设检验的方法

Z 检验：是用服从正态分布的统计量实行统计假设检验的方法，习惯上称为 Z 检验，主要用来解决总体平均数的相关问题。Z 检验的适用范围为：总体是正态分布，总体标准差已知时，不论样本大小，均可用 Z 检验。总体不知是不是正态分布，总体标准差 σ 已知或未知(此时用样本标准差 S 代替总体标准差 σ)，但样本是 $n>30$ 的大样本的，可用 Z 检验。

t 检验：就是用服从 t 分布的统计量 t 来实行统计假设检验的方法，主要用来解决总体平均数的相关问题。t 检验的适用范围为：总体是正态分布，总体标准差未知，样本为小样本。

F 检验：在用 t 检验法检验两个正态总体的平均数是否相等时，须具备的前提条件是：

两个正态总体的标准差相等。不过，如何检验两个正态总体的标准差相等呢？这就须借助 F 检验。F 检验是用服从 F 分布的统计量 F 来实行统计假设检验的方法。F 检验适用于两个独立样本的方差齐性(相等)检验。

拓展 9-4：定量分析的信度和效度

【知识链接 9-2】

定性和定量研究是贯穿教育研究的两条主线，它们包含一系列的具体研究方法。随着教育技术的发展、跨文化研究的发展、以及教育情境中互动机制的研究，促进了定性研究和定量研究的不断整合及其发展。定性研究和定量研究是互补的关系。定性研究为定量研究提供理论假设，定量研究就是要研究、验证这些假设，对要进行调查的现象进行严格的控制和设计，来说明现象之间的关系是真实的、客观的。其目的在于确定因果关系，并做出解释。同时也为进一步的定性研究创造条件。同样，两种方法搜集的资料也可以通过定性与定量两种分析技术来处理。具体来说，定性研究中获得的访谈资料既可以通过可靠的编码，又可以通过对编码主题的频率、关键词语的数目等进行定量的统计分析技术来处理。相反，定量数据也可以进行定性分析，在利克特量表得分的连续维度上按某一分界点将被试分为两部分，只做定性的分析，而不做进一步的统计分析。

(资料来源：张丽华. 定性与定量研究在教育研究过程中的整合[J]. 辽宁：教育科学，2008(6).)

本 章 小 结

研究资料是指在研究过程中形成或使用的所有信息材料。研究资料有广泛的来源渠道，既可以是教育实践中通过观察、调查等手段获得的资料，也可以是从教育理论书籍、报刊中获得的资料。搜集资料是资料工作的第一步。研究者要根据研究任务和研究对象的性质，运用各种方法和手段，尽可能多地搜集翔实可靠的材料。研究者应该根据教育科研的需要，有目的、有计划地按以下步骤去搜集各种有关资料：首先要确定搜集范围；其次选择搜集方法；再次选择搜集资料的途径；最后资料搜集还要注意平时的日常积累工作。

资料分析总体上分为两大类：一是定性资料的分析；二是定量资料的分析。定性分析是对事物的质的规定性的认识，它是运用各种逻辑思维的方法，对大量的数据、文献和事实材料进行去粗取精、去伪存真处理，得出科学结论的分析。定性分析对象是定性描述资料，此类资料数量化水平比较低。定性分析对现象资料进行深度加工，分析研究对象性质、变化的过程和原因，揭示教育规律。定性分析可以用因果分析法、归纳分析法、比较分析法、系统分析法等方法开展。

定量分析主张用数量形式将丰富的现象资料表示出来，并借助统计学方法进行处理，描述现象中散布的共同特征，以及对变量间的关系进行假设检验。定量分析的方法主要有描述统计、推断统计等方法。描述统计是对所搜集的资料进行整理、分类和简化，描述数据的全貌以表明研究对象的某些特征。主要通过集中量数、差异量数、相关分析等进行描述。推断统计是指根据样本的统计特征推断样本所在总体的统计特征的方法。推断统计的方法包括参数估计、假设检验等方法。

思 考 练 习

一、单项选择题

1. 搜集资料时首先要重视材料形成的时间顺序。越是近期的、现实的资料，信息就越新，适用性就越大。这说明资料搜集中的什么原则(   )。
  A. 逆时性原则　　B. 选择性原则　　C. 比较性原则　　D. 直接性原则
2. 下列属于定性分析方法的是(   )。
  A. 因果分析法　　B. 归纳分析法　　C. 比较分析法　　D. 统计分析法
3. 定性研究中，只适用于定性研究，指的是研究者了解、理解和再现被研究者对事物所赋予的意义的真实程度的效度是(   )。
  A. 描述型效度　　B. 解释型效度　　C. 理论效度　　　D. 推广效度
4. 下列属于定量分析方法中的描述统计方法的是(   )。
  A. 算术平均数　　B. 中数　　　　　C. 众数　　　　　D. 参数估计

二、简答题

请回答定性分析的信度和效度的概念？

三、论述题

请分析研究资料整理的基本任务有哪些？

这些学者共同工作的目标应该是给科学彻底打定一个基础,把智慧的光辉散播到全人类,使散播的成绩超越既往的成就,并以新鲜有用的发明去给人类谋福利。

——(捷克)夸美纽斯

第十章　教育研究成果的撰写和表达

学习目标

知识目标： 了解教育研究成果的概念、特征、类型、撰写规范和发表流程。
能力目标： 掌握学术论文和研究报告的撰写方法，提升学生教育研究能力。
情感目标： 培养学生反思、批判意识，培养学生论文写作和发表的兴趣。

重点难点

教学重点： 教育研究成果的基本概念、特征、类型、撰写规范和发表流程。
教学难点： 学术论文和研究报告的撰写方法。

引导案例

唐老师学术论文的撰写与发表

唐老师作为一名新手小学语文教师，用行动研究法帮助班里的特殊需要儿童婷婷。唐老师觉得这个案例很具有典型性，再加上评职称的需要，唐老师撰写一篇学术论文。虽然唐老师在大学阶段学习过教育研究方法，但是并没有系统地写过学术论文，不知道学术论文需要注意哪些内容？唐老师在咨询了同事和大学老师后，在知网中查阅了大量的资料，勉强完成了学术论文的撰写。在发表过程中，唐老师又遇到了新的问题：什么样的期刊适合其发表学术论文？期刊投稿的流程和要求有哪些？

在同事的推荐下，唐老师选择了基础教育领域里的一本期刊作为投稿刊物，投稿一个月后，编辑部把唐老师的稿子退回来了，说选题和体例都不符合发表要求。唐老师重新修改后进行再次投稿，6个月后，唐老师的论文终于发表了。在拿到样刊的时候，唐老师长舒了一口气，感叹道："学术论文的撰写和发表真的不是一件简单的事情！"

(资料来源：本书作者整理编写)

案例分析： 研究成果撰写和表达是研究者研究思考的重要成果，也是教育研究的重要表现之一。优秀的教育研究成果不仅是教育研究工作的重要标志，也是进行学术交流、学术发展与传播的重要载体。

第一节 教育研究成果的概述

教育研究成果作为教育研究者的智慧结晶，具有一定的理论价值和实践价值。教育研究成果的撰写与发表是教育研究效益的表现手段，有助于进一步检验该成果的科学性、适用范围和可行性，丰富和发展教育研究成果的理论观点和方法，还有利于普及科研知识，提高教师素质，扩大科研队伍。

一、教育研究成果的含义及意义

(一)教育研究成果的含义

教育研究成果是在进行教育研究的基础上，采用科学的方法，经过智力加工而产生的具有一定学术价值、社会价值或经济价值，并被同行专家认可的知识体系、方案或产品。教育研究成果的撰写，具有十分重要的意义。教育研究成果写得好不好，是教育研究成果能否落地、转化、推广的关键影响因素。

(二)教育研究成果的意义

教育研究成果的意义，不仅是教育研究者可以借以科学地总结自己的研究工作，更是教育研究成果能向教育界乃至社会提供教育研究信息，以丰富教育理论宝库和推动教育实际工作。

1. 实现研究价值

教育研究成果，说明了研究什么、如何研究、研究结果及其价值。通过研究成果的阐明，可以高度概括和科学总结研究选题，揭示教育规律，实现理论升华，显示其理论价值。同时，又为解决某一教育问题提供理论依据、建议、方案或办法，从而推动教育的变革和改进，显示其实用价值。因而，教育研究成果的撰写，不仅仅是个反映教育研究成果的问题，而且是个深化和发展教育研究成果的问题。

2. 推进学术交流

教育研究科研过程是获得直接经验的过程，教育研究成果这种经过精心设计、精心探索而获得的直接经验，不仅对直接参加者来说是十分宝贵的，还有利于不同空间、不同时间的人进行学术交流，从而推动和实现教育研究学术的发展。

3. 提升教育研究者学术能力

教育研究成果的撰写，是一个严密的思维过程，需要一定的分析、综合、抽象、概括的能力，要求有准确运用语言文字的能力和技巧。若缺乏一定的思维能力和表述能力或总结、表述不好，那研究只能是一种无效或低效的劳动。教育研究成果，有助于培养、提高研究者的思维能力和表述能力，从而进行有效的科研、学术活动。

二、教育研究成果的特征

(一)问题性

教育研究的根本目的在于解决教育教学实际中的问题,能面向广大小学进行广泛、深入的研究,研究的内容涉及小学教育方方面面的问题。这些问题确实是广大教师在实施新课程的实践中经常遇到的,通过对这些实际问题的探究和实践,引领学校、教师寻求解决问题的办法,并能在确定策略后审慎地投入实践、观察和评价实际效果,是推进课程改革顺利实施和提高教育教学的有效途径。

(二)过程性

曾经有许多教师认为,教育研究非常深奥,是教育专家的事,只有教育专家才能创造出教育研究成果;也有不少教师认为搞教育研究就是苦思冥想、闭门造车;还有的教师认为搞教育研究就是要创一家之言,自成一说。这些人的观点都是偏颇和有误解的。教育研究成果的构建过程是一个积累的过程,既是理论指导实践的过程,又是实践经验总结与升华的过程。这个研究成果构建的过程,能正确地引导教师在工作中研究,在研究中工作,进而改善和促进教师的日常工作。

(三)创新性

教育研究是为提高教育教学质量提供理论支持和实践依据的。因此,教育研究工作,能引导教师关注日常教育教学的细节,引领教师根据教育发展的需要,不断探索教育教学的途径和方法,不断创新教育研究成果。只有教育研究成果具有创新价值才能真正彰显研究成果的价值。

(四)互动性

通过教育研究成果交流,可以实现不同学校老师基于研究成果的探讨与交流,从而培养一大批大胆创新、善于教学、乐于钻研的教师,形成浓厚的教研学术氛围。

三、教育研究成果的类型

教育研究成果的类型是多种多样的,研究的任务不同,研究成果的类型也不一样。一般来说,教育研究成果的类型有两类:一类是教育研究报告;另一类是教育研究论文。

(一)教育研究报告

教育研究报告是描述教育研究工作的进展或结果的文件,是报告新发现和新成果的文献。它是教育研究工作者广泛使用的一种文体。根据教育研究的内容与方法不同,研究报告也有不同的类型。

1. 实证性的研究报告

实证性研究报告是指用实证性方法进行研究、描述研究结果或进展的报告。如对某个教育问题进行调查研究后写成的调查报告；对某种教育现象进行科学实验后写成的实验报告；对某个学校的教育教学经验进行总结以后写成的经验总结报告等。这类报告都是以研究所得到的一手材料为基础，对研究的方法和过程加以分析，找出其中的规律，提出办法、建议及存在的问题，得出相应的结论。

2. 文献性的研究报告

文献性研究的报告即用文献法进行研究的报告，如教育研究中的文献考证的报告。这类研究报告以对文献的分析、比较、综合为主要内容，并展示文献的考证过程，说明文献的来源与可靠程度。

(二)教育研究论文

教育研究论文是教育研究工作者对某些教育现象、教育问题进行比较系统、专门的研究和探讨，提出新观点，得出新结论，或站在新的角度做出新的解释和论证的一种理论性文章。教育研究论文以阐述对某一事物、问题的理论性认识为主要内容，要求能提出新的观点或新的理论体系，并阐述新旧理论之间的关系。不能对研究问题提出新观点，或采用新材料，或运用新的研究方法，或得出新结论，或站在新的角度做出新的解释和论证的，都不能称作有价值的教育研究论文。

教育研究论文通常有多种分类方法。按写作要求可分为投稿论文和学位论文；按篇幅数量和规模可分为单篇论文和系列论文；按研究的特点、层次和水平又可分为经验型论文(教育教学工作经验的理论总结)、研讨型论文(针对教育实践和理论中问题，进行专题总结、分析、研究)、评述型论文(对问题进行专项综述和评析)、学术型论文(对教育问题进行专门、系统的研究，总结规律，揭示本质，进行论证和证明)等。

应该指出，研究报告和研究论文在内容要求和表述形式上是有区别的。一般说来，研究论文比较简洁精练，它仅仅突出表达一项研究、工作中最主要、最精彩和最具有创造性的内容。论文应该有创新的见解，形成某种新解释、新论点或新理论，不包括同行一般都知道的东西和一般的研究过程的叙述，也不包括过多的具体材料。研究报告则不限于新的或创造性的内容。整个研究工作的重要过程、方法和环节都可以包括进去。研究论文的内容中包含着较多的推理成分，而研究报告则要凭数据说话。当然，研究报告与研究论文之间并不存在分明的界线。就它们的性质和作用说，都是科研工作结果的记录和总结。可以说，以理论分析为主要研究方法的理论性研究报告，如有创见的调查报告、实验报告、经验总结报告等，本身就是一篇好的研究论文。

拓展 10-1：2018年基础教育改革教学成果一等奖部分成果简介

四、教育研究成果撰写的注意事项

一份教育研究成果是否有意义，取决于它的质量。为了保证教育研究成果的质量，研究者在撰写教育研究成果时应注意几个以下事项。

(一)科学性

科学性是科学研究成果的生命所在。教育研究成果的表述必须观点正确、材料可靠，论证要以事实为依据，无论是阐述因果关系，结论的利弊和价值，还是结论的实用性和可行性，都必须从事实出发。推理要合乎逻辑，不可臆断。

(二)创造性

创造性是衡量教育研究成果质量水平高低的重要依据。其他学者没有提出过的理论、概念、教育教学新方案、新的实验方法、没有观察到的现象或在实验和调查中第一次获得的数据等，都是创造性的研究成果。

(三)规范性

教育研究成果的表述虽无定法，但有常规可循。在撰写教育研究成果时，要按照一定的格式和规范要求。写作之前要有明确的计划和提纲，要根据研究的结构特点和逻辑顺序，研究的任务和内容，来考虑表达的形式和表述的方式。本章的引导案例中唐老师被退稿的原因之一就是其学术成果表达的规范性欠佳，这也是很多一线的小学教师在初次开展研文成果撰写时普遍遇到的问题。

(四)可读性

为了便于传播和交流，撰写教育研究成果时应考虑可读性。教育研究成果的语言必须精确、通俗，在不损害规范性的前提下，尽可能使用简洁的语言。专门的名词术语可以用，但不要故弄玄虚。文字切忌带个人色彩，一般不采用比喻、拟人、夸张等修辞手法；不可把日常概念当作科学概念，不宜采用工作经验总结式的文字。案例 10-1 中的小胡同学就是将学术论文和诗歌散文相混淆。一篇高质量的论文，不仅要有创见，也要讲究辞章，达到科学与文学、科学与美学的最佳结合。

拓展 10-2：全国教育科学研究优秀成果奖评选

【案例 10-1】

小胡同学的文笔非常好，高中和大学期间经常撰写诗歌并且在校报上发表。到了撰写毕业论文的时候，小胡对自己的论文写作充满信心。在确定选题之后，洋洋洒洒地写了近万字的毕业论文。当他把论文交给指导教师看的时候，指导教师却皱起了眉头。他的论文指导教师告诉他，写学术论文和写散文诗歌是不一样的。写学术论文强调的是理性思维，重点在于分析问题和解决问题，写散文诗歌强调的是感性，重点在于抒发情感。有的人散文诗歌写得好，但是学术论文却写不好，小胡同学就是一个例子。

(资料来源：本书作者整理编写)

第二节 教育学术论文的撰写

在本章的引导案例中，唐老师选择教育学术论文作为教育科研成果。

教育学术论文的撰写

那么教育学术论文是什么？如何撰写学术论文？本节内容就围绕这几个问题展开介绍。

一、教育学术论文的概述

(一)教育学术论文的内涵

1. 学术

学术是指系统化的专门学问，是对存在物及其规律的学科化。在中国，"学术"一词最早出现在汉代，起初专指治国统治之术，如"申不害者，京人也，故郑之贱臣。学术以干韩昭侯。""始尝与苏秦俱事鬼谷先生，学术，苏秦自以不及张仪。"后来逐渐具有教化的含义，如"凉州寡于学术，故屡致反暴。"在国外，学术(academy)一词来源于古希腊哲学家柏拉图建立的阿卡德米学园(Akademia, 亦被翻译为"阿卡德米亚"或"柏拉图学园")的名称，早期是指进行高等教育和研究的科学和文化群体。早期的学术按照学科和领域划分，随着人类认识水平的不断发展和社会的进步，学术逐渐精细化，并以专门领域的形态出现，研究内容愈加精细化和具有针对性。

20 世纪 90 年代以前，学术被认为是与"研究"密切相关甚至等同的名词，直到美国著名高等教育家、时任卡内基教学促进会(Carnegie Foundation for Advancement of Teaching, CFAT)主席的博耶在经过大量实证调查和研究之后发表了《学术反思：教授工作的重点》(*Scholarship Reconsidered: Priorities of the Professorate*)，在书中，博耶驳斥了长久以来将"学术"等同于"研究"的狭隘学术内涵理解和将科研成果的发表与出版作为评价学者主要依据的做法。他认为，"学术"一词具有丰富的内涵，是创造性的工作，要求学者具有思考、交流和学习的能力，研究成果的发表与出版只是其中的一项；作为学者，不仅要参与基础研究，而且要进行调查，寻求理论与实践之间的相互联系，在理论与实践之间搭建桥梁，并把自己的知识有效地传授给学生。据此，他建议拓展学术内涵，将学术分为研究学术(scholarship of discovery)、整合学术(scholarship of integration)、应用学术(scholarship of application)与教学学术(scholarship of teaching)四种相对独立但又相互联系的学术形式。博耶对学术的重新划分，尤其是教学学术概念的确定，对于教育领域的研究者，尤其是教师而言具有重要的影响意义和价值。

2. 教育学术论文

在教育科研过程中，研究成果的表现种类丰富，形式多样。其中教育学术论文是教育科研成果的重要表现形式之一。教育学术论文是以教育研究领域的问题为导向，以教育学专业知识、基本理论为基础，通过运用系统的、科学的、严密的教育研究方法，对所研究的教育问题进行阐述和讨论，最终形成精炼的、科学的、完整的、具有启发意义的文字表述。

在教育研究领域，学术论文的外延较为广泛。在教育研究领域，无论是应用研究还是基础研究，只要对所研究的教育问题提出了新的见解或观点，或采用了新材料，或运用了新的研究方法，或得出了新的结论，或站在新的高度对原有理论作出新的阐释和论证，那么根据获得的科学研究创新成果写成的文章就是教育学术论文。

(二)教育学术论文的特点

教育学术论文的特点包括以下几个方面。

1. 学术性

学术性是教育学术论文最突出的特点。教育学术论文的学术性，不仅体现在教育研究的新成果不仅是建立在学术理论基础和学术话语体系之上的，还体现在新的教育研究成果可以开创一门新的科学学科或建立一个新的理论体系。具体表现为在某一学科领域对前人成就的补充、完善和发展，或是把分散的材料加以综合系统化，用新的观点或新的方法加以论证从而得出新的结论。

2. 创新性

教育学术论文是人类认识发展的重要表现，人类认识世界是一个不断拓展加深且永无止境的过程，而认识世界的正确途径在于科学研究，科学研究的生命力在于发现新问题、运用新方法、得出新结论。教育研究者进行教育现象和教育问题的探索过程也是不断追求创新的过程。具有创新性的学术论文需要有迫切的现实需要、扎实的理论基础、翔实的现实依据和经得住反复实践论证和推敲的结论。

3. 逻辑性

教育科学研究总是在有意识地、系统地寻求研究对象之间的关系，从而对教育现象或教育问题作出严密、深入的分析与解释。这一过程离不开逻辑推理，许多论点都是在严密的逻辑推理中产生的，使用逻辑检查能核对研究结论的准确性，而一般常识中对于某些关系的说明，则往往是松散的、缺乏系统的和比较表面的。教育学术论文作为教育科学研究成果表达的最重要的形式之一，也应该遵循教育科学研究的逻辑性，并在教育学术论文的撰写和表达中体现逻辑性。

4. 实践性

教育学术论文的实践性是指教育研究关注的是教育实践中的现实问题，教育学术论文的实践性具体表现为实验性和可重复性。面对现实的对象，教育科学研究研究者做出的许多推论都必须来源于翔实的资料。搜集检索资料的过程是教育科学学术论文具有实验性的标志。教育学术论文的形成要求研究者必须在具有一定程度的控制的科学实验基础上设法恒定或排除某些无关因素，以观察和分析对象的关键特征及其影响因素，找出事物发展的因果关系，并对这种寻找过程和找出来的因果关系进行明确的表述。教育学术论文实践性的另外一个表现是可重复性。科学研究的结果可以被记载并在社会中传播，教育学术论文的结果也是如此，研究者可以运用某种新技术对已有研究成果进行检验，也可以在已有研究成果的基础上进行创新，得出新的发现或者新的结论。

5. 系统性

教育科学研究按照一定规则形成了严密的组织结构，从理论构思与假设，到变量的选择与界定，从实验设计到数据搜集与解释，最后形成具有创新性的、高度凝练的理论，所有这些过程都有严密的程序，而这些程序和其层次结构就是系统性。教育科学研究的系性不仅有助于得到科学的结论，而且有助于人们更容易把握教育科学研究的内在规律。教育学术论文需要体现教育研究这一系统性，深入研究与探讨系统各要素之间的关系和规律，用简洁、学术、准确的语言将其描绘出来。

(三)教育学术论文分类

教育学术论文有着不同的类型，再加之不同学科的特点不同，学术论文的写法多种多样，因此，并没有一种绝对的学术论文标准。但从总体上看，任何形式的学术论文都要遵循一定的规则，即科学研究发展方向和途径要对研究主题加以论证并得出有创造性的结论。教育学术论文有以下几种分类标准。

1. 按照研究目的划分

按照教育学术论文的研究目的，可以将教育学术论文分为教育论证性论文、教育论述性论文和教育预测性论文。

(1) 教育论证性论文。科学是发现真理的过程，也是验证真理的过程。根据教育领域内的不同学科建设需要提出的重要研究选题，运用有关原理，或以大量的观察实验结果为依据，或以丰富的文献资料、现实资料作为基础，通过分析综合，剖析现象与本质，推理论证，从而验证结论，或提出新的观点、新的理论的，都属于教育论证性论文。

(2) 教育论述性论文。教育论述性论文是指针对教育实践中或教育学术界提出的问题，从历史发展的角度(即纵向)和同一时期内不同国别不同领域的角度(即横向)两个方面进行系统性的、综合性的概括，展示历史发展源流以及前人研究情况，分析问题及其产生的原因，指明进一步研究的方向或未来研究发展的趋势的论文，这类论文同样具有较高的学术价值。

(3) 教育预测性论文。教育预测性的学术论文是指研究者根据调查研究，根据事实和科学依据，对某一教育现象进行分析，指出发展趋势和对今后发展可能的预测的论文。

2. 按照所属学科划分

教育学术论文按照所属的研究学科，可以被划分为自然科学类教育学术论文和人文社会科学类教育学术论文，还可以按照门类划分为更为详细的种类，以人文社会科学类教育学术论文为例，可以划分为文学、哲学、历史、政治、教育等学科教育学术论文。

3. 按照研究内容划分

按照研究内容划分教育学术论文，可以划分为教育理论研究论文和教育应用研究论文。前者重在对各个学科的基本概念和基本原理进行研究；后者侧重于面对生产生活现实存在的问题进行研究，以学科知识为基础，通过新技术、新方法的研究和提出，直接服务于问题解决和生产生活实践。

4. 按照写作目的划分

按照写作目的，可以将教育学术论文划分为教育交流性论文和教育考核性论文。教育交流性论文的写作目的在于教育专业工作者进行学术探讨，发表各家之言，以显示各门学科发展的新态势。

教育考核性论文的写作目的在于检验学术水平，是教育专业人员升迁晋级的重要依据。

考核性论文中具有代表性的一类学术论文即学位论文,是表明作者从事科学研究取得创造性的结果或有了新的见解,并以此为内容撰写而成、作为提出授予相应的学位申请时的评审依据的学术论文。通常可以分为学士学位论文、硕士学位论文和博士学位论文。

二、教育学术论文的结构

如上文所述,按照不同的维度可以将教育学术论文划分为不同的种类。无论是何种学术论文,其形式结构都有据可依,多数可以划分为绪论、本论和结论三个部分。本节就以教育学术论文中最常见的期刊论文为例,来介绍最常见的教育学术论文的结构。

(一)标题

标题是对教育学术论文研究内容的高度概括,一个合格的教育学术论文标题需要清楚地展现研究的主要内容和研究的对象。

【案例 10-2】

以学术论文《朱熹的道德养成教育思想研究——基于其童蒙教材及读物的分析》为例,其研究的主要内容是朱熹道德养成教育思想,研究对象则是朱熹的童蒙教材和读物文本。再如《卓越教师培养背景下小学教师教育者专业化研究探赜》,从论文的题目可知,此篇论文的研究对象是小学教师教育者群体,研究内容是其专业化发展的问题。

(资料来源:本书作者整理编写)

教育期刊论文的标题形式多样,可以如上文所举的两个例子一样,明确地点明研究主题。也可以不点明研究主题,仅对研究选题的范围进行概括。甚至可以以问题作为教育期刊论文的题目,如《夸美纽斯是班级授课制的"创立者"吗?》《教育学界为什么少有争论?》等。

无论是直接点明研究主题,还是使用问题作为论文题目,一个好的学术论文题目的认定应该有着相对一致的评价标准。

首先,一个好的学术论文题目应该具有精准性。一个好的题目应该能够概括论文的主要研究内容,反映该论文的研究领域、侧重点、广度和深度。

其次,一个好的学术论文题目应该具有高度的概括性。一个好的题目应该是"简而微"的,也就是说一个好的论文题目应该是言简意赅\以小见大的。

最后,一个好的学术论文题目应该是有特点的。有特点的含义较为丰富,表现之一是新颖性,好的论文题目可以一下抓住读者的眼球,吸引读者阅读;表现之二是便于分类,可以方便读者以最快的速度对研究选题的所属学科和研究领域进行掌握,即能够使人从题目上判断研究所属的学科范畴,或者指出研究所关注解决的学科领域某一问题,或者是明确研究主题在研究发展过程中的位置和特点,或者是指出研究的理论基础等。

(二)作者及简介

教育学术论文需要署作者名,并且对作者进行简要介绍。署名可以分为两种情况,一种是只署独立作者,另一种是署多名作者。第一种情况署名较为简单,一般情况下只需要写清楚作者姓名、作者所属单位名称、作者简介。第二种情况，由于存在多名作者，署名一般按照作者对文章的贡献程度排序，依次标注清楚作者姓名、作者所属单位、作者简介。

(三)内容摘要

正式发表的教育学术论文，一般应该写出论文的摘要。摘要不仅是整个论文的段落大意，对研究的主要内容与结构进行简单介绍，而且需要通过简短、精练的语言对论文所进行的研究进行评价。教育学术论文的摘要要求基本相似，其功能在于概括论文的主要内容，阐述论文的主要结构，讲清论文研究使用的主要方法，该论文的主要研究结论及该研究的意义和价值等。基于此，论文的内容摘要可以为读者提供更为简明和方便的阅读指引，即通过阅读学术论文的摘要就可以了解学术论文的研究主题和主要内容，从而决定是否进行全文的阅读，这大幅度减少了通过通读全篇论文获得相关研究信息的时间。

一般情况下，期刊学术论文的摘要较为简短，一般为300~500字，独立成文，简练准确，逻辑性强，结构严谨，使用学术性语言。学位论文因为篇幅较长，所以在论文摘要对字数要求更多，多为1000字左右。

【案例10-3】

以论文《如何实现小学教师工作量的减负增效——基于某小学教师40天工作时间的实地调查》为例，其摘要内容如下：对一位有着18年教龄的小学教师进行40天的实地观察发现，该小学教师的工作时长远超过国家法定的8小时，上课、备课、批改作业等教学活动时间只占工作总时长的三分之一，近60%用于学生管理、家校沟通和临时性行政事务的处理上，用于教师自身发展的如阅读时间、与同事交流讨论时间非常少。本文运用角色理论解释了小学教师工作时间分配的特点，小学教师作为社会角色，天然地受社会期待和职业惯性的影响，面子观点和获得自尊的认可约束着教师的时间分配，对"学校集体"的归属及对学校荣誉的重视让他们不能推掉那些他们称之为"杂事"的行政事务。要实现小学教师工作的减负增效，需要调整小学教师所承担的角色功能。

(资料来源：张小菊，管明悦. 如何实现小学教师工作量的减负增效：基于某小学教师40天工作时间的实地调查[J]. 全球教育展望. 2019.48(06).)

(四)序言

在摘要之后、正文之前，教育学术论文往往会有一部分说明性的语言，其主要目的在于介绍教育学术论文的问题缘起、写作背景、写作目的、研究意图等。这部分说明阐释性的语言被称为序言、绪论、前言、引论等。

序言一般包括以下四个基本内容。①阐述研究背景和研究缘起，交代论文写作目的与动机，提出研究所要解决的主要问题。②对现有的相关研究进行理论完备性和研究方法科学性的评价，指出在现有研究的基础上本研究的切入点、研究方法、研究进展和预期的结论，以及这些预期的结论在哪些方面获得拓展或创新。③简介研究方法和技术路线。④概述本研究结论的理论意义和现实意义。

(五)论文正文

教育学术论文的正文部分是教育学术论文的本论部分，也是主体部分，需要包含论点、论据与论证三个基本构成要素。教育学术论文属于人文社会科学类学术论文，其主体部分更着重于讨论取得研究成果所用的论证手段及所构建的理论观点和体系，观点与材料相结合，通过由表及里、由此及彼的推理论证，显示研究结论的正确性。要注意事实材料的可靠性，以及理论的运用和逻辑推理，论据要丰富充实，论证要遵循一定逻辑思维的要求，注意主次，抓住本质，分出层次，条理清楚，以体现研究的力量。从结构上看，论文的正文一般可以遵循提出问题、分析问题、解决问题的研究是思路进行论文正文的总体布局，体现文章逻辑的递进性。

(六)结论

结论是论文撰写者基于主题部分的论述所作的总结，需要用精炼、有学术高度的语言对整篇论文进行概括，指出论文的主要研究观点与结论。包括教育学术论文在内的人文社会科学类论文多用结论，而自然社会科学类学术论文多用讨论。

(七)引文注释与参考文献

教育科学研究重在创新，但是教育科学研究的创新是建立在前人的研究基础之上的。教育学术论文或是在理论基础上，或是在研究方法上，或是在理论观点上，或是在文献资料上，都存在对前人研究的借鉴和参考，因此需要在教育学术论文中明确标注。此外，文献的明确标注还有助于读者了解本研究选题的历史研究与相关研究的成就，以此作为进一步研究的依据。对借鉴或引用的文献进行明确的标注，也是尊重他人研究成果的表现。

1. 引文注释

在引用他人观点、他人著述的原文时，应使用引文注释。引文注释分为脚注、尾注、文内注等方式。

脚注是在引文所在页的页脚进行注释，又被称为页下注，是对正文文本的补充说明。下图10-1中方框围住的区域使用的就是脚注。在脚注中，如果是对观点、语句的引用，需要标清所引用文献的作者、文献名称、文献类型、出版所在地、出版社或期刊名、期刊卷数、期数及页码等。

尾注又称段末注或篇后注，位置一般在一篇学术论文的篇末，或段末，也是对正文文本进行补充性说明的文字。如果是对观点、语句等的引用，其格式与脚注大体一致，也需要包括引用文献的作者、文献名称、文献类型、出版所在地、出版社或期刊、期刊卷数、期数及页码等信息。

文内注也被称为行内夹注，同步解释正文内容，一般采用紧跟正文中需要解释的部分的形式，以方便读者理解文意。例如，与脚注、尾注相比，文内注的优势是可以方便读者快速获得内容相关的进一步解释。缺点是如果文内注数量过多，或者某一条文内注中的文字过多，则会割裂正文的连贯性，影响读者对正文内容的阅读和理解。如果出现正文需要注释的内容较多，或者一条注释内容较长的情况，可以将文内注转换为脚注或者尾注的形式。

"如何提升大学教学和人才培养的水平与学术层次？这是当今世界各国高等教育发展中面临的一大难题。信息技术支持的线上线下新型团队教学研究活动，为这一难题的破解提供了全新的思路，虚拟教研室的组织形式由此应运而生。本研究基于二十多年"学习科学与技术"教学与教研的实践探索，从理论基础、技术支持、团队与资源建设、政策体制保障等层面，对高校虚拟教研室建设之道、法、术及其相互关系进行思考，探索构建高校健康和谐的教学新生态。"[1]

5. 论文正文

---
1 桑新民等.高校虚拟教研室建设的理论与实践探索[J].中国高教研究．2021（11）：91.

图 10-1　脚注示例

2. 参考文献

在本书的第四章教育文献研究法部分已经对参考文献的标注进行了较为详细的阐述。教育学术论文中的参考文献也遵从第四章教育文献研究法对参考文献的全部要求。

教育学术论文所使用的参考文献，应该有完整、准确的出处，以便于读者查找。参考文献的呈现应该按照规范的格式要求来进行。不同类型的参考文献的标注方式有所区别。

【知识链接 10-1】

以教育学术论文最常用的几类参考文献文献为例：

1. 专著、论文集、学位论文和研究报告类。这类多文献多以"[序号]主要责任者. 文献题名[文献类型标识]. 出版地：出版者，出版年. 起始页码"格式进行标注。

例：[1]杜维运. 史学方法论[M]. 北京：北京大学出版社，2006.

2. 期刊文章。此类文献多以"[序号]主要责任者. 文献题名[文献类型标识]. 刊名，年，卷(期)：起止页码"格式进行标注。

例：[2]徐祖胜. 教学过程中"转识成智"的过程理解与策略分析[J]. 中国教育学刊, 2014，3：58-62.

3. 论文集中的析出文献。此类文献多以"[序号]析出文献主要责任者. 析出文献题名[A]. 原文献主要责任者. 原文献题名[C]. 出版地：出版者，出版年. 析出文献起止页码"格式进行标注。

例：[3]瞿秋白. 现代文明的问题与社会主义[A]. 罗荣渠. 从西化到现代化[C]. 北京：北京大学出版社，1990.121-133.

4. 报纸文章。报纸文章类文献多以"[序号]主要责任者. 文献题名[N]. 报纸名，出版日期(版次)."格式进行标注。

例：[4]任爽等. 吉林将建设 180 所"互联网+教育"结对帮扶校[N]. 光明日报，2023 年 02 月 08 日 08 版.

5. 电子文献。电子文献多以"[序号]主要责任者. 文献名[电子文献标识]. 电子文献出处或网址，发布或更新日期/引用日期。"

例[5]王明亮. 关于中国学术期刊标准化数据库系统工程的进展[EB/OL].http://www.cajcd.edu.cn/pub/wml.txt/980810–2.html，1998–08–16/1998–10–04.

因为参考文献的数量往往多于 1 条，所以涉及参考文献排序的问题。一般情况下学术论文的参考文献是以参考文献在论文中出现的顺序为标注顺序，以方括号"[ ]"及方括号内的阿拉伯数字作为顺序标示的。

(资料来源：本书作者整理编写)

三、教育学术论文的要求

(一)在科学规范的基础上创新

创新是学术论文最基本的特征，也是学术论文的生命力所在。学术论文与教科书不同，教科书是围绕已经确定了的科研成果的理论观点，全面叙述该学科的一般基础知识，而学术论文则是在以往研究没有关注的问题或以往研究没有使用的方法或以往研究没有得出的结论的新高度上进行探索，通过独立的探索过程得出创新性的成果。教育学术论文作为教育研究的重要表现成果之一，也应该反映教育研究者在研究活动中所运用的新方法，依据的新理论，得出的新结论。

教育学术论文的创新要以科学性和规范性为基础。这主要表现在利用充分的论据和严密的论证，或精确可靠的实验观察数据资料来证明教育研究成果的可信性。教育学术论文的内容要实事求是，从实际出发，无论是理论，还是分析、综合、论断，都要以事实为依据，恰如其分地、准确客观地反映教育教学规律和人的发展规律。教育学术论文的理论观点表述要准确、系统和完整，强调科学性和严谨性。

(二)在全面占有资料的基础上创新

教育研究要从客观存在的事实中引出正确的结论，就必须对研究中获得的资料进行提炼、取舍，精选出最有价值、最典型的事实材料作为依据。如果不重视事实材料在论证和研究中的基础性作用，只是东拼西凑，空洞说教，铺陈现象，不加选择和鉴别地进行"照单全收"式的举例，那也不算是一篇好的学术论文。正确处理占有的资料和教育研究的关系，还需要教育研究者在全面占有资料的基础上实现资料和研究的一致性，使论文的观点与资料一致，实现资料与观点的统一。

观点和材料的统一，需要对教育研究的资料加以选择。在资料选择时应注意以下几点：第一，要紧密围绕教育研究的主题或核心问题选材，分清搜集资料与主题联系的紧密度，进而根据紧密度对研究资料进行划分和取舍；第二，在与主题联系紧密的素材中，选择具有代表性的、典型性的、权威性或更强说服力的研究资料；第三，尽可能选取反映教育现实发展、社会进步或者能够充分、新颖、生动地反映教育现状和人发展现状的资料。

(三)在现有研究成果的基础上创新

教育研究是一个复杂的系统工程，需要教育研究者前赴后继的实践与努力。现有的研究总是在前人研究基础之上不断发展，现有的研究也在为未来的研究奠定得以拓展和延伸的基础。从教育研究发展的历史来看，现有的研究成果起着承上启下的重要作用。因此，在教育学术论文的撰写过程中，必须在正确处理和借鉴吸收前人研究成果的基础上，进行独立的思辨。在这一过程中，既要重视前人的研究成果，重视在文献的搜集、检索、辨别、分析过程中汲取观点、确定研究方法体系以及研究的切入点，同时也要重视在博采众长的基础上凝练思辨，提升创造。

(四)在规范使用学术语言基础上创新

教育学术论文的语言文字要准确。所谓"准确"是指客观地反映教育现实和教育问题，如实表述理论观点和结论。在教育学术论文的撰写过程中，要达到"准确"，需要使用学术性的话语，避免使用日常的生活用语，也要避免使用冷僻不易理解的词语，还要注意的使用的词语应该是得到学界认可的词语，以避免产生理解上的偏差。所谓"完整"是指在教育学术论文的语言表述过程中要保证语义的完整，防止出现因语言表述不完整而造成的歧义。所谓"精炼"是指在教育学术论文的写作和表述过程中语言简约凝练有深意，同时具有较强的学理性。这需要研究者对学术论文进行反复推敲和修改，删繁就简，突出论点，严谨论述。

在保证学术论文语言的准确、完整、精炼的基础之上，如果能够运用富有文采的语言，平和风趣地论述，有理有据地阐释，富有新意地给出结论，则会为整个学术论文增加趣味性、可读性和启发性。

第三节　教育研究报告的撰写

一、教育研究报告的概述

(一)教育研究报告的含义

教育研究报告是教育科学研究结束后对整个教育科学研究过程的总结、概括与凝练。教育研究报告既是教育科学研究者对某一个研究过程的成果性的总结，也是教育科学研究工作者进行学术交流的重要文本。如果说前述的教育学术论文更强调研究结论与观点的表达，教育研究报告则更加强调研究过程的描述以及对整个研究活动的完整表述。

(二)教育研究报告的分类

根据教育研究报告所反映的教育科学研究的性质不同，可以将教育研究报告分为教育理论性研究报告、教育实证性研究报告和教育综合性研究报告三类；也可以根据教育研究所使用的研究方法的不同，将研究报告分为教育调查报告和教育实验报告两类。

1. 按照研究的性质分类

1) 教育理论性研究报告

教育理论性的研究报告是以深刻的理论分析和严密的逻辑论证来说明教育现象、阐释教育问题、分析教育规律。教育理论性的研究报告以阐述某一教育现象，某一教育问题的理论认识为主要内容，并且需要在研究报告中提出新的观点或者新的理论体系，阐明旧理论和新观点之间的联系。教育理论性研究报告以其深厚的教育理论基础、严密的逻辑论述见长，所以需要观点鲜明、论述严密、逻辑清晰，高水平的教育理论性研究报告需要富有较高的学理性。

2) 教育实证性研究报告

教育实证性研究报告包括教育观察报告、教育调查报告、教育测量报告和教育实验报告等。以上这些报告都是以第一手的教育研究资料为研究基础，使用一定的技术路线、研究思路和研究方法对研究对象加以研究。在教育实证性研究报告中需要对研究资料、研究对象、研究过程、研究方法和研究步骤进行详细的介绍。教育实证性研究报告必须具备真实确凿的研究证据和科学的可以反复验证的研究结论。

3) 教育综合性研究报告

虽然在理论上多将教育研究报告划分为教育理论性研究报告和教育实证性的研究报告两类，但在实际的教育研究活动之中，多数的研究是既有对教育现象、教育事实的发现和阐述，也有对教育理论的分析。因此，兼具理论阐述和实证研究的教育研究报告是数量众多的。这种兼具理论特点又有实证特色的研究报告称为综合性研究报告。综合性研究报告对于事实阐述和理论分析可以根据实际的研究情况而有所侧重，在撰写的过程中需要处理好理论与实证之间的相互关系，做到用实证的方法来论证理论的合理性。

2. 按照使用的研究方法分类

1) 教育调查报告

教育调查报告是指在对一定的教育研究对象进行调查研究的基础上形成的阐述教育现象、分析教育问题的研究报告。调查的方法有多种，如问卷、访谈或课堂观察等，与之相应的调查报告也有一定的差异。

2) 教育实验报告

教育实验报告是对整个教育实验研究的全面总结。通过阅读教育实验报告，可以帮助读者对该实验的研究对象、研究方法和研究结论有较为全面系统的了解，为研究者批评、接受或应用教育实验的结果提供依据。

二、教育研究报告的结构

不同类型的研究报告，因其不同的特征与研究指向，在结构上也会有所区别。但是从各类研究报告的主要组成成分和顺序结构来讲，研究报告的结构一般都包括题目、摘要、关键词、前言、正文和结论，在文中或文末都需要有注释、参考文献等。

(一)题目

研究报告的题目是对研究报告内容和研究主题的高度概括，为相关研究的文献检索提供重要的检索依据。研究报告的题目需要准确反映研究报告的核心内容，包括研究主题、研究范围，使读者准确了解研究报告的主要研究情况。

研究报告的题目不仅需要准确，还需要简洁，能够精练地展现研究的主要内容和范围。题目文字过多，或者冗长累赘，则会影响读者对研究的了解。

(二)摘要和关键词

1. 摘要

摘要是对教育研究报告中的主要研究内容、研究方法、研究结论(或讨论)、研究的意义与价值定位的浓缩。具体来讲，教育研究报告的摘要需要让读者了解研究的背景、研究的目的、研究选题、研究对象、研究思路、教育研究方法和研究主要结论等内容。摘要的主要作用是通过凝练地介绍研究相关内容，帮助读者更快做出判断，即判断该研究报告是不是读者需要并值得进行深入阅读的。

教育研究报告的摘要与教育学术论文摘要的要求是一致的：独立成文、简练准确、逻辑性强、结构严谨、使用学术性语言。教育研究报告的摘要一定是独立的一段描述，能够概括出研究的完整形态；教育研究报告的摘要一般需要控制在 500～1000 字，因此需要精准而凝练；教育研究报告的摘要需要体现出整个研究的逻辑框架和论证思路及其严密性，对逻辑性和严谨性的要求就比较强。

2. 关键词

教育研究报告的关键词是指列出教育研究报告中最关键的词汇，以体现研究的主题、内容及主要结论的关键性术语。教育研究报告的关键词数量一般为 3～5 个，需要选择来源于研究报告的、能够体现研究主题和结论的高频出现的教育研究专业术语。关键词之间一般使用分号隔开，关键词之间不需要有语意的联系或者形成完整的语句结构。

(三)前言

教育研究报告的前言，又被称为引言或者导言，也有些研究报告称之为"问题的提出"，是在研究报告的主体部分开始之前，向读者介绍该研究的研究背景、研究缘起、研究目的、研究意义、研究方法等的说明性语言。

研究报告的前言大体可以分为几个部分。第一，研究背景、研究缘起。第二，对前人对本领域相关研究选题的研究成果及其进展，存在的问题及本研究可能有所突破的空间，以阐释研究报告的研究切入点及研究基础。第三，本研究的研究目的、意义。

在撰写研究报告前言的过程中，需要注意以下几点。首先，要对研究报告的引言给予一定的重视。有的研究者认为研究报告的重点在于研究报告的主体部分，因此轻视前言和引言部分，对研究主题交代不清，对研究价值意义阐释泛泛而论，甚至不能凝练出研究的主要问题，也因此不能在前言部分吸引读者注意。其次，对前人的相关研究成果，需要中肯、客观、全面地概括和进行简短精练的评价，不能使用模棱两可的语言对现有研究进行模糊不清的概括，或者是使用极端的、不客观的语言贬低以往研究的价值，甚至得出"没有相关研究"或"本研究填补了相关领域研究空白"等结论。第三，前言是研究报告主体出现之前的介绍性语言，简而言之，是为了引出研究报告主体的文字，所以不宜长篇大论，应尽量简明扼要，以免出现喧宾夺主的现象。

(四)研究主体部分

研究报告的正文部分就是研究内容部分，根据不同的研究报告的类型，可以有不同的具体结构，总体来讲都是通过呈现调查资料、统计数字、分析文献资料，用结构化的、清晰的形式展现研究内容、研究过程和研究结论的文字。

1. 研究的基本情况

教育研究报告需要向读者清楚地介绍教育研究的基本情况，即对研究对象、研究选题下定义，描述研究对象的范围等，需要先对研究中出现的主要概念进行界定，明确研究关键概念的内涵与外延。

如果以"农村普惠幼儿园师资现状调查研究报告"为例，需要说清楚"农村普惠幼儿园教师"是什么样的人，包含哪些人；如何选取农村普惠幼儿园的教师，以及选择这些研究对象的方法，是全面调查、抽样调查、重点调查还是个案研究；这些研究对象的自然情况分布，如农村普惠幼儿园师资的年龄、性别、受教育程度、收入、教龄等的分布情况以及分布的特征如何，等等。

2. 研究设计与研究方法

研究设计思路或研究技术路线是对研究方法、研究程序等的综合性描述。其中尤其需要关注的是研究方法和研究程序的描述。

1) 研究设计

研究设计部分需要介绍研究设计的思路，如在此部分需要说明研究运用何种方法开展，为什么选用这样的研究方法，研究方法与研究主题是如何联系的等问题。还需要说明研究的整体方案和程序的安排。

2) 研究方法

研究方法部分需要说清楚研究过程中所使用的研究方法，同时也便于读者或其他研究者根据你的研究方法判断研究过程的合理性与结论的可信性。在研究方法的介绍部分，需要说清楚使用了什么研究方法，研究中这些方法是如何被使用的。比如，如果是问卷法，要说明问卷的设计思路，问卷的发放情况等，如果是实验法，则需说明实验的设计模式，实验变量操纵等问题。

3) 研究工具

主要指研究过程中使用到的仪器设备、标准化量表或者是资质量表、测验、问卷以及其他相关研究工具。如果研究者使用某种实验仪器或者实验设备，需要在此部分说清楚研究型号和研究规格；如果在研究中应用某种标准化的问卷或者测量工具，则需要明确标注问卷名称和版本；如果使用自制研究工具进行测量，不仅需要进行详细的说明，还应该提供量表或者问卷的原文，并将其附于正文最后，以便读者查阅和考量。

3. 研究结果

研究结果是教育研究报告最关键的部分，需要研究者清晰、简明地说明研究结果，包括研究结果是什么，研究结果能否验证或者支持研究假设。研究结果的呈现需要包括以下几点。

(1) 对研究中搜集到的研究数据、典型案例、观察资料，用图表等方式进行整理，并且运用准确的语言进行描述。研究者是该研究的主要责任人，应该保证研究的数据资料的准确，客观呈现研究的成果，最大限度地减少对研究结果的主观论断，以保证研究资料的翔实性，以及研究结果的准确性。研究资料和数据的呈现，可以利用图表的形式进行，如利用各种数据图和数据表，可以清晰化地展现研究的数据。研究报告中研究结果的表达需要注意一定的细节。

研究结果既包括定量的描述，也包括定性的分析。对数据资料不仅要进行搜集，更要对其进行整理、筛选和分析，以期从教育现象发现教育本质。研究结论的得出需要在分析研究数据和资料的基础上完成，研究者要在研究资料的基础上充分挖掘数据资料背后的观点，以此形成研究的结论。

(2) 在对资料进行整理、分析和比较的基础上，运用一定的理论，使用一定的研究方法和手段，运用一定的技术手段，得出研究的结论。

如使用表格来进行研究结果表达的时候，往往需要使用"三线表"。三线表的组成要素包括：表序、表题、项目栏、表体、表注。虽然三线表往往有多条线，但是仍被称为三线表，如表10-1所示。

表10-1 研究报告三线表举例

序 号	研究对象	教 龄	…	标 准 差
1	A	5	…	1.1
2	B	10	…	0.5
3	C	15	…	0.8
…	…	…	…	…

(五)结论或讨论

结论或讨论是在对整个研究内容进行定性、定量分析的基础上，概括出事物的内在联系和规律，并提出新的见解、新的理论和参考意见。无论是为了验证已有的结论，还是为了寻求新的理论或者寻找解决问题的对策建议，向生产和具体工作部门提供方案，研究报告的结论或讨论部分都必须真实客观。一般来讲，结论或讨论部分需要包含以下内容。

1. 对研究假设做出明确的判断

研究报告最开始的部分会围绕研究选题提出假设。到了结论或者讨论部分，就需要根据研究的结果对研究的假设进行验证并且给出明确的判断。教育科学研究从本质上讲就是对假设的检验过程。在一个比较复杂的研究中，有时不能给出简单的或是或非的结论，而是需要从不同的角度对不同的因素进行分析，提出予以肯定部分的理由和予以否定部分的依据，对整个研究的结果提出中肯的、客观的、全面的评价。

2. 对研究问题提出解决的答案和方案

教育研究活动是围绕问题展开的，研究的目的也在于探索问题的解决之道。研究报告的撰写，从其目的来看也是为了解决研究的问题。研究报告的结论部分，从一定意义上看就是提出问题解决方案的内容。因此，研究报告中的结论或讨论部分的撰写，需要在前述相关研究数据和结果分析的基础上，回归教育研究的问题中来，提出系统解决问题的思路、方案，这是研究活动的最终目的所在，也是体现教育研究活动实际价值的地方。

讨论和结论在实际写作研究报告时存在区别。讨论是对研究结果的含义和意义的评价，倾向于主观的认识与分析，是研究者将研究结论提升至理论认识的重要阶段。研究结论呈现的是研究中的客观事实，可以在后续的相同研究环境下被重复验证。

(六)参考文献

研究报告需要列出研究过程中参考过的文献。无论是理论的参考，还是观点的引用，都需要将参考文献罗列出来。罗列参考文献的作用不仅在于方便其他研究者查找相关文献，还在于体现研究者严谨严肃科学态度和学术伦理。

研究报告的参考文献应该有完整、准确的出处，便于读者查找。参考文献的呈现应该按照规范的格式要求。不同类型的参考文献标注方式有所区别。在进行文献标注的时候，其条目以小于正文的字号排列在文末，并按照不同的字母和格式标识不同类型的文献。

参考文献的排序方式多样，一般情况下研究报告的参考文献是以参考文献在论文中出现的顺序为标注顺序，以方括号"[ ]"及方括号内的阿拉伯数字作为顺序标示。也有研究者在罗列研究报告的参考文献时，根据文献的类型对参考文献分类后再按照顺序标出。

(七)附录

研究报告的附录部分可以呈现原始数据、调查问卷、研究记录、访谈提纲、自行设计编制的问卷量表、正文中部分数据的计算推导过程等材料。附录部分的材料是不适合出现在正文部分的，但却是对研究结论的获得有着重要支撑作用的材料，是评审研究报告的重要依据。

三、教育研究报告的撰写要求

教育研究报告作为教育科学研究重要的成果表现形式之一，对展示研究的结果与价值、研究获得社会的认可具有重要的意义。教育研究报告可以提供有关研究过程的实际资料，便于学术交流与合作。通过对整个研究全过程的描述和总结，可以促进研究深化并推进研究结果提升理论高度，教育研究报告是衡量研究者及其团队学术水平和影响力的重要指标。

在撰写教育研究报告的过程中，研究者需要注意以下几点。

(一)基于真实的研究实践

无论是理论性的研究报告，还是实证性的研究报告，抑或是兼具理论与实证双重属性的研究报告，都需要依据客观事实，基于搜集获取翔实的研究数据，在对研究数据进行科学的分析基础之上得出结论。因此，研究报告强调研究的真实性。从这个意义上说研究报告是"做"出来的，不是"写"出来的。此外，研究报告需要以研究者本人及其团队的研究成果作为基础，不能冒用、剽窃他人研究成果，研究过程与研究报告始终应该遵守学术伦理的要求。

(二)基于科学的研究设计

研究报告的科学性取决于研究设计的科学性。研究者具有用科学研究方法，严谨的研究程序开展研究工作，才能取得科学的研究结果。研究设计要科学合理，研究方法要得当，研究工具的选择要符合研究主题的展开，这是保证研究报告科学性的基础。科学合理的研究程序需要说清楚研究结果是在什么条件和情况下，通过什么样的研究方法，根据什么样的事实获得的，以评价试验研究的科学性和结果的真实性可靠性。同时便于相关研究者采用同样的程序和方法验证研究结果。

(三)研究结果要有现实依据和理论高度

研究报告不是研究数据的罗列，在研究报告中既要有定量的研究，又要有定性的分析。对研究数据要多次核实，以保证准确无误；研究图表要与研究数据一致，并且支持研究结论的得出；研究数据的分析要采用一定的统计分析技术，以期从数量的变化中得出研究事物之间的必然的本质的联系，得出有学术价值的结论。

第四节 教育研究成果的发表

一、教育研究成果发表的概述

(一)教育研究成果发表的含义

教育研究成果发表是指教育研究工作者在开展教育科研过程中，将自己的研究成果整理发表。所谓发表是指研究者需要将自己的研究成果在公开的出版物上刊出。这里所指的出版物一般是指学术期刊和公开发行的出版社。研究者将研究成果在公开的出版物上发表的目的有两个，一个是出版物对于研究成果的发表有一定的质量要求，研究者在某个特定的出版物上发表自己的研究成果，说明研究成果达到了某种质量要求。从这个意义上说，公开发表研究成果在一定程度上实现了研究成果的质量鉴定的目的。另一个是研究成果在出版物上公开发表能够实现研究成果在行业内传播的目的，发表研究成果的最终目的在于传播并发挥社会影响，研究成果的公开发表为研究成果社会价值的实现搭建了交流的平台。

(二)教育研究成果发表的要求

1. 在正规刊物上发表

根据学术期刊的性质，可以将学术期刊分为正规期刊和非正规期刊。正规期刊就是指在国家新闻出版总署有备案的，经过国家审批的，由正规的出版单位出版的学术刊物。在正规刊物之外，一些不法之徒利用人们急于发表期刊的心理，会办起一些非正规期刊，以牟取非法利润。因此，研究者在发表学术论文的时候，要学会注意鉴别期刊的真伪，将自己的学术成果发表在正规的学术期刊上。

区分正规期刊与非正规期刊的主要标志之一是期刊是否经过国家新闻出版机构授权、备案和监管。我国的新闻出版机构最高的管理单位是中华人民共和国新闻出版署，新闻出版署的职责之一就是负责"审批新建出版单位(包括图书出版社、报社、期刊社、音像出版社、电子出版物出版社等，下同)和出版物(包括图书、报纸、期刊、音像制品、电子出版物等，下同)总发行单位。"因此，研究者可以进入中华人民共和国新闻出版署官方网站对于期刊的真伪情况进行查询。具体查询路径如下：进入国家新闻出版署官网—办事服务—从业机构和产品查询—图书出版单位/期刊。一般情况下，正规的期刊或者出版社等机构在国家新闻出版署的网址上都能查到相关的备案信息。同时，在国内创办和发行的学术期刊都有正规的刊号，即国内统一连续出版物号(也称为 CN 号)。

2. 在权威刊物上发表

我国的学术出版物市场非常庞大,据不完整统计,我国的期刊总数达到 11000 多种,各类出版社总数达到 600 余家。学术出版物根据其刊发学术成果的质量进行划分,可以分为权威出版物和一般出版物。不同类型的出版物刊发的学术论文的质量也表现出参差不齐的现象。权威出版物出版的学术论文总体质量尚可,一般出版物,尤其是一些把关不严、商业化运作严重的出版物,在商业化运作的思路下,对于文章质量的把控不高,这在一定程度上降低了整体学术论文发表的要求,降低了学术论文的整体质量。

为了提升教育科学研究的水平,研究者在学术成果撰写以及学术论文发表的过程中,应该对自己的学术研究成果提出高标准和严要求。一方面需要尽可能提升自己学术论文的撰写水平,提高研究成果的说服力和可信度。另一方面,研究者应该积极谋求在高水平的学术出版物上发表自己的学术研究成果,以便让自己的学术成果更好地得到学术界同行的认可,整体提升自己的学术研究水平和质量。

3. 拒绝代写代发和弄虚作假

经过了几十年的发展,我国的学术出版事业形成了庞大的市场,学术出版进入市场化运作阶段。市场化的运作带来了学术市场发展的繁荣,同时也带来了诸多的问题。有些期刊为了片面的追求利润,将学术文章出版的费用一再提高,而对于文章的质量要求却在不断降低;另一方面,学术出版的市场化运作带来了学术论文造假的现象日益严重的问题,学术论文的代写代发生意在今天已经成了学术运作的潜规则,肆意破坏着学术的生态。

学术论文代写代发的行为是一种严重的弄虚作假行为,严重地违背了学术研究的基本规范和学术诚信。为了规范研究和论文发表市场,教育部先后于 2016 年颁布《高等学校预防与处理学术不端行为办法》,2018 年颁布《教育部办公厅关于严厉查处高等学校学位论文买卖、代写行为的通知》,对于此类行为做出严肃查处和监管。教育研究工作者在开展教育研究成果的发表工作时,需要遵循学术研究的基本规范,开展真研究,为促进我国教育事业的发展和繁荣做出自己的贡献。

二、教育研究成果出版刊物的类型

(一)学术期刊

学术期刊是指发表学术类文章的期刊,是学术观点交流的平台。学术期刊的分类方式有很多种,根据期刊的性质可分为综合类期刊和专业类期刊。综合类期刊是指同一本期刊同时刊发多个学科的学术论文的期刊,一般各大学的学报均属于综合类期刊。专业类期刊是指专门刊发某一学科的论文的期刊,如《教育研究》只发表教育类学术论文。根据期刊的办刊地点可以分为国内期刊和国际期刊,国内期刊是指由国内机构主办的期刊,国际期刊是指由外国出版机构主办的期刊,教育研究由于其有特殊的地域属性,教育研究类期刊绝大多数都属于国内期刊。根据期刊的办刊质量可以分为核心期刊和一般期刊。核心期刊是指被某个特定的核心期刊数据库所收录的期刊,核心期刊数据库对于期刊的遴选一般比较严格,对于期刊发表的论文质量有较高的要求。因此,能够入选核心期刊数据库的期刊在办刊质量方面一般较高。一般期刊是指没有被核心期刊收录系统收录的其他期刊，相比较而言，其刊发的论文质量相对低一些。

下面，主要围绕和教育研究有关的几个重要的核心期刊收录系统做介绍。

1. 北京大学图书馆"中文核心期刊"

"中文核心期刊"全称为《中文核心期刊要目总览》，简称为"北核"，是由北京大学图书馆及北京十几所高校图书馆众多期刊工作者及相关单位专家参加的中文核心期刊评价研究项目成果，已经出版了 1992、1996、2000、2004、2008、2011、2014、2017、2020、2023 年版，共 10 版，主要是为图书情报部门对中文学术期刊的评估与订购、为读者导读提供参考依据。

《中文核心期刊要目总览》在 2008 年之前每 4 年更新研究和编制出版一次，2008 年之后，改为每 3 年更新研究和编制出版一次，每版都会根据当时的实际情况在研制方法上不断调整和完善，以求研究成果能更科学合理地反映客观实际。研究方法是定量和定性相结合的分学科评价方法，核心期刊定量评价采用被摘量(全文、摘要)、被摘率(全文、摘要)、被引量、他引量(期刊、博士论文)、影响因子、基金论文比(国家级、省部级)、Web 下载量、Web 下载率等评价指标；在定量评价的基础上，进行专家定性评审。经过定量筛选和专家定性评审，从我国正式出版的中文期刊中评选出核心期刊。

拓展 10-3：北大中文核心期刊目录(教育学类)(2020 版)

2. 南京大学"中文社会科学引文索引来源期刊"

"中文社会科学引文索引来源期刊"全称为中文社会科学引文索引(Chinese Social Sciences Citation Index，CSSCI)，是由南京大学投资建设、南京大学中国社会科学研究评价中心开发研制的人文社会科学引文数据库，用来检索中文人文社会科学领域的论文收录和被引用情况。

CSSCI 遵循文献计量学规律，采取定量与定性相结合的方法从全国 2700 余种中文人文社会科学学术性期刊中精选出学术性强、编辑规范的期刊作为来源期刊。为了与国际引文数据库接轨，拓展 CSSCI 学科覆盖率，适应我国哲学社会科学繁荣发展的需要，根据中文社会科学引文索引指导委员会第七次会议精神，特制订 CSSCI 扩展版来源期刊。期刊每两年遴选一次，目前共收录包括教育学、心理学等 25 个学科在内的 613 种来源期刊和 229 种扩展版来源期刊(CSSCI 期刊 2021—2022 版数据)。

【知识链接 10-2】

CCSCI 来源期刊教育学(37 本)：1 北京大学教育评论 2 比较教育研究 3 大学教育科学 4 电化教育研究 5 复旦教育论坛 6 高等工程教育研究 7 高等教育研究 8 现代远距离教育 9 高校教育管理 10 国家教育行政学院学报 11 湖南师范大学教育科学学报 12 华东师范大学学报(教育科学版)13 江苏高教 14 教师教育研究 15 教育发展研究 16 教育科学 17 教育学报 18 教育研究 19 教育研究与实验 20 教育与经济 21 开放教育研究 22 课程.教材.教法 23 清华大学教育研究 24 全球教育展望 25 外国教育研究 26 现代大学教育 27 现代教育技术 28 现代远程教育研究 29 学前教育研究 30 学位与研究生教育 31 远程教育杂志

32 中国电化教育 33 中国高等教育 34 中国高教研究 35 中国教育学刊 36 研究生教育研究 37 中国远程教育。

(资料来源：CSSCI 来源期刊目录(教育学类)(2021-2022 版))

3. 中国社会科学院"中国人文社会科学核心期刊"

"中国人文社会科学核心期刊"是由中国社会科学院(Chinese Academy of Social Sciences)文献计量与科学评价研究中心开展期刊遴选和评价工作，每一版的最终成果以《中国人文社会科学核心期刊要览》(简称 CASS)的形式发布。《中国人文社会科学核心期刊要览》以期刊在学科中的影响力为主线，从期刊被引用的情况来评价和选择期刊，在研制过程中始终围绕着使用率进行分析，注重学科特点，处理好定量统计与定性统计之间的关系。

中国社会科学评价研究院于 2018 年 11 月 16 日在"第五届全国人文社科高峰论坛暨期刊评价会"上发布《中国人文社科学期刊 AMI 综合评价报告(2018 年)》。报告采用评价指标体系，对 1304 种中国人文社会科学学术期刊进行初评，采用一票否决指标、学术不端指标以及停刊等 gj mh 剔除 13 种期刊，最终有 1291 种期刊参与评价，评出 5 种顶级期刊，56 种权威期刊，519 种核心期刊和 711 种扩展期刊。教育学方面一共收录了 99 种期刊，其中权威期刊 3 种，分别是《教育研究》《高等教育研究》《北京大学教育评论》，核心期刊 43 种，扩展期刊 53 种。

4. 美国科学信息研究所"社会科学引文索引"

美国科学信息研究所"社会科学引文索引"(Social Science Citation Index，SSCI)，是由美国科学信息研究所创建，与自然科学类的 SCI 视为姊妹篇的社会科学期刊评价系统。

SSCI 期刊系统收录了世界上不同国家和地区的社会科学期刊和论文，并对其进行一定的统计分析，将其划分为不同的因子区间，是当今社会科学领域重要的期刊检索与论文参考渠道。2011 年 SSCI 全文收录报道并标引了 2929 种社会科学期刊，内容覆盖包括教育学、心理学、人类学、法律、经济、历史等 55 个领域。SSCI 期刊系统所收录的期刊每年更新一次。

5. 自然科学类核心期刊及其他

自然科学类核心期刊遴选系统也较多。国际方面，比较有影响的是 SCI、EI、ISTP，是世界著名的三大科技文献检索系统。SCI 的全称是科学引文索引(Science Citation Index)，是由美国科学信息研究所(ISI)的尤金·加菲尔德(Eugene Garfield)于 1957 年在美国费城创办的引文数据库。50 多年来，SCI 数据库不断发展，现在已经成为世界最为重要的大型数据库，被列在国际六大著名检索系统之首。EI 全称是工程索引(The Engineering Index)，是由美国工程师学会联合会于 1884 年创办的历史上最悠久的一部大型综合性检索工具。ISTP 全称为科技会议录索引(Index to Scientific & Technical Proceedings)，是由美国科学情报研究所 1978 年创刊并编辑出版的，收录生命科学等学科的会议文献。

国内方面，较有影响力的自然科学类科技期刊收录系统包括中国科学技术信息研究所"中国科技论文统计源期刊"和中国科学院文献情报中心"中国科学引文数据库来源期刊"等。中国科学引文数据库(Chinese Science Citation Database)简称 CSCD 期刊，是由中国科学院文献情报中心于 1989 年创建的。中国科学引文数据库来源期刊每两年遴选一次。2017—2018 版本的中国科学引文数据库遴选了核心期刊有 1229 种，其中中国出版的英文期刊有 201 种，中文期刊 1028 种。中国科技论文统计源期刊是中国科技信息研究所(ISTIC)受国家科技部委托，按照美国科学情报研究所(ISI)期刊引证报告(JCR)的模式创立的科技类期刊遴选系统。简称科技"核心期刊"，该系统实行三年评定一次的动态管理。

需要说明的是，由于各大核心期刊收录系统在期刊遴选的标准上多有相似之处，有些办刊质量较高的期刊往往容易同时被多个核心期刊收录系统收录。这就形成了"双核心"或"三核心"期刊的说法。总的来看，某一个期刊被核心期刊收录系统收录，说明其办刊质量达到了核心期刊的遴选要求，而同时被多个核心期刊收录系统收录，则说明其办刊质量会更高一些。

(二)全国百佳图书出版单位

2009 年 8 月，国家新闻出版署公布了我国首次经营性出版社等级评估情况。这次历经六年研究和全行业摸底调查的等级评估，是中华人民共和国成立以来我国出版业进行的首次评估，也标志着中国出版企业评估制度已正式建立。此次评估将全国 500 家出版社按 8 大类别(社科类、科技类、大学类、教育类、古籍类、少儿类、文艺类、美术类)分为四个等级，其中一级单位 100 家，占 20%；二级出版单位 175 家，占 35%；三级出版单位 200 家，占 40%；四级出版单位 25 家，占 5%。其中，国家新闻出版署授予前 100 家出版单位"全国百佳图书出版单位"的荣誉称号。

前 100 家出版单位有 6 大特点：①社会文化影响力大；②特色鲜明，品牌响亮；③重点图书多、获奖图书多、社会贡献大；④注重人才培养，人员职称结构合理；⑤创新能力强；⑥资产运营效果好。国家新闻出版署对获得"全国百佳图书出版单位"荣誉称号的出版社提供了重点支持，在资源配置等相关政策上给予倾斜和支持，鼓励其做大做强，充分发挥示范作用。在全国百佳图书出版单位中，排名靠前的出版社分别是：清华大学出版社、人民教育出版社、人民文学出版社、商务印书馆、三联书店、中华书局、上海译文出版社、机械工业出版社、中信出版社、科学出版社、人民邮电出版社等。这些出版社出版的图书质量高，在业内起到引领和示范的作用。

三、教育研究成果发表的程序

(一)教育学术期刊发表程序

1. 学术期刊的投稿

拓展 10-4：全国百佳出版社名单(2009 版)

学术论文写成之后就要着手进行发表工作，发表的第一步是向学术出版机构投稿。在投稿即向公开发行的学术刊物投递稿件，以待学术刊物审查和录用的行为。投稿的过程中需要注意以下几个方面。

(1) 投稿的方式。现在期刊有多种投稿的方式，如纸质投稿、邮箱投稿、网站系统投稿等，研究者需要结合特定的目标投稿期刊的具体要求和说明来确定具体的投稿方式。对于不同期刊投稿方式的查询，研究者可以在网上搜索目标期刊的官方网站进行查看，也可以去图书馆查阅纸质版的期刊中的投稿说明进行了解。需要注意的是，网上现在有很多的中介和虚假网站，在网上查询的时候需要注意识别避免上当。还有一种方式就是在中国知网数据库中检索目标期刊的"投稿须知"或者"投稿说明"，中国知网里刊载的投稿须知和说明一般是可信任的。另外，有些正规的学术期刊介绍的网站也可以借鉴使用，如"万维书刊网"就是一家比较正规的，能够查询各大期刊的投稿信息的网站，研究者可以登录查询网站进行。

(2) 投稿的要求。研究者需要认真研究目标期刊的投稿说明和投稿须知，按照目标期刊的要求对自己的学术论文开展修订和排版等工作，以此增加投稿的命中率。由于现在期刊众多，每个期刊在发文时都有自己的特点和风格，研究者需要仔细阅读各个期刊的不同风格，在此基础上有针对性的投稿。投稿须知的查询可以在纸质期刊、中国知网或者各期刊的官方网站、投稿系统中查询。投稿须知中一般都会对期刊的版面设计、发文主题、论文质量、文章字数、排版风格等方面提出具体的要求，研究者需要仔细研究并开展针对性投稿。

(3) 投稿的规范。研究者在投稿的过程中需要按照学术规范的要求进行投稿。一方面，向目标期刊投稿即意味着同意目标期刊的相关要求。现在绝大多数期刊都要求研究者在投稿的过程中做到一稿一投，即一篇稿件一个时间段内只能投一个期刊，待到一段时间被期刊审稿退稿后，才能再投其他期刊。研究者在投稿时需要遵循目标期刊的相关规范要求，避免一稿多投的现象。另一方面，研究者投稿需要通过正规的渠道投稿，避免使用第三方中介进行论文投稿。在目前的期刊市场上，第三方中介投稿都是为了谋求不正当的利润，属于违法行为。研究者应避免通过中介寻求投稿捷径，利用中介投稿容易发生上当受骗情况或者是违反期刊投稿规范的行为。

【案例10-4】

《教育研究》投稿须知

为提高刊物质量、完善学术规范，本刊对来稿实行双向匿名专家审稿制度，同时在稿件接收、文章编排等方面进行改进，请作者予以协助，来稿时请注意如下事项。

1. 本刊视通过《教育研究》在线投稿系统投到本刊编辑部的稿件为正式投稿，不接受其他形式的投稿。

2. 正文前附300～500字摘要和3～5个关键词。正文后附题目、摘要、关键词的英译初稿；待编校完成后，再请作者完善确定英译稿。

3. 文本注释及参考文献应完整、准确，参照本刊格式书写。

4. 请在本刊网页"作者中心"注册投稿时完整提供个人信息(姓名、职称、职务、工作单位、地址、邮编、电话、电子邮箱、身份证号码等)，不要在稿件中出现或透露。工作单位写到单位的二级部门。不必写学历和导师情况。

5. 基金研究选题(项目)标注应客观、完整，原则上只标注省部级以上的研究选题(项目)。例如，国家社科基金研究选题的格式是，"本文系国家社会科学基金(年度)(类别级别)'研究选题名称'(研究选题批准号：XXX)的研究成果。"教育部人文社科基地项目的格式是，"本文系教育部人文社会科学重点研究基地(基地名)(年度)(级别)'项目名称'(项目编号：

XXX)的研究成果。"

6. 本刊已被 CNKI 中国期刊全文数据库收录，其作者文章著作权使用费与本刊稿酬一次性给付。如作者不同意文章被收录，请在来稿时向本刊声明。

(资料来源：《教育研究》杂志)

2. 学术期刊的审稿

学术论文通过正规渠道投递到目标期刊之后，便进入学术期刊的审稿阶段。所谓审稿是指学术期刊组织相关专家，对于研究者投递的论文进行形式审查和质量评判的过程，以便决定论文是否录用。学术期刊审稿需要注意如下方面。

1) 关于审稿的流程

为了提升学术期刊的质量，学术期刊在论文审稿的过程中一般都有一套较为规范的审稿流程，审稿流程一般分为初审、复审和终审三个阶段。

(1) 初审。期刊在收到文章后，一般会由期刊编辑对论文进行初审。初审主要是对论文进行形式审查，主要开展论文的政治审查；审查论文的主题、论文的结构、论文的篇幅等是否符合期刊要求；审查论文的学术性、科学性，以确定有无必要请专家复审；审查论文的作者资历和单位信息、论文的排版格式等。

(2) 复审。初审通过的论文，一般会进入复审环节。复审是指期刊会将论文发送给论文学科相近的审稿外审专家进行审查，征求外审专家对论文的评判意见。外审专家一般都是在学术界有一定影响力的同行，复审过程遵循同行评议的规则。一般而言，期刊会邀请三位及以上的学术同行对于期刊论文进行评价。一篇文章只有同时得到多位期刊外审专家的认可，才能通过复审进入终审环节。为保证审稿的公平、公正，复审一般采用盲审的方式开展。

(3) 终审。通过复审的学术论文最终会进入终审环节。终审环节一般先由期刊主编在前二审的基础上作进一步审理，并提出拟用稿清单，供常务编委会会议定稿。最后由常务编委在事先确定的拟用稿和三审意见基础上，召开定稿会议，逐篇确认是否最终刊用。

2) 关于审稿的周期

从作者投稿，到期刊给出最终的审稿意见，需要经历一个审稿周期。多数期刊审稿周期一般为三个月，当然，不同的期刊，审稿周期也会有一定的差别。有些期刊，尤其是核心期刊，其审稿程序较为复杂，审稿过程中的外审专家要求较高的，一般审稿周期会较长。

影响审稿周期的因素主要包括如下几个方面。一是期刊自身的工作程序，有些期刊工作程序规范，能够顾及投稿者的急切心情，审稿进度就整体较快。二是期刊外审专家的外审意见反馈情况，复审的过程需要考虑到外审专家的审稿速度。外审专家的审稿周期较快的，整个期刊的审稿周期就会快一些。三是期刊的返修时间，有些文章需要结合外审专家的意见和终审意见返修，返回修改的文章需要在返修的过程中占用一些时间。总的来说，期刊的审稿都会有一个特定的周期，需要研究者在投稿之前了解一下不同期刊具体的审稿周期，再结合自己论文发表的需要综合考虑论文的投稿情况。

3. 学术期刊的发表

1) 关于发表周期

学术论文投稿和发表过程中，除了需要注意上述的审稿周期外，还需要注意学术论文的发表周期。学术论文审稿结束后从被采用到最终发表见刊，往往也需要一个周期。现在由于学术论文的发表需求不断提升，而发表学术论文的期刊总量是有限的，导致学术论文的投稿和发表表现出僧多粥少的局面。论文发表的难度，尤其是核心期刊学术论文发表的难度日益增加，很多期刊往往会提前录用很多的文章待刊出。因此有些期刊从录用到刊出文章可能需要等待较长的一段时间。从目前的情况看，这个周期短则数月，长则超过一整年。这一点也是期刊投稿作者需要注意的，期刊投稿作者应根据此合理安排好自己论文的投稿时间。

2) 关于论文的费用

论文的费用是指学术论文发表所涉及的相关费用。从目前学术期刊论文发表的费用管理情况看，论文的费用涉及两个方面，一个是版面费，一个是稿费。

版面费是指作者在发表学术论文的过程中，需要向出版期刊支付的版面费用。即因为期刊发表学术论文占用了期刊的一定版面资源，这个版面资源需要作者支付特定的费用。学术论文的发表会出现版面费，与我国现行的学术期刊的市场化运作是有直接关系的。学术期刊是属于出版机构，国家对于出版机构的管理中，除了少部分出版机构仍然属于事业单位由政府的财政负责支出外，大部分的出版机构都进行了转企改制。转企改制之后的出版机构需要按照市场化的逻辑进行运作。我国的学术市场总体来看是需求大于供给，社会对于期刊论文发表的需求巨大，这就为期刊向作者收取一定的文章版面费用提供了土壤。杂志社通过收取论文的版面费，来维持期刊的生存和发展，实现以刊养刊的经营目的。当然，从当下的学术期刊版面费管理情况看，虽然很多期刊都收取一定的版面费用，但是也有很多期刊，尤其是一些核心期刊，为了赢得作者的认可，不仅不收取论文的版面费，还会主动给作者支付稿费。因此期刊收取版面费用的情况需要因刊而异，不能一概而论。

稿费是指出版机构在使用作者的稿件时，向作者支付的费用。稿件是作者通过长时间研究和写作才能完成的作品，出版社在使用的过程中向作者支付一定的稿费，是对于作者劳动权和知识产权的尊重。

(二)学术著作出版

学术著作包括学术专著和学科教材两个方面，学术著作的出版和学术期刊发表论文的流程都需要经过出版社对于著作质量的审查阶段，但是在具体操作流程上有些差异。同时，学术专著和学科教材的在出版方面也存在一定的差异。下面分别从学术著作和学科教材两个方面加以说明。

1. 学术专著

出版社在出版学术专著的过程中，一般需要先从选题和专著的框架等方面了解学术专著的学术水平，以此判断是否出版特定选题的学术专著。研究者需要向出版社提交学术专著申请表，对专著选题以及专著框架等方面做出说明，向出版社展示学术专著的学术价值和独到之处。出版社会针对研究者提交的专著出版申请表，邀请业内学术行家对学术专著的出版进行审定和价值评估，并通过特定的评审程序之后，最终才能确定是否出版。这个过程和前述所提及的期刊出版学术论文比较类似，即学术作品需要经过严格的学术评审之后才能最终确定是否出版。

2. 学科教材

学科教材的出版和学术专著的出版类似，也是教材编写者向出版社提出申请，并提交教材出版申请。出版社对教材申请进行学术审定来确定教材出版申请是否批准立项。除了编写者主动申请出版之外，出版社一般还会采用出版社邀约的形式进行教材出版。即出版社主动邀约相关学科的专家和老师出版特定学科的教材。这种主动邀约的形式不仅在教材出版中会出现，同时在学术论文的发表中也会经常出现。即杂志社会主动邀请学术界的一些知名人士就某方面的研究专题撰写文稿，通过学术名人的赐稿，整体提升杂志社的学科权威。

本 章 小 结

教育研究成果是在进行教育研究的基础上，采用科学的方法，经过智力加工而产生的具有一定学术价值、社会价值或经济价值，并被同行专家认可的知识体系、方案或产品。一般来说，一般将教育研究成果写成的学术论文分为两类：一类是教育研究报告；另一类是教育研究论文。为了保证教育研究成果的质量，研究者在撰写教育研究成果时应遵循科学性、创造性、规范性、可读性等原则。

教育学术论文从其结构上看，一般包括绪论、本论和结论三个部分。教育学术论文的写作要求体现于在科学规范的基础上创新，在全面占有资料基础上的创新，在现有研究成果基础上创新、在学术语言规范使用基础上的创新。教育研究报告是教育科学研究结束后对整个教育科学研究过程的总结、概括与凝练。教育研究报告的结构一般都包括题目、摘要、关键词、前言、正文和结论，在文中或文末都需要有注释、参考文献等。教育研究工作者在开展教育科研过程中，需要将自己的研究成果整理发表。发表研究成果的最终目的在于传播并发挥社会影响。

思 考 练 习

一、单项选择题

1. 下列哪项不属于学术论文写作的基本的特点(　　)。
   A. 学术性　　　　B. 创新性　　　　C. 逻辑性　　　　D. 抒情性
2. 关于研究选题"小学生学业负担问题研究"的不恰当的关键词是(　　)。
   A. 小学生　　　　B. 学业负担　　　C. 研究　　　　　D. 小学生学业负担
3. 下列哪个不是研究者在撰写教育研究成果时应遵循的原则(　　)。
   A. 科学性　　　　B. 创造性　　　　C. 规范性　　　　D. 实践性

二、简答题

请简要回答中文核心期刊收录系统都有哪些。

三、论述题

请回答学术论文的特点及撰写要求。

参 考 文 献

[1] 刘瑾，欧群慧. 小学教育科学研究方法[M]. 北京：北京师范大学出版社，2013.
[2] 裴娣娜. 教育研究方法导论[M]. 合肥：安徽教育出版社，1995.
[3] 王鉴，李泽林. 课堂观察与分析技术[M]. 兰州：甘肃教育出版社，2022.
[4] 杨小薇. 小学教育科学研究[M]. 北京：北京师范大学出版社.1999.
[5] 陈向明. 质的研究方法与社会科学研究[M]. 北京：教育科学出版社，2000.
[6] 马云鹏，孔凡哲. 教育研究方法[M]. 长春：东北师范大学出版社，2006.
[7] 和学新，徐文彬. 教育研究方法[M]. 北京：北京师范大学出版社，2015.
[8] 徐丽华. 小学教育科学研究：原理、方法与表达[M]. 杭州：浙江大学出版社，2013.
[9] 崔允漷，沈毅，吴江林. 课堂观察：走向专业的听评课[M]. 2版. 上海：华东师范大学出版社，2013.
[10] 马云鹏. 教育科学研究方法[M]. 长春：东北师范大学出版社，2001.
[11] 丁炜，陈静逊. 小学教育科学研究方法[M]. 上海：华东师范大学出版社，2014.
[12] 陈向明. 教师如何作质的研究[M]. 北京：教育科学出版社，2001.
[13] 郑金洲，陶保平，孔企平. 学校教育研究方法[M]. 北京：教育科学出版社，2003.
[14] 袁方，王汉生. 社会研究方法教程[M]. 北京：北京大学出版社，1997.
[15] 风笑天. 现代社会调查方法[M]. 武汉：华中科技大学出版社，2020.
[16] 裴娣娜. 教育研究方法导论[M]. 合肥：安徽教育出版社，1995.
[17] 陈向明. 教育研究方法[M]. 北京：教育科学出版社，2013.
[18] 严开宏. 小学教育科学研究方法[M]. 上海：华东师范大学出版社，2010.
[19] 刘良华. 校本行动研究[M]. 成都：四川教育出版社，2002.
[20] 陈桂生. 到中小学去研究教育[M]. 上海：华东师范大学出版社，2000.
[21] [美] 威廉·维尔斯马，斯蒂芬·G. 于尔斯. 教育研究方法导论[M]. 9版. 袁振国，译. 北京：教育科学出版社，2010.